XIAOZHANG
RUHE YINGZAO
YUREN
WENHUA

楚红丽◎编著

校长如何营造
育人文化

北京师范大学出版集团
BEIJING NORMAL UNIVERSITY PUBLISHING GROUP
北京师范大学出版社

图书在版编目(CIP)数据

校长如何营造育人文化/楚红丽编著 .—北京：北京师范大学出版社，2016.1(2023.11重印)

中小学校校长培训用书 / 楚江亭，苏君阳，毛亚庆主编

ISBN 978-7-303-19241-0

Ⅰ.①校… Ⅱ.①楚… Ⅲ.①中小学－校长－学校管理－师资培训－教材 Ⅳ.①G637.1

中国版本图书馆 CIP 数据核字(2015)第 172836 号

图书意见反馈	gaozhifk@bnupg.com	010-58805079
营销中心电话	010-58802135　58802786	
北师大出版社教师教育分社	微信公众号　京师教师教育	

出版发行：北京师范大学出版社 www.bnup.com
　　　　　北京市西城区新街口外大街 12-3 号
　　　　　邮政编码：100088
印　　刷：保定市中画美凯印刷有限公司
经　　销：全国新华书店
开　　本：730 mm×980 mm　1/16
印　　张：23.75
字　　数：290 千字
版　　次：2016 年 1 月第 1 版
印　　次：2023 年 11 月第 5 次印刷
定　　价：60.00 元

策划编辑：倪　花　　　　　责任编辑：鲍红玉
美术编辑：陈　涛　焦　丽　装帧设计：陈　涛　焦　丽
责任校对：陈　民　　　　　责任印制：马　洁

版权所有　侵权必究
反盗版、侵权举报电话：010-58800697
北京读者服务部电话：010-58808104
外埠邮购电话：010-58808083
本书如有印装质量问题，请与印制管理部联系调换。
印制管理部电话：010-58805079

总　　序

　　一个好校长，可以成就一所好学校；一批教育家，可以影响国家和民族的未来。为此，《国家中长期教育改革和发展规划纲要（2010—2020年）》提出"要造就一批杰出的教育家"，并大力倡导"教育家办学""创建特色学校"等。要让校长成为教育家，让教育家来管理学校、培养祖国的下一代，使学校成为优质、特色学校，是中国社会发展对学校教育的诉求，也是广大人民群众的呼声。

　　为促进义务教育学校校长专业发展、建设高素质的校长队伍，深入推进义务教育均衡发展，根据《中华人民共和国教育法》和《中华人民共和国义务教育法》的规定及相关原则，2012年12月，国家教育部出台了《义务教育学校校长专业标准（试行）》（以下简称《标准》）。该《标准》是对义务教育学校合格校长专业素质的基本要求，是制定义务教育学校校长任职资格标准、培训课程标准、考核评价标准等的重要依据。其基本理念主要包括以下五个方面。

　　第一，以德为先。该《标准》坚持社会主义办学方向，贯彻党和国家的教育方针政策，将社会主义核心价值体系融入学校教育全过程，依法履行法律赋予的权利和义务；热爱教育事业和学校管理工作，具有服务国家、服务人民的社会责任感和使命感；履行职业道德规范，立德树人、为人师表、公正廉洁、关爱师生、尊重师生人格。

第二，育人为本。把促进每个学生健康成长作为学校一切工作的出发点和落脚点，扶持困难群体，推动平等接受教育；遵循教育规律，注重教育内涵发展，始终把全面提高义务教育质量放在重要位置，使每个学生都能接受有质量的义务教育；树立正确的人才观和科学的质量观，全面实施素质教育，为每个学生提供适合的教育，促进学生生动活泼地发展。

第三，引领发展。校长作为学校改革发展的带头人，担负着引领学校和教师发展、促进学生全面发展与个性发展的重任；将发展作为学校工作的第一要务，秉承先进教育理念和管理理念，建立健全学校各项规章制度，完善学校目标管理和绩效管理机制，实施科学、民主管理，推动学校可持续发展。

第四，能力为重。将教育管理理论与学校管理实践相结合，突出学校管理的实践能力和创新能力，不断提高与完善规划学校发展、营造育人文化、领导课程教学、引领教师成长、优化内部管理和调适外部环境等方面的能力；坚持实践、反思、再实践、再反思，强化专业能力提升。

第五，终身学习。牢固树立终身学习的观念，将学习作为改进工作的不竭动力；优化知识结构，提高自身科学文化素养；与时俱进，及时把握国内外教育改革与发展的趋势；注重学习型组织建设，使学校成为师生共同学习的家园。

该《标准》的基本内容分为六大领域，即：规划学校发展、营造育人文化、领导课程教学、引领教师成长、优化内部管理、调适外部环境。每一领域又提出了相应的专业要求，包括：专业理解与认识、专业知识与方法、专业能力与行为三个具体方面。比如在"优化内部管理"方面，其"专业理解与认识"的内容主要有："坚持依法治校，自觉接受师生员工和社会的监督。崇尚以德立校，处事公正、严格律己、廉洁奉献。倡导民主管理和科学管理，坚持教书育人、管理育人、服务育人。""专业知识与方法"的内容主要有："把握国家相关政策对校长的职责定位和工作要求。掌握学校管理的基本理论与方法，了解国内外学校管理的变化趋势。熟悉学校人事财务、资产后勤、校园网络、安全保卫与卫生健康等管理实务。""专业能力与行为"的内容主要有："形成学校领导班子的凝聚力，发挥党组织的政治核心作用，充分听取党组织对学校重大决策的意见。尊重和支持教职工代表大会参与学校管理的民主权利，定期向教职工代表大会报告工作，实行校务会议等管理制度。建立健全学校人事、财务、资产管理等规章制度，提高学校管理规范化水平，不得违反国家规定收取费用，不得以向学生推销或者变相推销商品、服务等方式谋取利益。努力打造平安校园，建立和完善学校各种应急管理机制，定期实施安全演练，正确应对和妥善处置学校突发事件。"

在实施要求方面，该《标准》指出：第一，本《标准》适用于国家和社会力量举办的全日制义务教育学校的正、副校长。各地可据此制订符合本地区实际情况的实施意见，并在执行过程中逐步完善。第二，各地应将该《标准》作为义务教育学校校长队伍建设和校长管理的重要依据，发挥其引领和导向作用，制订校长队伍建设规划、严格任职资格标准、完善校长选拔任用制度、推行校长职级制、建立校长培养培训质量保障体系、形成科学有效的校长队伍建设与管理机制，为实现义务教育均衡发展提供制度保障。第三，有关培训机构要将该《标准》作为校长培养培训的主要依据，重视校长的职业特点，加强相关学科和专业建设。根据校长发展阶段的不同需求，完善培养培训方案、科学设置培养培训课程、改革教育教学方式。注重校长职业理想与职业道德教育，增强校长教书育人、管理育人的责任感和使命感。第四，义务教育学校校长要将该《标准》作为自身专业发展的基本准则。制订自我专业发展规划、爱岗敬业、增强专业发展自觉性；大胆开展学校管理实践，不断创新；积极进行自我评价，主动参加校长培训和自主研修，不断提升专业发展水平，努力成为教育教学和学校管理专家。

为更好地帮助校长在多、杂、碎、烦的学校管理工作中扮演好学校管理者的角色，结合几年来我们参与联合国儿童基金会、国家教育部和有关省市基础教育发展项目的经验，特别是与不同类型学校的校长深度接触、感受其角色、分析其工作、深知校长工作的意义与价值的基础上，我们组织本领域的资深专家、学者共同编写了这套丛书。本套丛书共分六册，分别是《校长如何规划学校发展》《校长如何营造育人文化》《校长如何提升课程领导力》《校长如何引领教师成长》《校长如何优化内部管理》《校长如何调适外部环境》。

在该丛书的编写原则、基本要求上，我们注重：第一，切合中小学校长的阅读口味，让校长喜欢看，具有可读性；第二，以通俗易懂的方式呈现相关理论、模式、策略等，避免理论性过强；第三，注重选择经典案例进行分析；第四，清楚阐明某项事情的具体做法、技术要求等；第五，解决校长的现实困惑，提出明确的注意事项。

该丛书在编写思路上强调：第一，从各种相关资料（文献、校长微博或 QQ 等）中呈现校长遇到的某一领域的问题，发现其价值或意义；第二，清楚呈现该领域的核心概念、历史演变、相关理论等；第三，如何有效开展该领域的工作？解读中外经典理论、阐释重要理念，并结合中国实际，说明实施步骤、评价方法等；第四，介绍涉及的技术、模式、策略、方法等，会增加经典案例分析说明；第五，展现不同群体的评价与反思；第六，有关结论及对校长做好该领域工作的意见或建议。

真诚祝愿每位校长都能从该丛书中受益，祝大家成为中国的优秀校长。

楚江亭

于北京师范大学英东教育楼

2015 年 2 月 25 日

前　言

　　本书是对《义务教育学校校长专业标准》中的第二部分内容"营造育人文化"的解读。《义务教育学校校长专业标准》是对履行学校领导与管理工作职责第一责任人在职业道德、专业素质和工作能力上的基本要求。本书以《义务教育学校校长专业标准》提出的"以德为先、育人为本、引领发展、能力为重、终身学习"的理念为写作的核心价值观念，并将之融入"营造育人文化"的专业理解与认识、专业知识与方法、专业能力与行为这三大主题内容之中。

　　"营造育人文化"之"专业理解与认识"侧重学校德育体系建设、学校文化体系建设和优秀传统文化教育这三方面工作所应有的基本理念和观点。

　　"营造育人文化"之"专业知识与方法"侧重校长自身应有的知识素养和道德修养、校园文化建设和德育体系建设层面的专业理论知识和方法。

　　"营造育人文化"之"专业能力与行为"侧重校长在学校育人文化工作方面应该怎么做，是校长具备了自然科学、人文社会科学、艺术修养等应有的知识素养之后，以及在了解了德育、校园文化、优秀传统文化教育的专业理论知识之后，应该怎样将自身的知识素养和道德修养、将所理解的育人文化理念和理论知识，通过建设校园环境、三风一训、活动仪式、信息网络、社团活动等工作去落实，去开展和推进。

这三个部分的关系是：校长对育人文化的专业理解与认识越深刻，校长掌握自然科学、人文社会科学、艺术修养、校园文化建设和学生品行发展规律等专业理论知识越深厚，体现在建设校园环境、三风一训、活动仪式、信息网络、社团活动等方面的落实就越到位。

以上是对《义务教育学校校长专业标准》之"育人文化"篇的解读，是全书内容结构和指向的诠释。

在章节中，我们使用了"德育为首，幸福随行""今天，我们如何拥抱传统文化""自然人文科学知识在左，艺术修养在右""特别的爱给特别的你""那些年，我们一起走过的成长瞬间"等略带小清新风格的标题。

在内容上，我们组织了九位一线的优秀校长和副校长设计撰写，强调内容要更加接地气，结合实际，体现操作性，同时要富有真情实感和教育情怀。我们这样策划，是想让校长多点人文，让校长来点感情，在标准中寻求一刹那心的感动。为了孩子的成长，校长也在欢乐中"阅读"，让标准也有情，让标准也有义；为了孩子的成长，校长也在现实中"成长"，让标准也落地，让标准也生根。当然，这是我们的"初心"，但愿最终实现了一些。

本书主要由楚红丽、黄碧然修改完善，楚红丽统稿、定稿。写作的具体分工如下：

第一章：主要负责人有欧阳伯祥、谭庭辉、关柳榆、刘汉超

第二章：主要负责人有楚红丽、王丽恩

第三章：主要负责人有陈玉娟

第四章：主要负责人有黄碧然

第五章：主要负责人有黄碧然、欧阳伯祥、楚红丽、赵浩、肖盼

第六章：主要负责人有王月霞

第七章：主要负责人有陈丽霞

第八章：主要负责人有麦广宇

第九章：主要负责人有欧阳伯祥、黄碧然

第十章：主要负责人有吉淑娟

楚红丽

2014 年 8 月 26 日

目 录

第一章 德育为首，幸福随行
——全面构建幸福理念下的德育体系 ·················· 1
第一节 给德育一个幸福的支点 ························· 2
第二节 德育走在幸福的路上 ··························· 15

第二章 基于教育之道、生于校本师生、成于社会互动
——校长对学校文化育人应有的理解与认识 ·············· 44
第一节 学校文化基于教育之道 ························· 48
第二节 学校文化生于校本师生 ························· 58
第三节 学校文化成于社会互动 ························· 68

第三章 今天，我们如何拥抱传统文化
——校长对传统文化教育应有之知情意行 ················ 85
第一节 不畏浮云遮望眼——传统文化教育应有之知 ······· 86
第二节 风物长宜放眼量——传统文化教育应有之情 ······· 92
第三节 天光云影共徘徊——传统文化教育应有之意 ······· 100
第四节 此日中流自在行——传统文化教育应有之行 ······· 105

第四章　自然人文科学知识在左，艺术修养在右
——做一名求真、至善、臻美的校长 …………………… 119
第一节　整合知识结构是求真、至善、臻美的校长之本 …… 126
第二节　充满人文关怀是求真、至善、臻美的校长之魂 …… 133
第三节　终身广泛学习是求真、至善、臻美的校长之道 …… 139

第五章　建文化之道，通文化之途
——学校文化建设的理论、方法与途径 ………………… 159
第一节　学校有种力量叫文化 ……………………………… 161
第二节　学校成在文化 ……………………………………… 173
第三节　学校文化四大载体的融合 ………………………… 181

第六章　特别的爱给特别的你
——以爱的教育为主题，提升学生道德修养和健康人格素养 …………………………………………………… 195
第一节　特别的爱给特别的你 ……………………………… 199
第二节　学生品德和心理发展的特点与规律及品行养成过程分析 … 211
第三节　学生思想与品行的教育方法 ……………………… 216

第七章　形象、风格、境界
——学校环境文化建设的思与行 ………………………… 229
第一节　绿化美化校园环境，精心营造人文氛围 ………… 231
第二节　建设优良的校风、教风和学风 …………………… 236
第三节　设计体现学校特点的校训、校歌和校徽 ………… 247

第八章　那些年，我们一起走过的成长瞬间
——学校活动与仪式文化建设 …………………………… 256
第一节　校长做好校园文化活动应具备的专业能力 ……… 259

第二节　校园文化活动设计的核心策略……………………267
　　第三节　怎样做好校园文化活动…………………………273

第九章　铺路、搭桥、导航
　　　　　——建设绿色健康校园信息网络……………………291
　　第一节　为校园信息网络铺路……………………………296
　　第二节　为校园信息网络搭桥……………………………304
　　第三节　为校园信息网络导航……………………………313
　　第四节　努力防范不良流行文化、网络文化及学校周边环境对
　　　　　　学生的负面影响……………………………………322

第十章　凝心聚力营造"家"文化
　　　　　——校长应为学生团队活动的开展提供必要保障………332
　　第一节　提升校长的价值领导力，引领学校团队文化建设……335
　　第二节　建立团队活动制度公约，让团队活动走向课程化……342
　　第三节　通过各种有效策略途径，保障学生团队活动实效……346

后　　记……………………………………………………………362

第一章　德育为首，幸福随行
——全面构建幸福理念下的德育体系

专业标准

"营造育人文化"第十一条标准：把德育工作摆在素质教育的首要位置，全面加强学校德育体系建设。

标准解读

当今社会，机遇与迷惘并存，坚守与创新同在，追寻与失落同行。教育也面临种种严峻的考验与挑战，有的教育者与孩子渐已迷失于纷扰浮躁的岁月，有的校长似乎忘却学校之魂——育人。德育是素质教育的核心内容，作为校长，必须坚持"德育为首"的教育思想，坚持德育在学校教育中的导向作用，坚持以德育为智育及其他各育提供精神动力，坚持为学生全面发展提供厚实的思想道德保证，坚持德育为先正是坚守学校育人之魂。

教育之道，德育为首。面对教育和学校幸福感的失落，我们学校德育工作该何去何从？幸福需要教育，教育需要幸福，幸福是学校德育的必要条件，个体和集体幸福是学校道德教育的基石。我们要从"以人为本""幸福育人"出发，从德育大系统的角度出发，从"全员德育、全方位德育"出发，建构我们的德育思想和幸福原则，形成浓厚的德育氛围，让德育充满幸福元素。同时，校长必须具有正确的幸福德育价值观，并用正确的价值原则引导全体师生，促进每个人的幸福价值认同，使家长、教师、社会均是幸福德育工作者，使学校做到全方位德育，构建"幸福德育体系"。我们要在学校德育中全面启动"幸福模式"，开启"幸福程序"，奔向"幸福彼岸"，实现"幸福梦想"，使学校成为"幸福殿堂"。

第一节　给德育一个幸福的支点

意大利诗人但丁曾说过："一个知识不全的人可以用道德去弥补，而一个道德不全的人却难以用知识去弥补。"英国哲学家弗兰西斯·培根也曾说过："美德有如名香，经燃烧或压榨而其香愈烈，盖幸运最能显露恶德而厄运最能显露美德也。"由此可见，道德之于人是如此重要。

同样，在我国博大精深的传统文化中，无论是强调"仁"的儒家学派，还是强调"无为而治"的道家学派，高尚的道德一直是诸子百家和文人墨客追求的至高境界，故有"百行以德为先"之说。《周易》曰："地势坤，君子以厚德载物。"孔子在《论语》中指出："弟子入则孝，出则悌，谨而信，泛爱众，而亲仁。行有余力，则以学文。""无为清静"的老子，也曾点拨人们注意做人、修身，要求人们努力达到"含德以厚，比如赤子"的境界。一切的一切，都在说明学校教育工作的原则：

对"孝""悌"等道德修养的教育应先于"学文"。

　　古是这样，今也亦同。邓小平同志曾指出德、智、体全面发展的教育方针，更坚定地提出了要培养"四有"社会主义新人，确立"德育为首"的教育思想核心原则。"十八大"以来，习近平主席针对思想道德建设也发表了一系列重要讲话："国无德不兴，人无德不立""道德的力量是无穷的""领导干部务必努力以道德的力量去赢得人心"等。总之，作为校长，坚持德育为先、德育为首的办学理念正是坚守学校育人之魂。

一、学校，德育为先

　　全球化社会，信息化时代，各种思潮如雨后春笋纷纷兴起，教育面临种种严峻的考验与挑战，机遇与迷惘并存，坚守与创新同在，追寻与失落同行。有的教育人与孩子渐已迷失于纷扰浮躁的岁月，有的校长似乎忘却学校之魂——育人。于是，作为学校的设计者、领导者，作为道德与价值的守护者、践行者，作为良心工程的引路人，作为梦想的工程师——校长，摆正德育的位置，是当前德育工作刻不容缓的任务。

　　作为校长，既已知德育为先，就须重构德育体系。教育部在《关于整体规划大中小学德育体系的意见》中指出："整体规划大中小学德育体系，充分发挥学校教育的主渠道、主阵地、主课堂作用，是一项极为紧迫的重要任务，是加强和改进大学生思想政治教育和中小学生思想道德教育的重要举措，是贯彻党的教育方针的必然要求。"[1] 德育

---

[1] 关于整体规划大中小学德育体系的意见[EB/OL]. http：//politics. people. com. cn/GB/1027/3380422. html，2005-05-11.

是素质教育的核心内容，构建科学全面的学校德育体系，对学校办学理念及办学思想，对办怎样的学校，对培养怎样的学生，对学校未来的整体规划和发展，都具有重要的理论和现实意义。

构建全面的德育体系，于学生是一条思想的成长线，道德发展的脚步，人生价值建构的完善轨迹，是行的规、坐的范，是德的方、道的圆；构建全面的德育体系，于教师是德育教学的"服务器"，是德高为师的范本，是以德引道的规则和"导航仪"，是德育教学相长的对话平台，是教的本、育的范，是引的窗、树的模；构建全面的德育体系，于学校是营造优良学风的基础，是学校品牌形成的条件，是学校与时俱进的动力，是德的系、品的根，是校的心、教的魂。然而，现实中德育与生活脱节，学校与社会脱节，听的与做的脱节，德育枯燥、说教无味、幸福缺位、知行不一、表里不同的现象比比皆是。

在当前形势下，我们需要探讨建立起一种新的学校德育机制，让学生在快乐中成长，在幸福中成长，全面提高学生的幸福感和德性素养，从而提高学生的全面素质。在构建德育体系中，以幸福为理念，达成学校德育的全面发展，使学校形成一个不断向前、不断进步的德育模式。

"校长是学校德育思想的设计者和学校德育工作的第一责任人，构建具有校本特色的德育观和德育模式，是校长的首要任务。校长的工作，主要就是确立教育思想、构建教育模式、营造教育环境，而在这三项要务当中，尤以确立教育思想为重，而统领教育思想的，就是校长的德育观。赫尔巴特曾经说过：'道德是人类的最高目的，因此也是教育的最高目的。'可见，一个校长必须把构建具有校本特色的德育观和德育模式，作为自己的首要工作，既要视角高远，又要真抓实干，使学校校长必须从学校文化的角度理性构建系统的德育观。树立'为每个儿童提供平等教育，努力构建和谐阳光校园'为中心的德育思想。"①我们要转变教育机制、创新德育思想，完善德育评价体系，从"以人为本""幸福育人"出发，从德育大系统的角度出发，从"全员德育、全方位德育"出发，建构我们的德育思想和幸福原则，从管理育人、服务育人、环境育人和文化育人中形成浓厚的德育氛围，使学校无处不"幸福"、无人不"幸福"、无时不"幸福"。

二、德育，幸福的起点

教育之道，德育为首。而只有人心感受到幸福，德育才能入心。

当下大多数学校都意识到学校德育工作的重要性，但在经济全球化以及网络化的新形势下，我们学校德育工作该何去何从？我们学校的德育工作究竟"剑指何方"？我们学校如何教育和引导青少年儿童树立正确的世界观、人生观、价值观？如何着眼于促进人的全面发展，使青少年儿童的思想道德素质、科学文化素质和健康素质得到全面提高？摆在面前的是我们教育者亟须学习、研究和回答的一连串问题。

2013年9月9日，美国哥伦比亚大学地球研究所发布了《2013全球幸福指数报告》，丹麦成为2013年世界最幸福的国家，挪威、瑞士分列第二、第三。在156个调查国家里，卢旺达成为幸福指数最低的国家。中国列第93位②。中国的学生幸福吗？他们在教育过程中能感受到幸福吗？也许从孩子疲惫的身躯和眼神当中我们可以得到答案。

---

① 杨德全. 校长德育思想观[J]. 科学咨询(教育科研), 2010(10): 49.
② 环球网. 2013全球幸福指数报告出炉: 中国列第93位[EB/OL]. http://look.huanqiu.com/article/2013-09/4342594.html, 2013-09-10.

由于考试取向的教育目标，激烈的考试竞争，使学生身心疲惫，体会不到教育的乐趣，教育的幸福感很低。

"什么样的教育才能为学生重建幸福的教育生活并为幸福人生打好基础？唯有民主教育。民主教育能促进和谐融洽的教育环境和良好师生关系的建立，能培养学生创造幸福的能力和德性，能满足学生不同类型的需要，从而促进学生获得幸福的教育生活并为幸福人生奠基。民主教育培养学生的自主精神，使学生认识到'幸福始终是存在于行动中，幸福必须身体力行，是在'做'事情中做出来的自然效果，所以除了自己亲手去做出幸福，不可能有别的方法'。民主守护的核心价值是自由，民主教育要培养学生理性的自由精神。自由是创造性培养的重要条件，理性的自由精神能为个人及整个社会的幸福做出贡献。理性的自由精神，能避免无理性地追求自由给自己和他人带来的伤害，使学生在追求自己的幸福时不妨碍他人的幸福"[①]。可见，教育的幸福感建立在民主、和谐和理性的自由精神上。那么，我们要叩问自己，我们的学校教育方式民主人本吗？我们的学校师生关系和谐融洽吗？我们的学校管理模式具有理性的自由精神吗？我们在学校德育体系建构中，是否抱有幸福育人的理念？我们的工作模式是否能为学生的幸福人生打下坚实的基础、为学生的幸福人生导航？

三、德育，策略与幸福同行

好的德育课程，需要好的幸福策略，需要真的幸福落实，才能培养学生的幸福能力和德性素养，才能成就学生的幸福人生。学校在积

---

① 任仕君. 学生幸福的缺失与重建[J]. 教育导刊，2008(16)：4-6.

极探讨德育活动课程实施的具体策略时，在德育课程的教学过程中，要逐步摸索出一些具有幸福个性的具体课程实施策略，务求让学生在活动中体验幸福，在活动后理解幸福、追寻幸福。

(一)互动合作化

我是幸福参与者。在新课程主动参与、乐于探究、小组合作的理念的推动下，学校要发动全体德育教师共同合作，借助其他学校的经验和相关研究，逐步在实践中摸索互动合作的教学策略。学科教师在课堂教学中，强调与学生进行信息与情感的交流和传递，重视学生之间的相互交流和合作。小组合作、集体讨论、师生共同参与，要求师生的双向沟通，同时鼓励学生积极参与，主动设问，敢于表达，教师在课堂教学中，既是引导者，又是合作者和参与者。

这里的"互动"，既包括师生的互动，也包括学生与课程资源、学生与学生、学生与环境之间的互动，以及学校与社会的互动，互动成就幸福活动。"互动式的学是学生通过在现场得到第一手资料或对所得的第二手资料的分析和理解，并获得幸福体验""互动式的教，就是对这种过程的组织和推进"[1]。在组织和实施互动式教学的过程中，把师生双方、生生双方的合作看作重点，同时结合学校和社会的互动、学生和家长、教师和家长的互动，把德育活动课程作为一个开放式的课堂实施。比如：有些教师经常补充一些与学生生活紧密联系的、学生感兴趣的内容作为德育内容，让学生在学习过程中感受到被关照的幸福。在空间上，教师经常与学生在一起参加校内外的各种社会活动，也经常邀请家长来组织主题活动，比如在"我与父母交朋友"和

---

[1] 任耐安，刘文英. 互动式环境教育教学指南[M]. 北京：高等教育出版社，2000：13.

"感谢身边的人"的主题活动中，教师邀请家长来学校，与学生们共同参与这个活动。在活动中，学生与家长进行家庭之外的密切互动，让他们在公共空间中展示互相的关爱，这就无疑会增强幸福主题活动的效果。另外，注意把学校和社会密切联系起来，把社会作为德育教育最佳的途径和道路，丰富我们的德育体系，使学校与社会在交互式的活动轨道上按幸福规则幸福运行，互相关注、互为补充，共同推动学校的可持续发展，共同造就幸福学生，使学生健康、安全和幸福地学习和生活。

（二）主题活动化

在新的《品德与生活课程标准》和《品德与社会课程标准》中，提出德育活动要以主题活动的方式呈现。主题活动通常是由多个活动组成，围绕一个主题，组织若干个相互联系、层层递进的活动。这些活动要关涉多个群体，如教师、学生、家长、社区、其他学科教师等，活动内容和形式都是外显的，内在的是要通过活动来达到培养学生认知和情感的目的，并在主题活动中体验幸福。德育课程中的"主题活动"，其主题与活动融为一体，不可分离。一方面关注主题，强调活动的创设和实施要置于一定主题的统摄下。另一方面又特别重视活动，强调主题意义的预设要以活动为依托，强调主题意义的生成，使之寓于活动之中[1]。例如：某小学在幸福德育活动课程的教学中，依托新课标，结合自身德育工作经验，为1～6年级学生，每个学期都编写和组织了不同的主题活动，并且为每个年级设计了不同的理念。针对1年级和2年级学生的特点，设计的活动主题是感受为主，在教

---

[1] 陈光全. 新德育课程"主题活动"教学研究[J]. 基础教育研究，2004(11)：33-35.

学过程中，也是以学生的体验为重要目标，围绕3年级和4年级学生的特点，设计的活动主题是认知篇，5年级和6年级是意愿篇。在这些不同的理念下，为每个年级不同学期设计不同的主题活动，同时结合其他学科相关内容，展开综合的主题活动，致力于在主题活动中创造幸福感悟。

(三)策略模式化

教师和学生以课程为中介展开的活动，便是教学活动。在不少西方课程论学者看来，教学就是课程领域的一个部分。从他们的观点来看，研究课程实施的模式，可以从教学模式入手。德育的实施途径有多种，通过德育课程来实施只是其中一条途径，更常见的德育实施途径是渗透在其他学科教学中的。实施德育的教师大多是兼职教师，要求他们在自己所教学科中也要渗透德育教育，这种"全员德育"的理念可以使德育体系自然而然地建立在其他学科的教学中。

其一，改造整合式。在新课程改革中，要将德育工作进行的有声有色。要结合新的课程标准，渗透校本课程的理念，蕴含幸福德育的思想，让学校教师在逐步领会新课程理念的过程中，利用已有的德育教材和德育经验，将原有的教材和课程设计进行改造，使其尽量符合新的理念。实践证明，这种模式是很有成效的。一方面，我们需要继承已有的德育工作经验，把好的经验传承下来；另一方面，我们也要尝试将幸福的理念与学校的现有工作实际结合起来，为幸福德育的有效实施创造空间。对于广大教师而言，他们不可能在短时间内抛弃旧的理念，重新梳理一套新的理念，即所谓"概念重构"或"另起炉灶"。他们只有将已有的经验和课程进行改造和整合，渐进式地向幸福德育校本课程迈进。

其二，学科渗透式。学校的道德教育不仅仅是德育教师的任务，而渗透式德育的思想早已被广大教师所接受。因此，在其他学科中有意识地渗透德育也是一套行之有效的模式。渗透式的德育课程，其作用方式是间接的和隐晦的，可以避免直接的、明显的德育课程所带来的逆反心理。同时，渗透式的德育课程还可以节约资源，整合其他学科中的课程资源，最大限度地发挥德育的价值导向功能。

学科渗透式的德育课程实施模式，以德育内容为纽带，加强了学科间的联系性，也加强了学科与德育课程的联系，密切了学生与生活的联系。渗透式的德育会随着年级的升高，由体验维度逐渐过渡到认知维度，并且随着学生知识量的增多，他们在认识和掌握其他学科知识的过程中，会逐步加深对德育和幸福的理解。

其三，系列专题式。学校要总结已有经验，依照国家颁布的课程标准，把德育课程内容按照一定的维度分为四大专题，在这些大的专题下又形成一系列的小专题，进而以"幸福德育"为核心，围绕这些小的专题开展主题活动。这样，在新课标的指导下，学校就能根据自己的经验和特点，联合学生的生活经验，结合幸福德育思想，来实施德育活动课程。

四、幸福中德育，德育中幸福

"幸福是人生的主旋律。人们总认为，21世纪的学生是幸福的，他们有着远远胜过父辈的充裕物质享受与教育条件。但他们是否真的幸福？他们创造幸福的能力又怎样？他们能否在处境不利时，也能寻找成功的契机，在平淡无奇的生活中生存并发现快乐？他们能否在幸福自身的同时也幸福着他人的幸福？这些无疑是德育要解决的问题。

但问题是，我们的德育能否适应新时期的要求？我们如何在教育理念、内容、方法上改进，才能摆脱以往德育的高度虚化无以着实的局面？幸福作为终极关怀，是德育的最终目标。在德育过程中应树立正确的幸福观，科学地进行德育教育，改善师生关系，改革德育模式，使德育不是为德而育，而是为人、为人的幸福人生而德育。"[1]学校幸福德育体系的设计和开发，是依据德育课程标准，在调查和总结学校德育传统，在致力探求学生幸福成长策略的基础上，结合幸福德育的特点、学生的兴趣、经验而形成的。针对不同的年级设计不同的幸福主题活动。这样的德育体系应具有以下几个特征。

(一)生活性

随着德育课程"回归生活"的理念逐步被人们所接受，德育活动课程的内容比较充分地体现了生活性。希望通过这些主题引导学生热爱生活，让学生珍惜自己的生活。在活动中，通过学生的参与和探索，寻找生活中的奥秘，追寻幸福途径。一般说来，为了保证德育过程的引导性和德育内容的正面性，学校德育环境应当是一种相对"净化"了的环境[2]。在选择和设计课程内容过程中，有意识地注意用正面的生活经验来引导学生，利用学生生活经验中的正面体验和正能量，设计使之作为德育课程的内容。

(二)主体性

德育体系建设的本质是要尊重学生，以学生的经验为中心来组织课程，也就是从学生的兴趣和需要出发来组织课程内容。这其实就是

---

[1] 林源.幸福之德育与德育之幸福[J].徐州师范大学学报(哲学社会科学版)，2005(1)：115.

[2] 檀传宝.学校道德教育原理[M].北京：教育科学出版社，2000：135.

发挥学生主体性的问题。"兴趣就是自我和某一对象的主动认同"①，杜威在强调学生兴趣时把学生的兴趣和主体性联系在一起。其中，在课程设计过程中，注意从发挥学生的主动性出发，进而培养他们的主体精神。同时，也是鉴于以往的德育活动中，忽视学生主体感受和兴趣的形式主义的活动太多、实效性差的弊端，在选择内容时，我们要做广泛的调查和走访，从学生的课堂表现和参与程度上，主动调整课程内容，把一些参与性不强、学生兴趣不浓的活动主题做出删减，有意增加与时代和学生兴趣紧密相关的内容。

(三)整合性

学生的生活世界是丰富多彩的，涉及方方面面，也是一个整体。在一般的课程设计中，是将课程内容从生活世界中剥离出来，把它抽象化，使之利于学生的学习。学校德育体系中活动课程正好为学生提供了一条比较全面认识世界的渠道。我们在设计课程时，应有意识地将学生的经验、社会生活以及核心问题联系起来，与其他学科中的相关内容整合在一起，淡化学科界限，形成综合课程，这样既能让学生有联系地认识世界，又能培养他们综合运用学科知识的能力。比如，某校的德育体系中的一个主题，联系三年级上学期的同步语文课程，设计了人与自我主题下(幸福自我系列)的"说说我自己的活动"，该活动整合了《语文》第五册的"说说我自己"，《品德与社会》第五册课文"我长大了"等内容，活动包括"说说我的成长故事""整理我的快乐相册"等内容，活动依据学生自己的成长体验、生活体验，以活动形式开展，从而使学生感受幸福的滋味，体悟幸福的成长脚步。又如，在

---

① [美]杜威. 民主主义与教育[M]. 王承绪, 译. 北京：人民教育出版社，1990：368.

其德育体系的另一个主题中，结合四年级下学期的《语文》第三单元"走进大自然"一课，将两部分内容整合在一起并形成"我与小动物交朋友"的主题活动。

(四) 幸福性

德育与人的幸福密不可分，幸福需要教育传递和影响，德育本身就是幸福的，我们的德育致力于学生的幸福成长。如果德育内容无视学生内心深处丰富多彩的精神需要，教师仅从自我主观意愿出发，单向采用说教灌输的手法，肯定无法有效地被学生所认同，无法引起学生的幸福体验和德性成长。学校的校本德育体系应以学生的幸福体验、幸福成长为着力点，使校本德育活动课程成为关怀学生的精神发展、关怀学生道德生命的基石；使校本德育活动过程成为人与人心灵的沟通的过程，成为促进人的德性健康成长的过程。当学生内化了自己的信念，表白了自己的真情实意，实践或再现了自己的道德形象时，他们是最生动、最幸福的人[①]。

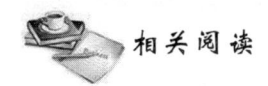

相关阅读

雷夫·艾斯奎斯的"六阶段"道德发展论

中国教育新闻网（记者 张贵勇）报道，3月6日《第56号教室的奇迹》的作者、美国最佳教师雷夫·艾斯奎斯在北京大学百年讲堂做专题报告。在报告中，他向与会的中国中小学教师梳理了自己走上教师职业的心路历程，回忆了教育教学过程中发生的故事，同时也讲述了他所秉承的教育理念与教育方法。其中，他最看重的是他的"六阶段"

---

① 冯光. 创造幸福的德育过程[J]. 江苏高教，2004(4)：85-86.

道德发展论。

关于第一阶段，雷夫说，从踏进校门的那一刻起，大多数的孩子就开始接受第一阶段的思考训练，一切行为几乎都以不惹麻烦为原则。但是，这样教小孩对吗？第一阶段的思考是以恐惧为基础，而我们要孩子们有良好行为表现的最终目的，是让他们相信这么做是对的，不是因为害怕惩罚而已。所以，信任是地基，师生间没有信任就没有真正的教育。

第二阶段是"我想要奖赏"。雷夫表示，任何学生都需要老师的鼓励和表扬。同时，他建议，学生家长在鼓励孩子时要提高警觉。小孩做家事就给零用钱固然很好，但用礼物或金钱换取孩子良好行为的做法就很危险。要让孩子知道，行为得宜是应该的。

第三阶段是"我想取悦某人"。在上课时，雷夫会告诉学生，你的看法很重要，不要太在乎别人怎么想。他举例说，曾经发生过这么一件事。有位老师在请假隔天回到学校时，看到代课老师留的纸条，因为得知班上学生表现良好而兴奋不已。其中，罗伯特的表现尤其突出。他帮忙老师维持秩序，告诉代课老师各项物品放在哪里，就像个小老师一样。这位老师替罗伯特感到骄傲，并表示要奖赏他。但讽刺的是，罗伯特拒绝了。他说，那么做不是为了奖赏。

第四阶段是"我要遵守规则"。雷夫表示，实际上，很多学校是第四阶段的行为方式，学生们必须遵循一些规则和守则。"我告诉学生们，不是必须去遵循这些规则，学生守则这些东西都会记在学生的心里，在我的教室里并没有任何的规定，不是因为任何的规定去好好学习，因为好好学习本身就是我们去做的，而不是因为规定这样做"。

第五阶段，体贴别人。在这一阶段，学生会考虑其他人的感受。

比如，学生在酒店里保持安静，并不是因为他担心有麻烦，不是要讨好别人，不是因为有规定，而是他知道，在另外一间房子里可能有人想休息，那样做会让其他人感觉不舒服。

我有自己的行为准则并奉行，是道德发展的第六阶段，也是人格、道德境界的最高阶段。"我有一个学生长得很漂亮、头发很长，两年后她来拜访我。我看到，她的头发都剃掉了。其他的老师都感到非常惊讶，我问他到底怎么了。她告诉我，学校里有一个女生化疗时，头发都掉了，她把自己的头发献给患了癌症的那个女孩。"雷夫说，这就是我所说的道德发展的第六阶段，人生境界的最高阶段。

资料来源：张贵勇．雷夫·艾斯奎斯的"六阶段"道德发展论．中国教育新闻网［EB/OL］．http：//www.jyb.cn/world/gjsx/201203/t20120321_484259.html，2012-03-21．

第二节　德育走在幸福的路上

一枝独秀不是春，百花齐放春满园。学校要成为幸福的殿堂，幸福的起跑线，幸福的奠基地，就要树立"全员育人""全方位幸福""人人都是幸福德育者"的幸福德育理念。幸福德育意味着幸福价值传承、幸福价值引导和幸福价值教化。在幸福德育中坚持幸福育人的德育理念，扎实开展德育工作，把促进每个学生健康幸福地成长作为学校一切德育工作的出发点和落脚点。要做到这点，就必须全员幸福德育，每个老师都要了解学生身心发展、品行养成的特点、规律、过程及其教育方法。学校要遵循其中的规律，科学地开展幸福德育工作，做到因材施教，培养学生的幸福认识、幸福情感、幸福意志、幸福行为。同时校长必须具有正确的幸福德育价值观，并用正确的价值原则引导、激励、团结和教育全体师生，促进每个人的幸福价值认同，达成共识，使家长、教师、社会均是幸福德育工作者，他们激发德育工作者的积极性、能动性，启发他们多方面的潜能，使学校做到全方位德育。为了使学校达到"全员、全方位德育"的良好效果，要努力构建全员、全方位的"幸福德育体系"。

一、营造以幸福为主题的育人环境氛围

幸福是人生永恒的主题，学校如何创建浓浓的幸福德育氛围呢？学校德育讲究的是"润物细无声"的潜移默化，"日有所进日有所长"的缓慢影响。在我们的校园物化环境中，我们应以"幸福自己、幸福他人"为精神内核，打造怡人、怡情和怡性的校园环境，让师生置身于幸福的氛围之中，享受到美妙的幸福德育。利用标语、墙报、绿化造型、硬件布置等物质层面渗透幸福主题，反映学校对幸福德育的教育追求和为学生幸福奠基的美好愿望。

学校幸福德育环境承载着学校幸福德育文化的精神内核和理想追求，处处体现着学校幸福德育文化的深刻烙印。幸福的学校德育文化，必须是开放的、包容的、以幸福为主题的德育文化系统，幸福德育环境要能反映素质教育、体育精神、生命教育、感恩教育、心理健康教育等内容。

一个人的幸福品行修养和文化内涵并不是天生的，而是在后天环境和德育的综合作用下逐步养成的，"孟母三迁其居""近朱者赤，近墨者黑"的典故充分说明了环境在人的成长发展中的重要性[①]。幸福的

---

① 邱永诚. 打造环境文化，丰富生命的体验[EB/OL]. http：//www.scjks.net/Article/Class10/Class122/200901/5672html，2009-01-13.

校园环境文化对学习生活其中的师生幸福感、幸福追求以及道德素养具有无声的浸润作用。对幸福德育环境的打造，包括：学校建筑群样式、布局与色彩等风格模式；学校标志和造型等寓意标记；门庭道路、花草树木等室外文化布局；雕刻壁画、标语悬挂等图标启示；橱窗板报、国旗徽标等文化宣传；办公室、课室、食堂等文化定位等。当师生通过传承、吸收、创建等活动，将先进的、高雅的幸福元素注入其学习、生活环境之中，他们同时也在接受着幸福德育文化的熏陶和感染，使他们自己成为具有开放包容思想意识和高雅文化品位的人。

总之，幸福德育的理解决定着学校师生对学校幸福德育文化的定位，对幸福德育文化的把握又决定着学校师生对幸福环境文化的打造，幸福的德育环境文化又以"润物细无声"的形式陶冶着师生的心灵。

案例分享

某校专用室场德育主题文化名称与标语策划方案

下表是某校专用室场被赋予德育主题文化名称与标语的一个策划方案。在这个方案中，学校尝试把各种物质环境赋予德育的灵魂，通过主题文化名称和标语使学校的每一个场所会说话，会表达，会感染人和激励人。

序号	室场名称	主题名称	标语
1	电视直播室	七彩演播厅	回首成长的足迹，分享幸福的真实！
2	科学实验室	追梦阁	幸福之路，探索起步！
3	综合实践活动室	探真室	实践——幸福的真理！
4	电脑室	计机室	厚实信息基础，升级幸福人生！
5	体育办公室	阳光小屋	阳光下运动，幸福中工作。

续表

序号	室场名称	主题名称	标语
6	体育活动室（室内运动场）	风雨操场	走出健康，跳出快乐！
7	少先队部室	少先队之家	中国梦，幸福路！
8	卫生室	保健屋	践行健康修为，寻找幸福道理！
9	教师会议室	幸福会所	与知识相聚，幸福来参会！
10	学生阅览室	悦览室	淳淳人文情怀烘托祈福校园，郁郁读书气息描绘美好未来！
11	藏书室	藏书室	心有天下策，胸怀万卷籍！
12	书画室	书艺斋	幸福灵感，字里人生！
13	美术室	画艺阁	用艺术点燃智慧火花，用画笔描绘美好未来！
14	舞蹈室	舞动轩	跳动精彩，舞出幸福！
15	音乐室	听音阁	让美妙的音符精彩幸福的人生！
16	心理辅导室	心宁驿站	聆听心灵的声音，品尝幸福的味道！
17	家委会	家校室	学校——驶向幸福彼岸的家！
18	教师阅览室	德馨室	悦读路上，吾有德馨！
19	多媒体室	缤纷学堂	感悟育人智慧，缤纷幸福课堂！
20	体育器材室	体育器材珠宝箱	做幸福师生，建文明学风！
21	棋室	博弈舍	幸福之道，棋盘人生！

（资料来源：来自笔者的实际策划经历）

二、打造以班级为"幸福主战场"的育人阵地

班级是学校实施德育工作的微型单位，是学校德育工作的"主战场"。班级幸福德育实施和建设的有效性，密切影响着全校幸福德育的成效以及幸福氛围的营造。在班级德育中，要让学生体会幸福的意义和价值，关怀别人；让学生发扬幸福自己、幸福别人的主旋律，构建良好的人际关系；让学生了解幸福人生的意义，感恩惜福，爱护大

自然；让学生珍惜幸福，乐观进取，树立正确的人生观。让幸福教育融入班级活动，让德育充满幸福感。这不仅是一种境界，更是一种责任[1]。

班级"幸福主战场"中，首先应注入三种"幸福因子"，打造气氛融融的班集体，以提高个人的德育素养。

第一种是"情感"因子，在这个情感因子中，包括师生情、同学友情以及集体情。班主任及科任教师在班级德育中以暖暖温情、浓浓亲情以及熊熊热情营造一个温馨的幸福基调。善于恰当调节和处理好学生之间的关系，使学生懂得礼让、学会包容、懂得感恩，更能自觉助人，使班级幸福感在学生"血液中"流淌。因为教育有爱，所以让学生一直沐浴在爱的阳光雨露下，锻造他们的大爱之心；教育有情，所以让学生一直在温情的拥抱之中，提炼学生的至情之魂；教育有道，所以让学生一直站在幸福之道的制高点，提醒他们对幸福人生、求知生涯追求之意；教育有法，所以让学生一直走在幸福得法的路上，淬炼他们的幸福自我之术。

第二种是"求知"因子，包括对知识的探求、对道理理想的认知和对幸福本意的理解。让学生明白，学习本身就是一种幸福，克服学习困难就是一种深度的自我满足。那种在追求学识路上的渴望和克服重重困难终于理解明白后的恍然大悟，就是一种"在路上"的幸福。对幸福含义的认识和理解愈深，对幸福的自我构建能力就会愈强。这是一种获得后的幸福。

第三种是"交流"因子，包括读、讲、宣、看、唱和访。读一读幸

---

[1] 朱莉锦.让生命教育融入班级活动[J].文学教育(中)，2012(3)：138.

福元素和道德规范,讲一讲幸福理解和幸福要义,传一传幸福集体从我做起,看一看具有幸福意义的剧目和著作,唱一唱幸福之歌,访一访社区和基地。

其次,在班级"幸福主战场"中,要多以"幸福德育活动"打造融融的班集体,以提高个人的德育素养。包括:结合重大节日、社会活动、时事政治等开展幸福德育活动,以达到幸福教育、提高德育素养的目标;结合学生日常规范和守则以及学校要求等规章制度开展班级幸福德育活动;结合学校的幸福德育专题、学习榜样和先进典型开展幸福德育主题班会和主题队会[①]。

案例分享

某校班级的"幸福六个一"

三月,是学雷锋活动月,班级以开展"幸福六个一"活动为载体,让学生在体验中争当志愿者:做一项调查,雷锋精神我寻访;唱一首歌,《学习雷锋好榜样》;办一份小报,雷锋精神我宣传;参加一次班会,雷锋故事我来讲;参与一个志愿服务岗位,学习雷锋我实践;每天做一件好事,学习雷锋我坚持。通过形式多样的幸福活动,使学生明白自己是幸福德育主体,各种体验从有趣到有用,从而增进幸福感,使学生转被动为主动,激发出助人中幸福的动力。

资料来源:改编自王淑英,高彦芹."幸福模式"创造幸福力[J].中国德育,2013(5):47.

---

① 王洪艳.开展班级德育"四结合"[J].教育实践与研究,1999(1):7.

案例分享

激情释放，幸福课堂让我们相知

讲到《改革开放》的内容时，我播放《春天的故事》MV画面及配乐并当堂高歌，虽不专业但十分投入。歌罢，孩子们震惊、激动，掌声热烈，收获孩子的感动时，我心幸福愉悦。孩子们推举班上的小歌星与我PK，不管结果如何，我用自己的激情点燃了孩子的激情。

讲《海峡两岸的交往》时，一种游子远离父母的悲情，让我用配乐完成余光中的《乡愁》诗朗诵，起伏跌宕的语调，细腻的情感体验，竟让一个孩子走上讲台和我深情相拥，拥抱孩子的真心，幸福向四周漫延。幸福的相知源自情感的带动。

资料来源：潘华芳."你幸福"所以我幸福——谈幸福体验教学[J]. 现代教育，2011：127-128.

三、建设有"幸福德育思想"的教师队伍

要幸福别人，先幸福自己。教师对教育的付出会打动学生，使他们的心灵产生震撼。然而，目前的德育教师队伍却不尽如人意。

一是部分学校对教师的德育工作没有给予足够的重视，导致学科边缘化，德育教师业余化，考核晋升、评优评先等评价"站边化"。上行下效，导致无论专业的还是非专业的德育教师，都对德育教学与工作重视不够，不主动精进德育之事，没半点工作幸福感，倦怠之心渐强。

二是由于德育教材脱离实际，教师开发校本教材能力和资源不足，教师照本宣科，按章办事，以传统说教为主，直觉多于理性分

析，充满主观主义思想，教学手段贫乏，更没有丰富的讲授、阅读讨论、交流、角色扮演或是实际锻炼等教学方法。

三是德育教师对德育工作的时间和空间思维不够，德育授课范围仅是学校，仅是课堂，没有将时间放开，也没有将空间拓展到课室之外、学校之外。只有师生一起探寻德育的奥秘，才能真正追寻到幸福的含义。这种德育模式即是"将复杂的德育过程简单等同于道德知识的掌握，把品德的形成发展单单看作是道德教育外显的结果，而对学生日常在社会、学校、家庭生活多样化的表现关心不足，忽视了主动参与和道德修养的巨大作用"[1]。

四是德育教学和相关培训工作较少，部分德育教师专业能力较低，探索德育教学规律的途径和方法较少，积极性和主动性不高，更有甚者没有专业认同感、归属感，教师找不到自己的专业特色和幸福个性，无心追求专业发展。在学校的幸福德育中，教师首先要自我幸福，其次要有幸福别人的理念，最后要有幸福德育的技巧。学校要对教师进行幸福德育培训，组织研究幸福德育沙龙、德育专业能力大赛，开设心灵驿站，引领教师在工作中体验幸福，在德育中传播幸福。同时，成立"幸福德育"研究小组进行团队研究，评选"优秀研究小组""最佳研究员"等单项奖，激发全体教师参与幸福德育科研的积极性，使教师修炼并完善幸福教育之魂，精进幸福德育之业，点燃其幸福别人之情，以形成一支有幸福德育思想的教师队伍。

德育并不是一人之德育、一方之德育，而是全员、全方位的德育，追寻全校师生的幸福成长。所以，学校要高度重视德育对师生幸

---

[1] 檀传宝. 再论"教师德育专业化"[J]. 教育研究，2012(10)：39-46.

福成长的作用，要保障德育工作和德育科与其他学科、其他工作同等重要的作用，甚至先于其他的地位。要在机制、培训、研讨、交流等方面给予德育教学和工作大力的支持，努力为德育教师进行定期的专业上升、技能提高创造条件。定期进行"拉、帮、结、派"，也就是思想上拉他一把，专业上帮他搭桥，创造机会与优秀的德育专家、教师结成师徒对子，多点"派出去、请进来"的机会。

案例分享

打造幸福的育人团队

1. 健全管理机制

学校的德育工作机构完善，成立德育领导小组和工作小组，根据工作目标、内容，健全并落实各部门岗位责任制。

2. 打造幸福的育人团队

"人人都是德育工作者"的理念在××小学深入人心，实现德育工作的全员化。

德育领导队伍建设：学校注重提高德育领导队伍的整体水平，以"六个一"为主要手段，即"德育领导每学期读一本教育著作或研究一种教育思想；每学期做一次专题讲座；每学期组织一次大型主题教育活动；每学期组织召开一次班主任经验交流会；每学期组织一次社区联席会议；每学年主抓一项德育课题研究"，切实提高德育领导的自身素质和管理水平。

班主任队伍建设：学校精心挑选思想素质高、工作能力强的教师担任班主任，确保学生思想道德建设的成效。班主任培训以"六个一"为主要手段，即"每周召开一次主题班队教育活动；每学期与家长进行一次面对面沟通；每学期读一本教育专著或研究一种教育思想；每学期组织一次学生心理健康教育活动；每学期针对学生进行一次书面形式的激励性评语，每月积累一篇德育叙事研究文章"，整体提升班主任育人理念以及教育操作技能和班级管理水平。

资料来源：刘叶，黄艳钏，陈玉娟等. 行快乐德育，育阳光少年——××小学快乐德育的理念与实践成果总结报告，笔者实地案例收集整理。

四、给予学生自我管理一个幸福的支点

德育，是引导学生幸福健康成长的德育。德育既是学生的，也是学校的，但更是学生的。德育的目标是学生，德育所做的一切更是为了学生，围绕学生。德育是学生之德育，除了尽可能为学生的幸福成长、修为道德提供一切服务和影响外，还要激发学生的自主管理意识，自主发展意识，提供机会让学生"当家做主"，引领学生提高德育自我管理能力，伙伴影响能力。

学校应注入幸福的"自我管理因素"，激发参与"热情"，催生管理"潜能"，让学生"我的地盘我做主"。龚孝华认为，自我管理是一种强调学生自主参与为特征的班级管理模式，班级自我管理的基本理念包括：班级是学生自主管理的场所、自主生活的场所、自主发展的场所。班级管理的最高价值是让管理本身成为一种教育力量，促进学生参与，开发学习潜力，展示学生的个性，引导每一个学生实现自主发展[1]。可见，学生的自主性是自我管理的根基和本源。然而，现行的

---

[1] 龚孝华. 自主参与型班级管理的基本理念[J]. 华南师范大学学报，2002(5)：125-143.

学校德育管理结构表现为一种以教师为核心的层级管理体系。在这一体系下,学校把德育工作的重要方面放在严密控制的德育管理组织上,培养得力听话、高度统一的队团干部,建立严密严格、强调集体意识的管理制度等。受其影响,现行德育的管理特征过强,而人文特征较弱。这样,导致学校在发展特征上,表现为与社会相似的控制主义的层级化管理。这种管理模式是一种自上而下的管理模式,强调控制主义,强调学校和教师的权威,忽视学生的主观能动性,其个人的自主性渐渐薄弱、积极性渐渐消弭。

在20世纪二三十年代,人民教育家陶行知曾大力推行学生自治,他将自治定义为"学生结起团体来,大家学习自己管理自己的手段""从学校这方面说,就是为学生预备种种机会使大家组织起来,养成他们自己管理自己的能力"[①]。陶行知推行自治的目的在于造就"共和国所需要的公民",自治的意义,在于让学生养成"对于公共事情的愿力、智力、才力"[②]。自治的意义,还在于适应学生之需要,辅助风纪之进步,以及促进学生经验之发展,促学生的自我道德修为发展,引学生的自我幸福感提升。也就是说,学校德育工作,一是学校和教师要树立学生自我管理思想,创建学生自我管理模式,规范、指导和支持学生社团的自我建设和各类活动的自我组织。二是激发学生自我管理认知。"管是为了不管",但不能完全放手,放任自流,教师在德育工作中还要从旁指导,及时提点,做好正确的道德引领和点拨正确的价值观成长。三是各类学校德育工作和教学中,让学生参与进来,做好主人翁工作,发表"一席之言",推行德育与教学民主管理。四是各

---

① 陶行知. 陶行知文集[M]. 南京:江苏教育出版社,2001:54.
② 陶行知. 陶行知文集[M]. 南京:江苏教育出版社,2001:57.

类活动的开展，让学生当策划者、表演者、体验者和组织者，学校德育活动的胜败关键在于学生，在于学生的参与，在于学生良好的体验，在于学生的幸福历程，在于学生的"感同身受"。

案例分享

让幸福教育走进小学德育工作

一、我们的干部——我来选

学校乐然楼礼堂内座无虚席，学校领导、家长委员会成员、社会志愿者、全体班主任、学生代表等汇聚一堂，举行新一届家长委员会成立暨校外志愿者受聘仪式；同时，参与"展领巾风采、做幸福主人"少先队大队委竞选主题队会，聆听孩子们的竞职演说，观摩孩子们的技能展示，见证孩子们的领导才能，并由校级家长委员会成员和来自各中队的少先队员代表进行现场投票，公开选举出少先队大队委员会。

二、我们的舞台——我来站

学校首先是学生的，学校的环境与资源应该首先为学生服务。遵照"尊重每个孩子的生命，培养每个孩子的兴趣；为每个孩子提供平台，帮每个孩子树立自信"的宗旨，我们努力调和人员众多与场地有限之间的矛盾，将校内可利用的空间转变成孩子们锻炼成长的大舞台。

每名队员都登上了梦寐以求的大舞台，或说或画，或唱或跳，在全年级同学面前尽情飞扬属于自己的风采，释放快乐，重拾自信。"小小书画家""诵读小名士""运动小健将""才艺小明星"等奖项的设立，使"多一把尺子就多一批好孩子"的理念落到了实处，满足了孩子们人人得奖、个个优秀的需求与肯定。更令人欣喜的是，在接下来的全校"庆六一、同欢乐"大型联欢会上，不仅孩子们自己争相上台、尽情狂欢，还不时地即兴邀请学校领导、大队辅导员、家长等同台放歌，演出精彩纷呈，海浪般的掌声给人带来无限的振奋与感动。

三、我们的课堂——我来讲

作为学习主体的学生，必须真正站在课堂文化核心的位置上，方能实现课堂育人的终极目标。让学生在课堂上开讲，是我们建构课堂文化的重要一环。

推行小组合作，设立"小先生助教团"。我们将"小组合作专项训练"列为课堂教学改革的重点，从座位编排、人员分工、内容选定、激励机制等多方面进行广泛的研究和大胆的尝试。学生在课堂上的合作意识、规则意识、创新意识有了明显改善，而个体的思维、表达、倾听等综合能力也得到不同程度的提高，阐述、辩驳、演示等精彩场景经常在各类课堂上现场生成，一批批"小先生"脱颖而出，成为学科教师的"助教团"。

四、我们的生活——我来探

关注困难群体。"每逢佳节倍思亲"，在少先队的组织下，孩子们的大爱、博爱精神得以强化：助残日，他们到市特殊学校，为聋哑智障的伙伴送上礼物；儿童节，他们去医院，探望生病的小朋友；中秋节，他们为社区的老人送去用零花钱买来的月饼；重阳节，他们走进福利院，为老人们送上祝福；圣诞和元旦双节到来之际，他们开展"小小贺卡传真情"活动，上千张写满真情的贺卡寄给玉树、汶川灾区和贵州、甘肃山区的小伙伴，而灾区学校的回信更让孩子们学会给予和惜福……懂得爱、表达爱、回报爱，一次次的温情行动感动着社会的同时，也不断洗涤、升华着孩子们的心灵。

资料来源：邢毅丽，于洋. 让幸福教育走进小学德育工作[J]. 现代中小学教育，2012(5)：12.

五、开发渗透幸福理念的校本德育课程

学校构建德育校本课程,规划德育活动体系,是学校致力幸福德育,打造学校个性化、生活化以及艺术化德育的重要途径。我国《基础教育课程改革纲要(试行)》强调:"学校在执行国家课程和地方课程的同时,应视当地社会、经济发展的具体情况,结合本校的传统和优势、学生的兴趣和需要,开发或选用适合本校的课程。积极开发并合理利用校内外各种课程资源。学校应充分发挥图书馆、实验室、专用教室及各类教学设施和实践基地的作用;广泛利用校外的图书馆、博物馆、展览馆、科技馆、工厂、农村、部队和科研院所等各种社会资源以及丰富的自然资源;积极利用并开发信息化课程资源。"[1]教育部关于学习贯彻《中共中央国务院关于进一步加强和改进未成年人思想道德建设的若干意见》的实施意见也规定:"中小学校要把升旗仪式作为开展经常性爱国主义教育的重要形式,要组织好瞻仰革命圣地、参观爱国主义教育基地的活动,让青少年学生在各种实践活动中,陶冶情操、锻炼意志,培育民族自尊心、自信心和自豪感。"[2]

然而,目前一些学校的德育课程,学生参与积极性不高,探究欲望不强,兴趣不浓,课程实施的效果不够理想,也就是德育课程本身就不"幸福",如何幸福学生呢?究其原因,一是德育工作没有很好立足学校实际,没有立足于师生对幸福的理解和深挖学校德育文化底

---

[1] 教育部. 基础教育课程改革纲要(试行)[EB/OL]. http://www.moe.edu.cn/publicfiles/business/htmlfiles/moe/moe_309/200412/4672.html,2001-06-08.

[2] 教育部. 国务院关于进一步加强和改进未成年人思想道德建设的若干意见[EB/OL]. http://www.moe.edu.cn/publicfiles/business/htmlfiles/moe/moe_358/200410/4094.html,2004-06-17.

蕴。二是德育活动没有回归到学校生活、学生生活中，没有成为学生精神生活和幸福成长的需要，从而导致德育工作实效性不强，德育不幸福。如何解决学校德育工作自身"幸福"问题的需要，如何进一步提升德育工作品质，将德育校本课程建设上升为系统幸福工程，使德性素养的全面提升转变成为学生的幸福现实呢？为了适应学生学习体验，为了尊重学生个性，为了学生的幸福成长，学校需要"量体裁衣"式的校本德育课程。在校本德育课程中，促进学生的社会主义核心价值观、道德判断能力、自我控制能力、自我幸福能力以及知识学习能力的发展；在校本德育课程中，培养青少年的国际视野、合作意识、诚信品格等现代德性能力。

校本课程的特点是"私人定制""度身定做"，在德育校本课程中应该渗透幸福理念，以生活性、活动性、主体性和融合性紧紧吸引学生的积极参与，激发其幸福情感，提高其道德素养。例如，"幸福特色化"的德育活动有：快乐大课间、别样班队会、活力特色班、活力志愿团、阳光使者团、文明升旗班、德育训练营、数学体验营、阳光少年竞选、慈善拍卖会、创意儿童节、特色运动会、毕业典礼秀、实践型作业、心灵下午茶、小豆豆加油站、爱心回收日、家长义工日、家长助教日等。通过一系列的德育活动，营造出"随风潜入夜，润物细无声"的幸福德育氛围，将德育教育活动化、幸福化，以期使德育规范成为学生自然的需要，好习惯、好品质成为学生自觉的行为，造就知情意行和谐统一、品德高尚、个性张扬的幸福少年。

开发渗透有幸福理念的校本德育活动课程具体策略还包括[1]：

---

[1] 刘凤发．让"幸福"孕育在学校的德育工作中[J]．基础教育研究，2011(7)：10-11.

其一，通过德育活动基本理论和幸福意义的学习研究，使教师们更新教育观念，认识到新课程改革背景下校本课程开发的重要性，进一步明确德育在推进素质教育中的作用，深入理解幸福与德育的关系，为不断开发和完善幸福德育活动课程奠定基础。

其二，通过对幸福德育活动的科学性、系统性、综合性、可行性的探索，构建学校综合德育活动课程体系，并初步形成幸福德育化、德育专题化、专题活动化、活动序列化的态势，逐步摸索出具有校本特色的德育课程。

其三，通过以发展性评价、致力幸福过程体验为主的德育活动过程评价指标体系的构建和评价方法的研究，对幸福德育活动的评价实践进行有益的探索，促进学校的德育活动实践，增强德育活动幸福感和实效性。

其四，制订与幸福德育活动目标体系相一致的校风校纪，规范学生的行为习惯，逐步提高学生幸福感和学生的综合素质。以行为养成教育为重点，促进学生个性的全面、幸福、和谐发展。

其五，培训学校的幸福德育教师队伍，培养一批具有校本课程开发能力的骨干教师，提高德育教师的素质和组织实施德育活动的实践创新能力。以班主任专业技能培训为重点，促进班主任队伍和谐团结。

其六，综合德育活动课程的不断开发，促进德育课程在校内和校外的校本教研交流；同时加强与家长、社区的沟通配合，加强德育的教育合力。探索一体化教育网络，推进学校、家庭、社会和谐育人，幸福育人。

案例分享

××小学幸福德育活动课程的内容

一、人与自我(幸福自我系列)

认识自我不易,幸福自我也难。在这个主题下,课程设计的目的是让学生能够认识自己、寻找自我、建构自我,更是幸福自我。以下主题针对不同年级学生设计。这些课程内容的选择重在让学生通过体验的方式,来认识自我、理解幸福。参看下表。

活动领域	年级	学期	活动主题	班级活动内容参考
人与自我(幸福自我系列)	一年级	第一学期	分享成长的快乐	1. 说说我的成长故事 2. 整理我的快乐相册
		第二学期	感谢身边的人	1. 对爸爸、妈妈说出心里话 2. 了解、说说老师的工作 3. 学会欣赏小伙伴
	二年级	第一学期	学会学习好习惯	1. 我的学习好习惯推介活动 2. 与同学合作活动的尝试 3. 日常坏习惯纠查行动
		第二学期	学会节约	1. 了解"零花钱"的使用情况活动 2. 身边的节约行动调查了解 3. 学习用品的爱护行动
	三年级	第一学期	说说我自己	1. 我的缺点调查活动 2. 我的爱好和兴趣展示活动 3. "我的快乐与忧愁"交流活动
		第二学期	我与父母交朋友	1. 父母一天的活动体验 2. 父母的工作情况调查 3. 我与父母的快乐故事

续表

活动领域	年级	学期	活动主题	班级活动内容参考
人与自我（幸福自我系列）	四年级	第一学期	学会感恩	1. 感恩父母小调查活动 2. 教师节感恩实践活动 3. "慈善家的事迹"收集活动
		第二学期	展示不一样的我	1. 我喜欢的职业调查体验活动 2. 我的优缺点调查活动 3. 我的服装设计活动
	五年级	第一学期	自信伴我成长	1. 学会自我理财与消费 2. 利事钱的使用设计 3. 寻找成功人士的足迹
		第二学期	成长中的困惑	1. "追星"与学习关系研究 2. 和爸爸妈妈交朋友调查 3. 网络与我们的生活
	六年级	第一学期	设计健康生活	1. 烟酒与健康的关系调查 2. 运动与健康的研究 3. 饮食与健康的调查研究
		第二学期	我的未来发展规划	1. 同学们成长中的新问题调查 2. 小学生"追星"现象研究 3. 对我憧憬的中学生活的设计 4. 小学生的公民道德观念调查

二、人与社会（幸福别人系列）

爱分大爱与小爱，幸福的不仅仅为自我，也为别人。在这个主题下，课程设计的基本思路是学生的生活圈子逐渐扩大，由家庭到家乡，再到社区，再到社会。随着年级的增长，学生的成长，他们与社会接触面的越来越广，将他们所熟悉的环境，与社会的生活、热点问题联系起来，逐步培养他们认识社会、了解社会的能力以及感恩社会的能力，让他们提高"家、国"归属感、荣誉感、幸福感，更提升他们在"付出"中感受幸福，建构"对别人、社会有用的人"的幸福人生，增强幸福别人、幸福社会的能力。参看下表。

活动领域	年级	学期	活动主题	班级活动内容参考
人与自我（幸福别人系列）	一年级	第一学期	我爱我的家	1. 我的幸福家庭画像活动 2. 介绍我家的成员
		第二学期	说说家乡的美	1. 找找番禺的旅游景点 2. 番禺的历史古迹参观活动 3. 说说番禺的特产
	二年级	第一学期	家庭寻根活动	1. "我的家谱"绘画活动 2. 介绍我的故乡 3. "我家的变化"了解活动
		第二学期	走进我们的社区	1. 市场情况调查活动 2. 商场考察活动 3. 中央公园体验活动 4. 社区里的书店体验活动
	三年级	第一学期	生活中的安全隐患	1. 家居安全隐患调查活动 2. 食品安全隐患搜索活动
		第二学期	关注社区	1. 社区文化的活动体验 2. 我看邻里关系的变化 3. 社区的交通堵塞问题调查活动
	四年级	第一学期	交通与我们的生活	1. 上学交通网的研究 2. 交通设施使用情况调查活动 3. "乘车须知"了解活动
		第二学期	菜篮子与我们的生活	1. 从菜价上涨看到的问题 2. 蔬果与我们的健康 3. 我家一周开支情况调查 4. 从产地与货架所经历的
	五年级	第一学期	走进社会福利事业	1. 社会福利事业类别搜索 2. 社会福利与家乡繁荣的关系 3. 参观敬老院（福利工厂）行动
		第二学期	社区服务实践活动	1. 身边的环保行动调查 2. 走进文明社区活动 3. 关爱社区老人调查

续表

活动领域	年级	学期	活动主题	班级活动内容参考
人与自我（幸福别人系列）	六年级	第一学期	学会与他人交往	1. 我与同学的友好相处现状 2. 走进老人生活探究 3. 感恩父母的调查活动
		第二学期	关注社会热点问题	1. 关注石油的动态 2. 房价的调整的调查活动 3. 关注治安与我们的生活

三、人与文化（幸福文化系列）

文化中成长，文化中幸福。在本系列中，课程设计的主要目的是，通过学生观察自身生活中所涉及的各种活动，逐步感受其中所蕴含的文化内涵和幸福文化味。让学生在活动中，逐步认识、了解和理解本校、本地区的文化特征，感受我国传统文化与现代文化的冲突和融合，感受书香的快乐，进而受到文化中幸福的熏陶。参看下表。

活动领域	年级	学期	活动主题	班级活动内容参考
人与自我（幸福文化系列）	一年级	第一学期	我爱我的学校	1. 看看我们学校的环境 2. 说说我的小学生活 3. 了解学校发展的历史
		第二学期	感受春节的传统文化	1. 唱春节的歌曲 2. 了解春节的饮食习俗 3. 了解春节的装饰
	二年级	第一学期	走进"三字经"乐园	1."三字经"之勤学故事学习表演活动 2."三字经"之诚信故事学习表演活动 3."三字经"之孝顺篇故事学习体验活动 4."三字经"之爱国故事学习体验活动
		第二学期	感受德兴的美	1. 德兴工艺美的体验活动 2. 德兴校园美的绘画活动 3. 德兴人文美的发现活动

续表

活动领域	年级	学期	活动主题	班级活动内容参考
人与自我（幸福文化系列）	三年级	第一学期	玩具伴我们成长	1. 了解玩具的变化过程 2. "芭比娃娃"的流行原因调查 3. 孩子喜欢的玩具调查活动
		第二学期	饮食与文化	1. 粤菜风味调查研究活动 2. 探讨"麦当劳"流行原因 3. 认识早餐对我们的健康影响
	四年级	第一学期	神话、传说故事伴我成长	1. 民间传说的调查活动 2. 我与十二生肖的探究活动
		第二学期	走进传统节日	1. 清明节习俗调查活动 2. 中秋节习俗小探究 3. 端午节习俗调查活动
	五年级	第一学期	我们与汉字交朋友	1. 汉字的来历调查 2. 有趣的谐音、字谜探究 3. 我与规范使用汉字 4. 汉字文化与书法艺术
		第二学期	走进"妙语"生活	1. 特搜熟语行动 2. 提示语和广告词对我们的影响 3. 语言的艺术魅力体验
	六年级	第一学期	走进唐诗宋词	1. 爱国诗词研究活动 2. 走进四季诗词活动
		第二学期	走进"四大名著"	1. "三国"文化欣赏活动 2.《红楼梦》古今论调查活动 3.《西游记》探秘活动

四、人与自然（幸福自然系列）

该系列的选择和组织原则是让学生在活动中，逐步认识自己周围的动物、植物，认识四季变化、认识周围的生存环境。通过活动主动参与、探究自然界中的奥秘，培养他们对自然的热爱情感，在探究中体验快乐、感受幸福，进而形成爱护自然、保护自然的意识。参考下表。

活动领域	年级	学期	活动主题	班级活动内容参考
人与自我（幸福自然系列）	一年级	第一学期	观察身边的植物	1. 奇妙的树叶收集制作活动 2. 说说常见的花草树木 3. 水果蔬菜分类认识活动
		第二学期	感受春天	1. "找春天"野外体验活动 2. 春天特征收集活动 3. 春天的词语、诗句搜集活动
	二年级	第一学期	观察秋天	1. 秋天植物生长的观察活动 2. 秋天的天气变化体验活动 3. 秋天里的小动物活动观察行动
		第二学期	观察春天	1. 豆芽的培育体验活动 2. 春天的天气变化观察活动 3. 身边的春天气息观察活动
	三年级	第一学期	生活中的水	1. 水对我们生活的影响研究 2. 桶装饮用水卫生情况调查 3. 市桥河的水质调查活动
		第二学期	走进花花世界	1. 观察木棉花生长变化 2. 荷花种植研究 3. 市内花卉观察与研究种植
	四年级	第一学期	种植的发现	1. 黄豆生长过程的调查活动 2. 绿豆成长我知晓 3. 番薯成长过程小探究
		第二学期	我与小动物交朋友	1. 青蛙生长过程小调查 2. 探究蚕的一生 3. 蜗牛生活的观察与研究 4. 蚂蚁的生活习性研究
	五年级	第一学期	珍惜水资源行动	1. 我与爱水行动、亲水行动 2. 市桥河的污染原因研究 3. 沙湾水厂的参观考察
		第二学期	保护野生动物	1. 野生动物生存危机研究活动 2. 野生动物保护措施调查活动 3. "滴水岩"保护区考察活动

续表

活动领域	年级	学期	活动主题	班级活动内容参考
人与自我（幸福自然系列）	六年级	第一学期	关于周围环境污染的调查	1. 关于白色污染的调查 2. 学校附近水资源的探究 3. 废气污染的调查活动
		第二学期	走进微观世界	1. 关于树叶秘密的探究 2. 我们对晶体美的探究 3. 微小霉菌与我们的生活

资料来源：关柳愉．小学德育活动课程有效开发与实施——以××小学为个案[D]．广州大学教育学院，2014：5-10．

六、建立"幸福主旋律"的无痕课堂渠道

教育界有句名言："得课堂者得天下。"德育的幸福也同样如此。课堂教学是学生学习的主渠道、主阵地。德育课教师不能只是完成知识的教学任务，而应当适应新课程改革教学的要求，在完成知识与技能的情况下，更多地关注过程与方法以及情感态度与价值观的培养[1]。在当今"大德育"理念中，学科教学也是一种德育方式。同时，打造"幸福"课堂是摆在所有教师面前的共同责任，要让学生"走进幸福生活、感受幸福生活、提升幸福生活理念、提高幸福生活质量"。"幸福着学生的幸福，快乐着学生的快乐"，师生共同成长的幸福体验式教学，才是高效的课堂模式[2]。然而，在现实的课堂中，学科渗透德育中，在情感与价值观学科课程标准落实上，效果却不尽如人意。一是

---

[1] 胡英江，谢丽津．校长德育实践指南[M]．长春：东北师范大学出版社，2010：197-198．

[2] 潘华芳．"你幸福"所以我幸福：谈幸福体验教学[J]．现代教育，2011(11)：127．

学科教师的德育意识不强，认为学科就是学科，为什么牵扯上德育。仅是授业、解惑，没有进行传道。殊不知，德育的进行，其实对学科教学有莫大的促进作用，包括对学生习惯养成，毅力意志，情感与态度，以理想前途教育，对学科教育并不是1+1等于2的问题，而是1+1大于2的效果。二是学科教师没有掌握学科课堂教学中的渗透德育的切入点、时机和技巧，导致课堂中想进行德育渗透却无从下手，不知何时下手，不知哪里下手，彷徨无奈，欠缺学科中的德育幸福感，课堂中的德育无从谈起。所以，加强学科课堂中德育渗透工作，追求德育"无痕"境界刻不容缓。

在幸福德育体系中，要求学科教师在学科教学中渗透"幸福德育理念"，通过对比、拓展、感悟和体验，将"幸福主旋律"寓于平凡和平常的课堂中来。学校和学科教师重视课堂学科教学的德育渗透，应该做到这几个方面：一是学校要高度重视学科德育，理解要让学科课堂幸福化，必须有意识地要求和提升学科教师课堂中的德育意识，明白德育对学生"不着痕迹的爱"，有意识地让教师在课堂中正面影响学生的人生观、价值观，提升意志品质，强化课堂的幸福感。让教师做到学科中德育，德育促学科。二是加强课程标准和教材研究相关的培训，组织各学科联合编写德育学科校本教材，形成各科内含的德育体系，学科之间的交叉渗透融合模式，促进教师理解学科的三维目标中，是有德育部分的，要求教师读懂教材，读懂课标，深挖学科的德育思想内涵、幸福要义、快乐学习原理，更要践行学科渗透工作，及时提点教师在教学设计上做到对学科德育有相关预设。同时，在平时的教研、集体备课中，有意识地渗透德育意识。三是在课堂中点拨教师寻找学科德育的切入点，学科渗透德育的落脚点，在教学过程中渗透德育思想，学科中应用德育原理，通过"全员德育""全方位德育""人人都是幸福德育者"的实践活动，提高学生的幸福感和德育素养。

七、家校联动构筑幸福德育

德育追寻着孩子的幸福，德育梦想着孩子的健康成长。好的德育环境，幸福的德育氛围，成功的教育模式，需要学校、家庭和社会联动，需要全社会共同关注，需要全社会的共同创设，更需要全体公民的共同努力。鲁迅先生说过："谁塑造了孩子，谁就塑造了未来，不仅是自己的未来，还有孩子的未来，民族的未来。"在"全员育人"的理念中，在"大德育"的环境下，教育不仅仅局限于学校，学校、家庭和社会联动，才能达到德育无痕之效。家庭教育和学校教育的目标都是一致的，都是为了让孩子幸福成长，走向成人，走向成功，成为有道德、有理想、有文化、有幸福的"四有"新人。两者都承担着教育孩子的直接责任，双方密切配合，积极协作，才能形成教育合力，一方的缺位，或者双方的教育理念不一致，都会直接影响着对孩子教育的效果。学校和家庭合作的重要性，世界各国的教育者和家长已经普遍意识到，青少年的健康成长单靠学校的力量是无法保障的，需要学校、家庭、社会的通力配合。"学校教育、家庭教育、社会教育都被认为是对青少年进行教育的主渠道，是构成当今教育的三部曲，是协同教育的一个整体。尤其是学校与家庭之间，承担着对孩子的直接教育责任，家庭、学校教育是否密切配合、积极协作、相互支持、形成合力，决定着教育的成败。所以，在广泛推行素质教育的同时，构建起家庭、学校协同教育的格局就显得尤为重要"[1]。然而，现实中，中小学家校联合德育存在几个误区：一是"家庭缺位型"，家长由于种种因素，将孩子往学校一放，全权交由学校管，对教育不闻不问，或是极少过问，家长对德育不出力，少出力，哪来形成的合力，导致学生在学校所有的正面、积极的引导，回到家中，就没有进一步强化，这是德育缺位，幸福"迟到"。二是"代理家长型"，由于父母工作等原因，家庭教育的工作全权由"爷爷奶奶级"代办，由于上一代存在知识、溺爱因素等方面，严重削弱了德育的效果。三是"过分参与型"，这类型的家长有一定的知识水平或是一定的社会地位，喜欢过分"干预"学校的德育工作，对学校的教育容易"指手画脚"，或是他们的教育理念不一致，甚至导致家校德育工作的对立关系，这样的中小学家校联动德育不但达不到预期的效果和目标，在教育双方南辕北辙的负合力下，亦使学生无所适从，德育之功更于负效，幸福合力更无从谈起。

案例分享

家校携手，共筑和美教育

本学期家长委员会和校关工委领导邀请部分家长参与了学校开展的多项活动，如开展"亲子共读"活动。学校定于每周五为"家庭读书日"，希望每个家庭在周五这一天，关闭家里的电视、电脑，进行亲子阅读活动。又如，学校邀请一年级新生家长参加"红领巾心向党"新队员入队仪式。仪式上，家长手捧鲜艳的红领巾，为自己的孩子庄严地戴上了神圣的少先队员标志红领巾，并互敬队礼，家长们在为孩子

---

[1] 黄刚. 家校协同：凝聚德育正能量[J]. 教师，2013(8)：10-11.

整理好领巾，送上嘱托和期望的同时，见证了孩子们的成长，共同感受着这一亲子时刻。

十一月，各级部门还组织部分家长参与学校秋游社会实践活动，家长和师生一起来到了风景迷人的楚秀园感受大自然的神奇秀丽，来到了新建的淮安市动物园，和孩子们近距离地欣赏着大象的憨厚、河马的笨拙、猴子的调皮，为孩子们创造更多美的感受和体验，让孩子们的课余生活更精彩、更充实。十二月还邀请了家长观摩少儿活动中心成果展示活动；一月采用电话访问部分家长代表开展评教活动。总之，家委会和关工委领导能充分发挥作用，形成教育合力，共同促进学校、孩子的发展，促进了家校联系工作的实效性，推动学校各项工作更好、更快地发展。

资料来源：顾其君. 家校携手，共筑和美教育[J]. 新课程·教师，2014(2)：22-23.

在学校的幸福德育体系中，家长资源、社区资源是学校德育不可或缺的一环。家校联动会产生积极的影响，其一是促进对孩子的道德修养的进步，使学生智育和德育"比翼双飞"，另外，使学生产生德育愉悦感、幸福感，为学生的健康成长提速。其二是互补双方德育的不足，在学校的时间主要以文化技能学习为主，在家才是生活化德育，这样可使学生将学校所受到的幸福德育影响进一步加强，在生活中应用，知行合一，提升德育实效。其三是家校德育共成长，由于家长参与德育管理和德育服务，对学校德育工作可给予合适的建议，也因家长的加入，使学校的德育工作注入另外因素和特色。此外，也促使教师不断学习，更新德育理念，提升德育教学技能，促使教师德育能力的进一步提高，也使学校德育实效进一步提高。而学校的专业化的德育可同样使家长受到影响和触动，使家长学习到德育的思想、理念和方法，提高家庭教育的效果，懂得幸福育人。

我们要树立"全员育人"的理念，家长、教师、社会均是德育工作者。我们要激发德育工作者的积极性、能动性，启发他们多方面的潜能，使大家从心底里爱上德育工作。学校要非常注重校外德育队伍的建设。在家长方面，通过家长学校上课、家长会议、专家讲座、家委会专题培训、定期座谈、专题宣传、主题阅读、参观交流、驻校办公等各种形式，提升家长、校外辅导员的德育意识与技能，让其在学校德育工作中发挥积极作用。

我们要挖掘资源，建立完善的家校联动网络，形成合力。通过系统的规划，由点及面，逐步建立常态的家委会组织及开展活动支持学校工作。我们要基于更理性化、科学性的家校深度合作。纯化家校关系，让爱与幸福成为一种文化自觉；建构多元的家校德育平台，借助家校互访、校讯通、QQ、微博等交流渠道，让沟通和信任成为一种习惯；通过课题引领家校工作的开展，形成家校工作开展的序列，让家校联动成为一种特色、一种品牌。其中，家校联动有一系列工作需要我们进一步去思考：完善组织机构，成立家校共育项目组（家长学校、学校发展咨询委员会、家长义工、亲子义工），完善保障机制（人员、制度、培训、沟通……）；开展丰富多彩的家校活动（"快乐篮球队""心灵下午茶""小豆豆加油站""爱心回收日"……），家校携手，共育贤才，家校合作，共搭幸福桥梁。在与社区合作方面，争取让社工服务到校，让社工在对学生个案研究、心理辅导、团体康乐等训练中发挥积极的作用。例如，某学校重视组织家长力量和校外资源参与学生的教育，成立了家委会和家长义工组织，并且做到有组织、有制度、有传统活动、有评价。其家校合作已形成品牌:十多年来先后确立逐步深入的家校合作研究课题,引领家校合作教育活动的开展;建立组织,形成网络,如学校发展咨询委员会、级亲会(即年级家委会)、班亲会等,另外还有家长义工等项目组,形成网状结构;由家长为教育活动主力的家长义工队、心灵下午茶、小社团活动(部分)、亲子义工活动等,坚持长期开展,成为德育品牌。

亚里士多德说过,"幸福是生活的目的和意义,是人类存在的至上目标"。是的,幸福是人类孜孜以求的理想,是人们生活中追求的境界。同理,教育是为了学生的幸福奠基,为他们的幸福人生导航,我们要在学校德育中坚持"幸福意义",全面启动"幸福模式",开启"幸福程序",奔向"幸福彼岸",实现"幸福梦想",使学校成为"幸福殿堂"。"学校是培养人的场所,教育是培养人的过程,而德育靠的是教化、感化和文化。我们始终坚信,幸福是会传染的,当我们用平和的心态在孩子们的心田播种,呵护着孩子们的自然成长,总有一天,我们一定会看到漫山遍野百花盛开,美不胜收!就让我们一起满怀幸福地做现实的守望者、梦想的追逐者吧!"[①]

---

① 邢毅丽,于洋. 让幸福教育走进小学德育工作[J]. 现代中小学教育,2012(5):12.

第二章 基于教育之道、生于校本师生、成于社会互动

——校长对学校文化育人应有的理解与认识

专业标准

"营造育人文化"第十二条标准：将学校文化建设作为学校德育工作的重要方面，重视学校文化潜移默化的教育功能，把文化育人作为办学治校的重要内容与途径。

标准解读

学校文化是校内群体（诸如校长、教师、学生之间）以及校内群体与校外群体（包括家长、社区、社会团体、公众等）交互影响和互动作用之下，最终形成的教育观念、教育行为、教育情感在学校生态环境中的呈现、累积、演化和共享。学校文化正是在校内外群体之间交互影响和互动作用的过程中不断衍生、不断变迁、不断被赋予新的诠释和意义的。

优质的学校文化基于教育之道，生于校本师生，成于社会互动。对学校教育本质的理解决定着学校文化形成与发展背后的价值观。学校文化的主要载体是师生，学校文化的发展是在学校组织的情境下发生的，因此，每所学校文化都应该带着自身校情即师情、生情来生成其独有的校本文化，动态发展的校本文化也是对师情生情动态发展的反映。虽然学校文化生于师情生情，但学校教育绝不是封闭的和保守的。学校拥有更开放的态度和更广阔的社会联系，以及使学校与社会建立起横向和纵向的资源交互网络，为学生培养、创设开放包容的大社会氛围，如此方可更好地奠定学校文化的社会根基并回报社会。

相关阅读

中小学校园文化建设系列报道之一：
校园文化建设还须"添把火"（有删减）

学校文化是学校教育的重要组成部分，良好的学校文化能引导、鼓舞、凝聚、激励学生。2006年，教育部下发《关于大力加强中小学学校文化建设》的通知，各地学校也在不断探索和完善学校文化建设。然而，记者在采访中发现，部分中小学学校文化建设只是停留在物质建设层面，缺少精神文化和制度文化的保障。

（一）重环境建设更要重精神塑造

"很多学校将大量经费用在物质建设上。但是，学校文化建设应该围绕人，这是重要的标准。"中国教育科学研究院基础教育研究中心主任陈如平长期关注我国中小学学校文化建设的模式和方法。他发现，目前的中小学学校文化建设大多只注重标语、布置等物质的和显性的东西。

整齐的教学楼上，镶嵌着"团结、文明、求实、奋进"的校训标语；装饰后的校园围墙上，展示着图文并茂的"二十四孝"故事；路边的花园草坪中，立着"爱护花草树木"等警示牌……中小学在学校文化建设中，积极对校园环境和硬件设施进行改造，在一定程度上体现出浓厚的文化氛围。但是，这种学校文化建设轻精神凝练，缺少对校园特色内涵的挖掘，文化等同于校园环境的美化。

记者在采访中还发现，有些县、市教育局还专门针对校园绿化美化下发通知，要求当地中小学限期对校园布局进行调整，对内外墙壁进行文化建设，集中时间和人力物力进行校园绿化，并将校园绿化美化列入当地中小学年度考核评估。类似这样自上而下的硬性要求，难免让学校措手不及。为应付检查与年终考核，校园物质文化建设千篇一律也就在所难免。

(二)农村校园建设要有地方文化特色

记者在采访中发现，农村的一些中小学在学校文化建设中，也在学习城市学校的方法和模式，进行学校文化表面的改造。

潢川县魏岗乡中学校长徐峰，为学习其他学校文化建设的做法和经验，曾参观过当地多所做得好的中小学。他说："一看到那些干净、整洁、漂亮的校园，我就想改造一下我们学校。"回去后，他着手的学校文化建设就从绿化、美化、硬化、量化、学校文化"五化"入手，硬化路面，修建花坛，改建厕所，布置文化墙，竖立标语等。

然而，当前农村中小学教育经费有限，而且农村中小学的生源在不断减少。徐峰算了一笔账："我们学校现在只有不到800人。这么算下来，一年的所有费用只有十几万元。"魏岗乡中学之前为建一个多媒体电教室，现在还欠银行几十万元。

张国杰在潢川县中小学的文化建设中发现，农村中小学在进行校园图案、景物等物质文化建设时，不注重文化内涵和教育意蕴。"所制作的图案、景物等成为装饰和摆设，不能产生丰富的文化昭示。"张国杰认为，农村学校的学校文化建设，不要一味模仿城市学校，而要注重挖掘地方的历史文化特色。

(三)校园制度文化建设应围绕人进行

"学校建设的核心是人，文化建设也应该渗透到每个人的身上，留存在记忆中。文化建设应该围绕人的建设，这是重要的标准。"陈如平说。然而，由于制度文化建设的缺失，学校文化建设始终难以深化。张国杰认为，"这是学校文化建设'文本化'。有些学校的学校文化只是说在嘴上，写在纸上，贴在墙上，而没有在实践中认真执行。久而久之，这些文化便失去了生命力和鼓舞的力量。如果缺少动态管理，名人像、警句格言等最终只能成为摆设"。

在校园制度文化建设上，许多学校将学生行为规范的建设置于校园物质建设之后，不进行深入探究，对校风、班风建设的要求不具体、不明确，也缺乏人性化。不久前，西安市某小学为学习、思想品德表现稍差的学生发放绿领巾；山东某中学根据学生成绩好坏，为学校部分班级学生分发红、黄、绿三色作业本。这种将学生分成三六九等的做法，不但给学生心理造成伤害，而且有悖于学校文化建设。

资料来源：张东，柴葳，刘琴. 中小学校园文化建设系列报道一：校园文化建设还须"添把火"[N]. 中国教育报，2011-11-11：1，6.

第一节 学校文化基于教育之道

我们现在处于变革的时代,在这个变革的时代,每个组织、每个人都在寻"道"之路上。或者是真理之道;或者是做人之道、幸福之道、觉悟之道;或者是成名之道、成功之道;或者是致富之道;或者是健康之道……学校的文化则是在探寻教育之道,而教育之道首先基于对教育本质的理解和思考。

一、向左转向右转:教育"福利"时代与"效率"时代

我们在寻道之路上,曾经致力于建设"福利"的学校教育。虽然学校间存在投资上和质量上的差异,但学校是免费的,这是我们国家福利教育时期的特色。不过,在建设福利学校的过程中,一个很大的弊端是公办学校的依赖心理和经营动力的缺失,这使人们纷纷批判公办学校是否存在效率和活力。另一个弊端是在优质学校粥少僧多的情况下,大多数情况必须按照学业成绩来筛选。学业成绩成为重要的筛选标准,因而学校普遍形成唯分数论、唯效率论的办学思路和办学模式。这种模式导致的恶果有:考试将教育者和受教育者的创造热情和学习乐趣全部吞没,课程内容和活动安排全部集中在迎考上,师生的活动、校际的活动、家校的活动全部以追求考试成绩为目标,考试成了指挥棒,成了主宰一切的信仰。

在寻道之路上,钟摆摆到了另一端——崇尚市场经济的规则和市场竞争的效率。学校模仿企业 CEO 开始施行校长负责制,模仿企业按劳付酬制实施绩效工资,模仿企业实施多方评价、多层面、多阶段评价实施教育评价和教师评价,甚至模仿企业文化的打造方式打造学

校文化等。这种模式下，政府公共教育投资项目减少了，一些服务外包给私营部门，不同地区及不同类型学校间的"贫富差距"进一步扩大。崇尚市场规则并没有把福利教育完全终结，一些传统的计划模式和现代的市场模式混合在一起形成了当代混合型的教育管理特色。例如，倡导多元化的办学主体，但是所有的改革思路主要由政府发起实施。再如，鼓励学校改进发展，但是所有的外来支援主要由政府牵线搭桥，这种折中混合的模式使得学校不能拥有本应具有的自主活力和责任感。

不仅如此，市场竞争的惨烈使大多数人怀有"成者为王败者为寇""优胜劣汰适者生存"的市场进化思想。在此思想影响下，拜金主义、谄媚权力主义盛行于世，由此出现的那些众多的教育"寻租"现象，已引发了大多数人们对教育仅存的公共性及教育公正性的质疑。依靠个人的努力考出好分数跳出龙门赢得成功的机会相比福利时代需要付出的代价似乎更加巨大，成功的概率也更为渺茫。嚣张的特权和跋扈的金钱一旦成为择校的教育门票，就剥夺了弱势群体享受更好教育资源的机会，使得不公平的"马太效应"不断累加，"强化"了弱势公民在教育、就业及生老病死上的种种不公，并终将对国家和民族的未来产生不可估量的负面影响。

在"效率竞争"时代，教育上也开始了拼金钱、拼特权、拼关系的"拼爹时代"。不仅如此，"拼妈时代"也开始潮流涌现。所谓"下得了菜场，上得了课堂；做得了蛋糕，讲得了故事；教得了奥数，讲得了语法；改得了作文，做得了小报；懂得了琴棋，绘得了书画；搜得了攻略，找得了景点；拍得了照片，搞得了活动……"的教育新景无疑在高调声讨学校教育在培养孩子社会竞争力面前的单薄和脆弱，还暴露出学校教育自私功利地滥用家长资源，甚至由此挤占社会资源的不良弊端。

  在什么都得"拼"的宏大"战场"背景下，家长之间的竞争，学生之间的竞争，教师之间的竞争，校长之间的竞争，学校间的竞争，很大程度上代替了做人之道的教育，代替了人与人之间的合作协作和情感联系，不断激增的压力因为竞争问题和输赢问题萦绕在每个人的头脑中。正如美国的约翰·泰勒·盖托在其《上学真的有用吗》一书中所说的，"学生分类策略保障了等级偏见的再度盛行，而良好的人际关系即使在学校里也没有足够的时间和空间去培育……更长的学期、更长的学时、更多的测验和更多的标签成为学校的唯一需要"①。这种源于教育市场规则的增强和竞争的巨大压力导致的恶果，包括尊重孩子自然成长的缺失，个别化教育的缺失，优秀师资的流失和教师专业动机的衰退，人在生存中外在自由和内在自由的不断丧失，尤其是在绩效目标和追求考试成绩的困境下"做人之道"的缺失。

  鱼和熊掌不可兼得。我们是选择市场、效率、竞争和压力，还是选择福利、公平、合作和活力？是选择金钱交易、单打独斗，还是选择责任感、互助配合协作？权衡教育"福利"时代与"效率"时代的利弊或许能够给予我们一些"向左转"或"向右转"的启示，启发我们办教育包括打造学校文化所应持有的正确价值观。

  "北欧国家在国际学生评估项目 PISA 测试中取得的成绩是最好的，但没有一个北欧国家制定了本国的问责条款。相反，这些国家倡

---

① [美]约翰·泰勒·盖托. 上学真的有用吗[M]. 汪小英，译. 北京：生活·读书·新知三联书店，2010：182，158.

导的是共同的责任"①。以芬兰为例,芬兰是世界上几个学生成绩差距最小的国家之一。芬兰重视的是充满创造力和富有灵活性的教育,中小学课程主要是地方课程,几乎没有标准化考试,国家主要通过控制教师入门标准来确保教师的素质,而不是靠绩效工资确保教师的素质。与芬兰相似的地区或国家还有中国台湾、韩国、日本等。可以发现,在大多数主张义务教育阶段福利教育的发达市场经济国家,"市场效率"并不是评价的重要标准。其义务教育阶段的公立学校质量发展较为均衡,且教师收入差距较小,学生学业成绩比拼的压力较小。对于学生的评价不是把约束强加给学生个人、教育工作者或学校,而主要通过评价样本监控教育目标的达成度。国家主要通过增加投入和提供支持提高学业成绩。很多高素质的教师一起设计课程,通过个别化教育来提升教学质量。在这种合作氛围中,教师之间和学校之间共享资源、分享资源、互助改进、灌注活力和责任感。权衡教育的"福利与效率"时代"向左转与向右转"的利弊以及其他国家的经验或许能够给予我们一些启示,启发我们办教育所应持有的正确价值观。

不要过分强调"福利",或者过分"行政",这样会失去进步的灵气,失去发展的追求动力,以至于让教育变成一成不变的"死水"。也不要过分功利,唯"效率"是用,唯利是图,教育毕竟"不仅仅是看到眼前的事情,而要考虑到几十年之后的事"②。只有把教育看作一个充满情怀、传播德行和爱心的工作,我们才能寻求到一个最理想的"中间地带"。

---

① [加]迈克尔·富兰. 变革的挑战——学校改进的路径与策略[M]. 叶颖,高耀明,周小晓,译. 北京:北京大学出版社,2013:24.
② [日]黑柳彻子. 窗边的小豆豆[M]. 赵玉皎,译. 海口:南海出版公司,2003:267.

二、寻术更要问道：学校文化的"术"时代与"道"时代

"术"时代是工具理性的时代，是物质文明的象征，而"道"时代是价值意义的时代，是精神文明的象征。黄武雄认为，"学校教育不应像今日学校的现状一样，纯为加强孩子的竞争力，为他们未来的出路服务，以致扭曲了孩子的价值观，背叛了学校教育的宗旨"[①]。

学校教育是孩子迈入社会面临的第一个环境。孩子们所向往的教育不应单单是一种知识的教育，它更是一种心灵教育；不但是一种成绩竞争上的教育，更是一种精神进取向上的教育；教育不仅仅是关于物的教育，更是一种关于人的教育；教育不单单是一种谋生的教育，更是一种做人之道的教育。

孩子们喜爱的真正教育不是单一的课堂教育，而是一种生活教育，不仅仅是生活教育，更是有关生活智慧和超越生活追求的艺术教育。人们所向往的教育应该能够对个人的幸福生活有积极的影响，能够帮助个人在适应社会生活工作方面起正向的作用。无论是分数高的学生，还是分数低的学生；无论是智商高的学生，还是智商低的学生；无论是善于表达的学生，还是内向羞怯的学生；无论是家庭背景好的学生，还是社会经济地位低的学生……都能在教育的帮助下真正获得一种能力、一种品格，这种能力和品格能够赋予他们力量，使得他们无论得到生活怎样的"赐予"，福兮祸兮都能践行做人之道，把生活过好，把责任担好。这应是学校文化对于教育之道本质的基本理解。

---

① 黄武雄. 学校在窗外[M]. 北京：首都师范大学出版社，2009：50.

无论是教师还是学生,都需要在学校中拥有一定的私人空间和自由。教与学结合在一起,应该能够使教师和学生均能享受到教育世界的快乐,且这种快乐随着教学相长而不断增强。不论出于何种理由,学校教育里都不应存在使学生感到心理压抑的"人际关系"。

学校教育没有权力把不适宜的教育方式强加给孩子,或者把统一的教育模式复制给每一个孩子,统一的教育内容和发展方向未必适合每一个孩子。如果为了学校自身的工作任务而使孩子成为陪衬品或牺牲品,那说明这样的工作任务或统一模式本没有存在的理由。

学校教育最突出的优势在于使孩子在集体中找到同伴朋友,并在与同伴朋友的相处中产生快乐的感受,这是大多数独生子女家庭无法给予孩子的快乐。学校教育不能忘却这点优势,并应尽可能地发挥该优势到极致。

学校教育中最重要的活动并不是课堂教学本身,而是教师与学生之间建立起来的相互信赖的关系。信赖关系的建立基础是教师对每个学生都尽心地指导,切不可偏心或粗心,从而使安心的感觉根植于学生的心中,并在安心的基础上使其获得积极参与集体学习生活的自主意识和主动性。通常情况下,我们需要判断一下,孩子们是出于害怕教师权威而察言观色地去做事,还是出于从众心理做事,或者只是害怕被孤立而去随众,这些情况与他们出于强烈的自我表现欲、出于主动尝试的学习态度、出于自主的积极态度,是完全不同的。前一类情况,培养的是缺少独立意志和自尊自信的人;后一类情况,培养的是生机勃勃的人格自立和自尊自信的人。

学校教育的目标并不是为了达到某个成绩,或者获得一个文凭,或者找到一份好工作,关键在于尊重孩子的立场,使孩子们享受到家庭教育享受不到的教育、实现家庭教育难以实现的教育，从而"使孩子们学会与世界真正联结"①。

校长和教师必须是信仰民主、人权的人们，这种民主思想体现在他们是每一个独特孩子的拥护者和支持者。认可善于表达的孩子，同样也认可内向羞怯的孩子；喜欢"吃得多"（学习快）的孩子，同样也喜欢"吃得少"（学习慢）的孩子；呵护听话懂事孩子的创造性，同样也呵护调皮捣蛋孩子的创造性。

所谓"天时不如地利，地利不如人和"，意思是人和的优势可以弥补天不时、地不利的劣势，这一点原则尤其适合学校这样的场所。一所学校可以存在财力、物力资源投资欠佳的问题，可以是地处偏远的农村学校，但这所学校里教师的努力得到了学生的理解和承认，同学之间成为快乐的学习同伴和快乐的游戏玩伴，有了健康的师生情和同学友情，才是一所办学成功的学校。

相对于竞争和批判，协作和沟通更接近教育的本质；相对于受人束缚的充满压制强制的拘束氛围，能够让每个人按照合适的方式表达自己意愿的气氛，更接近教育的本质；相对于秩序建设和制度建设，合作融洽感情深厚，更接近教育的本质；相对于行为拘谨和整齐划一，活泼坦率和百家争鸣，更接近教育的本质；相对于构思巧妙设计宏伟的背景，温暖开放安全温馨的情景，更接近教育的本质；相对于规训命令和纪律惩罚，贴心指导和弹性规划，更接近教育的本质；相对于苛责否定强制的颠倒管理，自省自律和充满活力的自我管理，更接近教育的本质；相对于比葫芦画瓢的依赖和盲从，无拘无束的自在

---

① 黄武雄. 学校在窗外[M]. 北京：首都师范大学出版社，2009：39-40.

第二章 基于教育之道、生于校本师生、成于社会互动

创作,更接近教育的本质;相对于发于争强好胜之心赢得的奖品或赞扬,发于质朴谦逊之心的从容和淡泊,更接近教育的本质;相对于偏执己见的权威和冷漠,亲近良善的接纳和包容,更接近教育的本质;相对于浮躁和执着,耐心和平和,更接近教育的本质;相对于怀有偏爱和偏见的教育,怀有博爱和感恩,更接近教育的本质。

相对于急于求成地追求和坚持,尊重人性的信仰和虔诚,更接近教育的本质;相对于例行公事的定期检查和评价,出于关怀和学生需要出发的不定期提醒和敦促,更接近教育的本质;相对于步调一致全校统一的表演和演出,快乐的表情和享受的感受,更接近教育的本质;相对于唯命是从地接受和服从,民主地发言和平等地接纳,更接近教育的本质;相对于"我知道什么对你好"的操纵者的助人心理,"我也许并不知道什么对你好"的领导者的开放心态,更接近教育的本质;相对于"我无法改变糟糕的社会现实"的受害者心理,"不管什么样的情况下我都可以改变自己的态度,拥有正能量"的智慧者心理,更接近教育的本质;相对于沉浸在繁杂行政事务中无法自拔的管理者,致力于把孩子培养成人的点滴行为,更接近教育的本质;相对于大人由于缺乏安全感而产生的恐慌型教育,帮助孩子塑造一颗无惧放心的心,更接近教育的本质;相对于无视现实条件做得完整而系统的教育教学计划,符合本校特点、充满朝气和创造力、可根据情况随时更改内容的弹性计划,更接近教育的本质;相对于遵纪守法的说教,利用兴趣盎然团结协作才能完成的集体活动,让孩子体验遵守规则所带来的快乐,进而引导孩子遵守纪律,更接近教育的本质。

总之,人的成长是缓慢的,教育也是一种慢活儿,思想的获取与洞察是人的发展历程中最为动人的图景。当我们对于学校教育之道的

理解有了深深的凝视和探索,我们的思想和骨子里最终将会饱含着对学校文化及教育发展的深刻认知,它会自觉地"溶"在我们的教育领导视域里,滋养我们的教育灵魂,最终直抵基础教育放飞心灵的自由境界。

相关阅读

现代教育的生命关怀(有删减)

在我们的时代,作为与生命成长和精神发展关系最为紧密的学校教育,缺乏对生命的整体的关怀和引导,给生命的存在和发展带来不少的伤害。

(一)生命成为手段

德国哲学家康德认为,道德的绝对命令之一,就是永远把自己的人性和他人的人性都当作目的,而不是手段。现代性的表现之一,就是社会体制与教育把生命作为别的事物的手段,比如金钱的手段、权力的手段等。这样,生命的价值一旦变成了别的东西的手段,生命价值就自然会失落,最终使生命迷失在权力、财富、占有之中。我们可能想占有更多,但是却忘记了生命的存在价值,或者说我们把生命的价值看作占有,这造成了沉溺于物、把生命物化的可怕后果。当代教育虽然一直在呼唤人的发展,但其实注重发展人的工具职能,也就是注重发展人作为人力资源的功能,但这种功能不是生命的创造力,而是人作为手段的能力,因而不能关注和提升生命价值。

(二)生命价值的片面化

当代教育中的唯知主义和功利主义,把生命价值片面化,使人的生活抽象化和单面化,造成对生命的任意强制和扭曲,学生对生命的积极体验和丰富多彩缺乏把握，生命的欢乐与幸福似乎不是生命的特征，倒是痛苦、挫折、失意等反而成为生命的特征。

(三)生命的创造力受到局限

教育中的管理主义、绩效主义、技术主义等造成对生命的控制和漠视，这是当前教育最为严重的问题。教育实践的技术化和教师行为的程序化都把教育简约化为一种简单的过程，生命的活力受到限制，生命的精神得不到表现，生命的真正价值得不到实现。

(四)生命利益受到侵犯

特别令人不安的是在我们的教育实践中，还有一些侵犯生命权利、蔑视生命利益、对生命构成侵害的事情，这些虽然是少数，但对教育产生了最为严重的影响。当前的学校教育把惩罚等作为道德教育的重要方式，所以充斥学校的就是对所谓犯错儿童的各种形式的惩罚。教人者好像在道德上永远正确和伟大，其实是学校把儿童渺小化，不把儿童放在心上，于是，道德教育被理解成一种管束和强制。不人道的教育只能训练出不道德的人。

(五)生命终极价值的失落

现代人在追求世俗的享乐生活中，不再具有超越的精神，这就使得生命失去了终极价值的支撑，生命缺乏超越性的追求。这表现为生命的超越和发展受到阻碍。生命失去终极的目的，满足于鄙俗、低级和无聊。生命价值的失落，使得我们对他人生命的冷漠，对自己生命的不以为然，对世间他人痛苦的无动于衷，我们的生命感觉麻木了。

(六)生命的孤立化

现代学校教育强调人与人之间的竞争，学校成为人生的竞技场，生命成为争夺更多的利益、占据更高的社会地位的手段，生命失去了共享和共生，每个生命都可能唯我独尊，他人的生命或者另外的生命成为"我"实现自己利益的手段，他人成为我盘剥、利用、钻营的对象。

(七)生命的物化

我们今天的科技以及社会科层结构都把人的生命当作像物体一样的对象进行处理，生命成为任意宰割、分析、制作、克隆、处置的对象，这破坏了生命的完整性和严肃性，生命成为物。我们今天的教育其实也是把生命当作物的，把生命当成可以任意塑造的对象，可以像物一样随意处置，从而为轻视生命打开了大门。

我们的教育，我们的学校，我们的校长和教师能够反省我们对儿童的所做所为吗？我们能拯救我们的儿童吗？鲁迅说，救救孩子。这其实意味着我们首先要治我们教育的病，治我们学校的病，治我们成人的病，而治病的最好的良药就是：向儿童学习。鉴于以上问题，我们的学校和教师有必要推进生命教育，在理解生命的基础上引导生命的自我发展，促进生命的精彩和辉煌。护生，厚生，这是教育的使命。

资料来源：刘铁芳. 现代教育的生命关怀[M]. 上海：华东师范大学出版社，2007：32-36.

第二节　学校文化生于校本师生

美国学者迪尔和彼德森认为，"学校文化是由行政管理人员、教师、学生等长期以来工作和生活所共同建构的组织传统与规则，并且内化为人们思考、活动和感知问题的方式"①。可见，学校文化的发展是在学校组织情境之下发生的，每所学校文化都应该带着自身校情，即师情、生情来生成独有的校本文化，动态发展的校本文化也是对师情、生情、师生情动态发展的反映。失去师生认同和参与的学校文化只能如无源之水、无本之木，失去师生共同建构和共同改造的学校文化只能如断梗浮萍转瞬即逝。师生为本是学校文化的基本定位，师生的活力是学校文化的动力，师生所共同创造的价值是学校文化的最终价值体现。

一、行政文化：让校长领导力从"个人导向"走向"师生团队导向"

学校文化是从人物各方面在处处教人"做人之道"的文化，所以校长的"做人之道"是首要典范和示范。校长的领导不应玩弄谋权、掌权、固权的权术，不应口是心非、心口不一，不是对上阿谀奉承、对下恩威并施。校长做人应为人正直，为职清廉，立身行事应心如直弦，一切真实，这是要担当校长职位之人的基本要求。在做人上过关的人，才有资格做校长，才有资本发挥校长领导力的巨大感召力。即使是内心充满美好正义的愿景，也决不能通过"学校的政治游戏"来实现。试想，学校是孩子们迈入社会的第一个环境，如果这个环境里，都是尔虞我诈、钩心斗角，明是一盘火、暗是一把刀，我们的孩子们将如何面对职场社会可想而知。

文化不是死水一潭、上传下达，校长的领导因而也不应是冷冰冰的命令和干巴巴的强制，不是发号施令和颐指气使，而是充满信任、

---

① 谢翌，马云鹏. 重建学校文化：优质学校建构的主要任务[J]. 华东师范大学学报（教育科学版），2005(3)：8.

重视和理解的沟通。校长的领导力量不是体现在有多少"听话"的教师、有多少追随的"铁杆粉丝",而是体现在建立积极气氛、关注教师对专业成长上的感受、聆听师生的声音、对他所要求的行为或态度进行示范、对教师的教学实践起到正面的影响和陶染。

在建设学校文化中,校长的领导不是在自己的一亩三分田里像一个国王一样运筹帷幄、调兵遣将、发号施令。有效的学校文化应该是时时刻刻依靠大家动手,而不是只依靠少数人。校长的领导只有依靠教师群体的工作和创新才能实现。校长的领导力量无论多么强大,没有教师的支持最终只会变得微不足道。相应地,依靠校长及其所谓"领导班子"生搬硬套地"造出来"或者依靠权威"强加"和用畏惧"维系"出来的文化根本是没有生命力的文化。有生命力的文化只能在学校师生真心投入的活动中和主动参与中孕育出来。以师生为本所滋生出来的学校文化,是志同道合、同舟共济、共同前进的文化,它绝不会在此地稍纵即逝、昙花一现,也绝不可能被随意照搬模仿和复制。

学校文化打造成功的重要标志是师生升起对学校集体的认同感,升起对学校文化所包含的价值观念、办学理念、行为准则等的共同认同。对学校升起组织认同感和文化认同感是师生与学校达成的积极向上的心理契约,这份心理契约可以起到自然而然地促使每个人投身到学校的改进和发展中,并在充满活力的工作过程中获得自身全面发展的作用。

总之,在建构学校文化中,带有"校长个人导向"价值观的学校文化建设带有一定"行政型"意味,既是"福利型"大包大揽教育观的延续,也是"效率型"急功近利讲求实效高效的表现,这类文化建设速度较快,但由于是从上而下的,带有或"家长型"或"层级型"的特点,其文化常是孤立的、短期的。由于师生是旁观者或者是组织任务的被分配者，所以文化难以得到全体师生的广泛认同，校长的角色更偏向于资源分配者和任务委派者。而带有"团队导向型"价值观的学校文化建设，则更多的以师生团队自主设计的工作方式开展自下而上的文化建设，校长角色更多的像一位引导者、观察者、沟通者和辅助者。这种文化建设能够获得更强烈的集体认可和肯定，具有长期持续发展的可能性。

二、师生文化：让教师专业引领力量从"守旧型"走向"创新型"

学校组织的内部成员包含校长、行政人员、教师和学生，学校文化正是这些群体所传达出来的信念、价值观和行为习惯等。教师群体作为上传下达的基本枢纽，他们的内在价值观和信念及行为表现对学校文化具有相当大的影响力。学生感受到的学校教育的品质主要是与教师接触后所产生的主观感受，因此，教师与学生间建立良好的人员互动及人际关系相比提供资金、设备、技术等资源的重要性程度更高。

传统的"守旧型"教育中，教师在整个大的教育系统中扮演的是一种被动和没有自身声音的角色。尤其是在"福利型"教育系统中，国家赋予教育更多的政治任务和行为约束，从教科书国家版本的编辑到教学大纲的规划，再到教学内容的限定，造就了教师照本宣科、一成不变的工作方式，造成了人们对教师古板、机械、不能随机应变的刻板印象。

然而从现今的社会现实看，教师应具备的能力涵盖很多内容，包括分析学习者知识需求的技术能力、发展课程与教材领域的技术能力、撰写教案与学习手册的技术能力、选择与评估教材的技术能力、安排教学顺序与进度的技术能力、撰写与改编教材内容的技术能力以及心系学生发展成长的价值观。还有分析学习者特性的技术能力和运用各年龄段（如学前、青少年、成人等）学习理论的技术能力，制作教学媒体的技术能力，选择教学方法的技术能力，教学互动的技术能力，营造学习气氛的技术能力，进行教学改进与研究的技术能力，团队学习与合作之技术能力，执行教学与学习绩效评价的技术能力，以及情绪控制及调节之技术能力，口才表达及沟通的技术能力，作为教师应有的伦理道德责任和奉献精神等。学校文化的打造和发展包括教师获得新知识、新技能、产生新的价值观这一专业发展的活动。正是在对新知识、新技能、新价值观的专业追求中，教师通过不断的反思和学习，更新着教育理念，积极寻求着新的教育理念与实际教学的完美结合点，从而以新的整合方式选择教学内容，以新的教学方式执行课程任务。我们既要把教师看作教育理念的实践者和落实者，也要把教师看作教育实践的探索者和变革者，因此，重视发挥教师专业群体在教育教学变革历程中的关键作用和影响，可以借此促进教育及学校文化的发展。

　　由于学生处于相关专业和技术知识的信息劣势，特别需要教师做出专业的应变反应，在当时当地的情况下，依靠自己的专业判断来满足学生在知识传递过程中的相关需要，这决定了教师职业是自行判断程度很高的行业，他们应针对不同的生情、课情，采取不同的教学方法、不同的教学风格、不同的考核方式、不同的评价内容等。基于教师在工作中有着很大自由性和灵活性的特点，校长的领导行为不应使教师的工作行为标准化和固定化，不应使其处于规章制度束缚下被动地工作，而应实行特殊的宽松管理，激励其主动创新与奉献的精神。这种领导状态下的学校文化才能真正扎根于教师心中，真正生长出校本的学校文化。

人是文化的最佳载体。没有人与人之间的分享和沟通，就不会有现代的科学技术及文化发展。学校文化开始于组织内的个人，个人是组织和组织文化的基本单位。事实上，组织的文化其实最后都需要细化到每个人的工作之中。教师作为拥有大量教育专业知识的知识分子，通过备课、讲课、指导学生、科研等活动扮演着学校专业人员文化分享和创造的角色。教师对书本知识的分析、反思和批判，对教案设计、教学演示的策划、制作和改进等是教师运用自身专业知识创造组织价值的一部分，也是传递和传播学校文化的重要行为。积极的学校文化要淬炼时代精神和鼓舞人心的愿景。而这一愿景的提炼需要教师群体一起思考并回答几个问题：教师这份工作于孩子们的意义是什么？我从事教师这份工作对孩子们的意义是什么？如果教师认为他们的工作是有意义的、有价值的，就会愿意付出努力，而且会感到为之拼搏的快乐和价值。构建充满活力的学校文化，不可能依靠那些设计公平或巧妙的绩效工资制度，不可能依靠那些不是以责任感为前提的评价机制或问责制，只能依靠那些内心真正具有坚定专业精神和教育信念的高素质教师才能达成。一所学校内有了足够多的拥有正确动机和意愿并且有能力进行个人及组织文化分享及改进的人才，才是学校文化成功流通和提升的重要保证。

当然，学校文化的建设也不能只是关注教师个体专业发展，而忽略了教师群体专业发展在学校文化中的力量。良好的学校文化是在教师个体专业发展中得到推动和促进的，更是在团体的专业发展中长期互动和相互分享而养成的。教师团体的文化建设包括教师群体之间的开放、信任和支持的合作关系。教师群体自发形成的结对子学习模式、教师群体的专业对话行为、师傅带徒弟"传帮带"式的学习模式、合作学习的隐性制度、相互听评课方式、集体课题研究的方式、分享专家资源的习惯、自发集体观摩研讨活动、自发的文件资源上传、建立知识团队的行为、经验分享交流活动、跨部门跨团队跨组织的自发合作学习与资源分享行为等,这些自发的良性合作行为是教师群体开放、信任、支持的表现。也正是在这种成员互动和人际沟通的情境中,学校成员间的价值认知、工作态度相互影响,相互参照,并有助于整体的学校文化气氛的营造和推进。这种文化模式相对于那种自上而下组织的、制度约束下"被"形成的形式上的文化更能真实反映和促进学校的健康发展。

三、学生文化：让学生创新力量从"被动参与者"走向"合作生产者"

创造组织文化的另一重要主体是学生，学生是学校组织文化中最具创新力量的群体。学校在文化发展过程中，应不断激励学生发挥创造性，勇于挑战创新，借此激发学生成员的创新能力，以营造学校动态且充满活力的组织文化。

守旧型的学校文化里学生主要是"旁观者"，顶多是"参与者"。然而在创新型的学校文化建设中，学生绝不是简单的"旁观者"和"参与者"。在产品设计阶段，学生高度参与课程设计、教学计划、教学内容、教学设计、教学研究和评估的规划；在生产制造阶段，生本课堂完全以学生活动为主；在质量管理阶段，质量的优劣取决于是否在教育现场与学生建立互动频繁而密切的联系；在宣传营销阶段，学生的口碑是最值得信赖的推广和广告。所以说，学生不仅是学校文化的"被服务者"，更是学校文化生产过程中的"合作生产者"；不仅是学校文化的"利益相关者"，更是学校文化不可或缺的"生产资源"；不仅是学校文化的"回应者"和"评价者"，更是学校文化的"贡献者"和"缔造者"。

学校文化的最终目的是促进学生的学业发展和综合素质的提高，因此，学校文化需要充分倾听学生的观点和声音，促进学生的参与。事实上，学生本身是学校组织中最具创新力量的群体。学生接受教育的过程也是学生对自我的主观世界进行主动建构的活动。教育过程是一个学生必须有目的地自觉参与下，经过自身已有的心智结构、思维模式对教育活动进行的不断吸收、加工、接受和生成，进而获得劳动技能、生活智慧、道德素养，实现个人身心发展和社会财富增值的过程。学校在文化发展过程中，应不断激励学生发挥创造性、勇于挑战创新，借此激发学生成员创新能力，以营造学校动态且充满活力的组织文化。

学校文化作为一种依赖学生、教师及其互动来促进组织整体运作、实现组织使命的管理体系和管理哲学，必须关注学生和教师的价值生成过程，必须以服务师生为导向、以师生为中心考虑通过提供哪些资料、流程或互动情境，通过如何恰当地对资源进行规划整合和管理来对师生的何种活动进行支持，以及这种支持是否能够真正地帮助师生生成他们所需要的价值。

在每个持续改进的学校文化建设中，学生和成人（包括教育者和管理者）形成新型合作关系是重要内容之一。学生是变革的伙伴，不仅仅是变革的对象，学生应实质性地参与学校整体治理和发展过程中，成为学校文化建设的同盟和合作搭档。教育管理者和教育者与学生之间的合作共生关系是相互的信任和相互的尊重，而不止于表面化的帮助支持。学生参与学校决策，不仅仅是学生和学校领导一起关注学校的政策，分享他们的意见、方法和需要，而是学校能够真正赋予学生权威，使他们能够为所面临的学习、课堂和决策方面的挑战寻找自己的解决方法。学校文化要打造具有支持性的合作制度和氛围，将学校内学生间的活动综合联系起来，学生间能够基于共同的问题建立工作团队和合作小组，能够基于共同的愿景和信念共同策划学校工作发展计划。

"只依赖言教与宣导教育学生的教育，必然沦为道德教条，使人阳奉阴违，或使人只知压抑自己，无法内化为人的德性；只依赖反复背诵演练形成的知识，必然沦为虚假的知识，使人套上多重的桎梏，甚至吞噬践踏人的存在与价值"①。我们的学校文化往往过于偏重教化管制和规训说教，权威性、专制性、控制性、依附性略强，而缺乏平等性、自由性、自主性和人性化。学校管理者和教育者应放弃"消极服务"的观念和意识，采取"积极服务"的态度和行为。所谓"消极服务"，是指教育观念和行为中根本的仍是以规划、教导、规训来"协助"学生知觉自己的权利与责任；而"积极服务"的态度和行为，则是尊重和了解学生正面和负面的体验与感受，通过各种方式创造自由解放和公平公正的氛围，提升人性尊严，促进所有的人主动而自由地在学校文化建设中有效地参与和发展。

作为教育管理者和教育者，我们要经常询问自己：我们能否公开地以尊重学生的方式让他们表达不同的意见和态度？我们能否以实际行动尊重与自身意见不同的人？我们是否愿意与学生讨论学校文化建设方面的话题？我们是否愿意接受差异？是否愿意分享成功和失败的经验？是否愿意反思自己的价值观和行为？

以"夏山学校"为例，夏山学校的理念是自由，夏山人认为只有让孩子从小就有能力自己做决定，才能培养出更幸福的个体。自由不等于无规则。夏山学校给孩子们自由去建立他们自己的规则。学校密密麻麻的规章制度都由这里的七十多个孩子和老师在同等的表决权下表决通过。在日常学习生活中，孩子们可以自由地做他们想做的事，只要不侵犯他人的权利并尊重其他孩子和成人。

---

① 黄武雄. 童年与解放[M]. 北京：首都师范大学出版社，2009：171-172.

> **相关阅读**
>
> **来自学生的教育建议——对师生人性化关怀**
>
> 我认为，校长的工作不仅仅是要把学校建设得更好，更重要的是要关注师生的情感、生活和饮食。假如我是校长，我会关注师生的身心健康，提高师生的生命质量，提供宽松的育人和学习环境，努力建造一个温馨的大家庭，让每一个师生真正爱校如家。
>
> 假如我是校长，我首先会分析学生们学习与休息的状况，这样就能从最基本的地方了解学生的状态，再进一步展开工作。有的学校的住宿生因为不能经常回家，所以他们得到的关爱是很少的。所以，作为一个好校长，经常关心同学是必不可少的，应该在宿舍管理的老师中选出专门与学生沟通的人员，与他们谈心，甚至可以跟他们一起玩。
>
> 我在学校最看不惯的就是在教室里安装摄像头，这样学生就好像罪犯一样被老师们时刻监视起来。老师和学生之间连最起码的信任都没有，又何谈时刻为学生着想呢？所以，假如我是校长，我一定会把摄像头统统拆除，推倒老师和学生之间的那堵墙，让学生和老师之间架起互相信任的桥梁。
>
> 资料来源：北京市海淀区教育科学研究所、教育信息中心．来自学生的教育建议[M]．北京：中国社会出版社，2010：69-70．

第三节　学校文化成于社会互动

学校教育的目的是要帮助学生做好准备，过好充实的人生，为了实现这一价值，学校要保持与社会的互动，鼓励和动员学校教职员工的参与，以及家庭的投入、社区的学习资源投入、工商企业的社会服务、社会科技的应用、社会环境以及民主制度的改进等。一般来说，学校与社会的互动主要来自包括学区、其他学校、地方教育局、家长、社区、工商业伙伴、公众等社会群体、团体、组织的联络和合作。学校文化的实践归根到底是学校与社会群体、团体、组织建立横向纵向学习网络和长期满意关系的实践。

一、教育系统和非教育系统承担共同的教育责任

在一个开放民主的社会里，教育系统和非教育系统应承担共同的教育责任。社会要帮助每一个学校在更大的学区、更多的社区和更大的范围内相互学习。学校与学校之间可以开展在教师教育、课程改革、教学实践、课题研究、学校改进等方面的合作性专业支持活动，如优质学校与薄弱学校的强弱联合，优质学校与优质学校的强强联合，薄弱学校与薄弱学校的弱弱联合，学校与上下游学校的合作等都是教育系统内部共同承担教育责任的表现。非教育系统也要承担共同教育的责任，比如家长与学校共同沟通并参与到学校和教师的教育质量改进活动，社区居民高度信任学校并积极响应学校的呼吁，利用社区公众的力量使某项计划合法化等。

现今学校与家庭合作仅仅限于学校为家长提供更多的学生在校信息，家长则大多"被动的"为学校提供更多的资源或作为家长志愿者参与学校的相关工作，而不是真正意义上的相互依赖、相互促进的伙伴合作关系。学校与社区、工商业伙伴之间也不是真正的共生合作关系，他们或许互相提供资源、互相提供服务，但很容易流于形式，因为双方并不致力于长期合作解决某个问题，也不致力于双方共同需要

得到改善的道德或务实层面的目标，这种互动和合作根本不可能给双方带来文化方面的改变。

而实际上，强调社会不同组织对教育的支援和参与，以及伙伴关系或共生合作关系的建立，对于学校的意义在于加深了学校的社会参与度，社会成员能够参与到学生的学习中来，使学校与社会建立起横向和纵向的资源交互网络，为学生培养创设开放包容的大社会氛围。

目前一些国家或地区在学校与社区更深入合作方面展开探索[①]：比如新罕布什尔州的35个学区与一些商业机构合作，其目标是发展学生的批判性思维，特别是与高新技术和管理领域相关的技能。在进行这个项目的时候，这些商业机构就合作编写培训教师的课程材料，并且为教师提供了暑期培训。再如社区商业机构和学校一起确定学生需要的技能，并且进行分析，然后转化为课程服务于学生。接着，教师和商业机构一起为学生的未来设计新的课程。在这个过程中，教师了解和提升了相关领域的知识，在一定程度上改变了自己原来的教学风格和教学内容。学生因为拥有了社会实践的平台和机会，而更早的培养起职业兴趣和职业态度。学校、社区和家庭组成了一个更大的学习社群，为学生开展服务。

二、学校应具有联结家庭和社会的起承转合作用

学校具有联结家庭和社会的起承转合作用。学校不能高高在上，不能仅仅顾及自己作为学校层面该怎么打造学校文化，不能一厢情愿地盲目做自己想做的事情，而应该把自己置于家庭、社区乃至整个社

---

① 梁歆，黄显华. 学校改进：理论和实证研究[M]. 上海：华东师范大学出版社，2010：288-289.

会的统一体的角度去考虑文化建设问题。作为学校，既向家庭、社区、工商企业界、公众等学习，也要树立服务意识去满足家长、社会投资者、用人单位、公共投资者（政府）等群体的实际需求，以此作为指导学校文化发展方向的指南针，这样的学校文化才能最终实现"共赢"的结果。

学校理应成为学生社会生活的一部分，而不是全部。学校脱离社会越多，学生与社会的诸多事务和现实就越脱节；学校文化与社会文化的互动越少，学校文化与社会情境的结合度越低，学生社会责任意识的知觉与觉醒程度就越低，学校文化创新活力就越低，学校文化的孤立程度也就越高。正是在学校与社会的合作共生中，学生心中生起了政治安定、经济繁荣、民族融合、环境保护、乡土情怀等意识，并在以后的工作和生活中点点滴滴地感受和落实其内在的观念。可以认为学校"社会化"恰是学校文化的根基，学校"社会化"的过程恰是学校文化的发展脉络。

学校文化不是内部主义的、孤立主义的，也不是形式主义的。学校文化要成为社会精神文化的中心，得到社会的认可和重视。学校的文化要担负起提升社会文化的功能，通过向社会输出优质的学校文化，来与社会文化良性互动，以有效能的学校文化带动有效能的社会发展。然而现今的学校文化却似乎事事处处受到外界的干扰和掣肘，一遇到问题，即认为这是社会的问题，学校解决不了，或者认为是教育制度和整个社会环境的问题，不是学校的问题。还有很多学校人员认为把学生教好了就好了，何必花时间去社区、去企业。一些学校人员拥有人在"象牙塔"的心理，认为家长是小市民文化，社会公众的大众文化意见肤浅，认为必须关起门来办教育，这样才不会受到干扰。

以这样缺乏社会意识的观念建设学校文化，如何能够得到更多的掌声和支持？事实上，学校文化不应是社会文化的适应者，它更是社会文化的改变者、影响者、缔造者、修正者、创造者。一个来自不良社会风气或社区背景的学生，可能有了不正确的价值观和行为习惯，但经过良好的学校文化熏陶，应能改变其价值观念和行为方式，否则将无法呈现学校教育自身存在的价值。学校文化应该有弥补和修正社会环境不足的功能，并具有重塑的力量。当然这种加以重塑的过程不是孤立的行为，学校应有力量兼具社区、家庭、公众等的能量并使之合力彰显学校文化的效果。

案例分享

瑟谷学校传奇

瑟谷学校（Sudbury Valley School）是美国第一家"自主学习学校"，现在有超过35所基于瑟谷模式的学校，它们分布在美国、丹麦、以色列、日本、荷兰、比利时和德国。这个模式有两个基本的信条：教育自由和民主管理。萨德伯里山谷学校是一个私立学校，入学的孩子年龄从4岁到19岁。

问题一：什么是自主学习学校？

有人称自主学习学校为"无结构学校"，因为瑟谷没有任何课程、没有上下课时间、没有任何学科要求。看在外人眼中，学生们似乎整天就只是玩耍。1968年，美国麻州法明军市诞生了一所独特的实验学校——瑟谷学校。瑟谷的教学得到教育界肯定，成为美国第一家正式立案的自主学习学校。

问题二：何谓"无障碍学习"？

就是让学生自己决定想学什么、想学多少，不要强迫他学习他不需要或不想要的东西，让他拥有自主学习的自由。1862年，李奥·托斯托也公爵在他的《教育与文化》一书中便写道："即使是一世纪之后，我也怀疑这种学校能否存在。一百年后，自主学习学校也不可能建立。"但是瑟谷学校打破了这样的怀疑。

瑟谷学校令人印象最深刻的是他们对学习所保持的态度。瑟谷的创校精神植根于亚里士多德两千多年前的名言："人类天生好奇。"也就是说，人们随时都在出于本能的学习。儿童也是一样，随时随地在自然地学习着他想学习的一切。不论年纪大小，每个学生一进入瑟谷学校就得为自己负全责，为自己的未来做种种决定。学校里的大人、工作室、设备和图书馆都在那里，等着学生使用，但是不会主动引导学生的学习。瑟谷的教育理念很简单：天生的好奇心会是学习最好的驱动力，孩子们会因好奇心而主动地探索他周遭的一切。

在学校的生活中，除了学习还是学习。你可以让学生坐在规定的课程中学习，也可以让他们在与他人的互动中学习，更可以让他们在校务的运作中学习。学习的对象可以是教师，可以是同学，也可以是比自己还小的孩子。学习的事情可大可小，可多可少。学习的方式有时候是错的，有时候是对的，只要不断地去检视、修正就好了。如果整个学校都处在这种学习的气氛之中，那么孩子们便会逐渐意识到："其实学习便是一种生活，而生活也是不断在学习之中。"那么孩子以后无论遇到什么困难，都可以抱着这种乐观的态度，自在生活。

另外一件有趣的事，就是学校的结构。瑟谷学校是一个完全民主的地方，由"校务会议"全权管理。校务会议中，老师和学生每人一票，票票等值。学校一切相关事务都由校务会议决定，包括：校规、预算、行政、聘任、解聘及处罚。结果是一切顺利运行，每个人福祸相关，校区内看不到破坏与脏乱，充满了开放与信任的气氛。这些现象在别处各种大大小小的学校里是看不到的。而且，瑟谷学校并没有接受任何政府或私人企业资助，全凭着学费办学。每个学生的花费大约是公立学校成本的一半，当然更远低于别的私立学校。

问题三：瑟谷学校具体是怎样的呢？

我们选取几个方面近距离地了解一下。

"班级"观念。在瑟谷，"班级"代表两群人之间的一个协议。有时候学生们无法自己解决问题。他们会找人帮忙，这个人必须能提供他们缺乏的资讯。当他们找到这个人了，就开始谈判："我们会做这个做那个，你会做这个做那个……好吗？"如果每个人都同意了，一个班级就形成了。

学徒制。瑟谷学校建立了学徒制度，什么时候留在学校里，什么时候离开由学生决定，如果学生觉得自己需要更专业的"师傅"来教自己，他可以跟着其他师傅当学徒。

阅读。二十多年来，瑟谷学校从来没有任何阅读障碍的学生。阅读使我们受到很大的考验。就像所有其他的事，我们让孩子们自己决定。我们不催促他们。没有人会说："该学会读书了！"没有人问："要不要学怎么念书呢？"没有人建议："你不觉得应该念书了吗？"没有人假装兴奋地提议："念书多好玩呀！"我们的原则是：等学生主动要求。

课程。瑟谷是一所很"酷"的学校。我们不排课程，一切都跟着学生的兴趣走，因此，我们总是跟得上流行，非常前卫的流行。20世纪70年代中期，全美国都在流行牛皮饰件。我们的青少年马上被感染了。木工老师吉姆·纳许正好也是一位牛皮手工专家。吉姆和孩子们向校务会议提出申请，要把一间普通教室改装成牛皮工厂。他们来了一大群人，极力争取。皮件社团接着成立，监督该厂的一切细节。他们花了许多时间研究要怎么设立工厂，怎么省钱。学校出了些钱，又募了些款，工厂很快就设立起来。

社团。具有同样兴趣的人总喜欢成立某种组织，来举办各种活动。我们也不例外。别的学校设有俱乐部或划分科系。我们不喜欢那么做。那些听起来太缺乏弹性了，好像必须一成不变似的。我们不要分科系。那怎么办呢？我们决定办社团。社团由校务会议指定成立，独立运作，只有申请经费或设备时才经由校务会议批准。任何人都可以加入社团，选出社团主席来主导一切。社团有几个特点：开放给每一个学校成员，经由民主程序运作，任务达成即可解散。

"混龄制"。混龄制是瑟谷的秘密武器。我们从来不明白为什么学校要分龄上课。在真实社会里，人们并不以年龄分组工作。同龄孩子的能力和兴趣也不一定相同。我们发现把孩子不分龄地放在一起，会自然混龄，就像社会一样。孩子们学习速度不同的时候更有趣。他们会互相帮忙。他们必须如此，否则进度会太慢。他们愿意如此，因为他们不需要彼此竞争成绩或小金星。他们喜欢如此，因为帮助别人学习是非常有成就感的乐事。这种景象令人异常感动。学校到处充满了混龄活动。混龄也满足孩子的某种情感需求。16岁的大孩子和6岁的小孩子挤在沙发上，念故事书给他听。这可以满足大孩子照顾别人的心理需求，而且也让小孩子觉得舒服、安全——身边充满了大人和大孩子照顾他。相对地，一个12岁的小女孩教一个16岁门外汉如何用电脑时，也会觉得非常自得。

游戏。在瑟谷，游戏是生活的一大部分，也是学习的一部分。但是他们学到的，不是那些心理学家分析的结论。他们在其中学到如何专心，如何没有限制地尽情表达，不顾劳累、不急迫地、不用做到一半停下来的专注。他们学到的教训，会跟随他们一辈子。

时间表。瑟谷没有上下课的钟声，没有课表。任何一个活动要维持多久，都由成员决定，时间够了，就是够了。学校每天由早上8:30到下午5:00。有的人早上9:00进了暗房，忙得忘了时间，到下午4:00才又冒出头来。

校务会议。每周四下午一点整，校务会议准时举行。主席就位，又一次会议开始了。校务会议是学校的生命中心。校务会议主导瑟谷的一切。学校生活的大小事情都由校务会议决定。所有的决策权也都由校务会议掌握。学校几个重大决议案都是在这个会议中决定的。1986年，经过连续六小时的会议讨论之后，成立了学校的法庭制度。11年后，法庭结构改变。6年后，法庭结构再次改变。这些改变都是经由许多校务会议中的讨论而产生的。所有严重犯规在此讨论，法庭判决也在此公告。学校各项规定都是在校务会议中提出、讨论、投票通过。这些全部归集在学校的"律书"中。

荣誉制度。荣誉制度深植人心，我们都习以为常。皮包、皮夹、背包、有价值的东西经常放在那里没人管。没有人会去碰它。有人犯规时，处罚是又快又严的。破坏荣誉制度的人会发现没有人能容忍他的行为。信任与尊重的感觉，比我们想象的都深刻。大家都能遵守。偶尔有正在假释期的少年犯或小偷入学，但是他们反而是维护荣誉制度最不遗余力的人。我们曾经收过一个偷车贼。他却是学校里最值得信赖的一个孩子。荣誉制度靠的是执照系统。每一件事都有执照。

委员会及委员。每年秋天学校开学,校务会议要选出各式各样的委员和委员会,来操作学校每天的大小事情。我们最不想要做的就是一堆烦琐的行政公文。所以我们用典型瑟谷精神处理行政事务。校务会议说明工作特质,大家选出一个人来做。没有人连任,每一个人都做一年,不论是小孩或大人。谁来整理电话留言?谁来分发信件?谁来采购行政用品?谁来管理档案?我们创造了一个行政委员做这些事。谁来修屋子?房舍维修委员。谁来修院子?庭院整理委员。

经费预算。创校时,人们说:"教学和行为部分也许可以用民主的方式办理,但是一旦碰到经费问题,就铁定不可能。每个人都在钱的问题上拥有一票的话,你马上就破产了。"他们都错了。不分老少,每个人都下定决心要学校成功,要学校不破产。别的事情也许有不同意见,在这一点上我们倒是全体一条心,没有异议的。

家长。对大部分学校而言,家长是个大麻烦。他们抱怨、批评、占用时间。最糟的是,他们会干预孩子的教育。在瑟谷,家长一向是学校的一部分。我们觉得如果想要办学成功,家长就必须配合。教育是家长的责任。他们生了孩子,就有责任把孩子养育成可以独立生活的成人。学校是来协助家长的,而不是取代他们。至少在我们这个崇尚个人自由的社会中是如此。

每个人最终都得离开瑟谷,进入社会,独立生活。他们后来的生活状况正足以显示学校教育的成败。我们不能凭借一般标准:成绩、修课、学分、年级。我们这里没有这些制度。文凭本身似乎与瑟谷精神背道而驰。文凭是学校发出的证明文件,这里面必然有某些价值判断。这不是违反了我们的立校精神吗?我们终于想出了两全其美的办法。想法很简单:我们办学的目的是让学生进入社会时,有能力独立生活。文凭的条件便以此为标准。

我们做了校友的追踪调查,这方面的数据越来越多。调查结果显示,校友们普遍都很独立,自我意识清晰,人生有目标。他们的共同之处是:他们知道自己的童年没有被剥夺。在瑟谷,他们的童年要多长就有多长。我们能够给他们的最好的教育,就是不要去干涉他们。仅不去剥夺他们的自主性,我们便帮助了他们——比那些一心想"帮助"孩子学习的人更来得有益。

曾与我们分享童年的成人们,这就是瑟谷传奇——你们的故事。

资料来源:[美]丹尼尔·格林伯格(Daniel Greenberg). 瑟谷传奇[EB/OL]. http://blog.sina.com.cn/s/articlelist_213694862541.html. 2012-03-14? qq-pf-to＝pcqq.temporaryc2c http://blog.sina.com.cn/pugongyingxueyuan. 2012-03-14.

案例分享

夏山学校

一、简介

夏山学校(Summerhill School),位于英格兰东萨佛郡的里斯敦村,1921年由教育家尼尔创办。夏山学校施行的是民主的或称自由的教育方式,因实行因材施教的教育方法被誉为"最富人性化的快乐学校"。

夏山学校起初是一所实验学校,但今日的它已不是实验学校,而是一所革新的学校,充满了自由的活力。当初尼尔与妻子一起开办学校所持的共同理念,就是"创造一个不是让孩子们来适应学校,而是去适应孩子的学校"("The function of the child is to live his own life -

not the life that his anxious parents think he should live, nor a life according to the purpose of the educator who thinks he knows best".)。快乐是生活的目的,衡量成功的标准,在于"工作愉快与生活积极",因此,学校应该使儿童学习如何去生活,而不只是知识的传授。

二、夏山的历史发展

1921年,夏山学校建立于德国德累斯顿,创立人是教育家A·S·尼尔。

1923年,学校再次搬迁到英国的英格兰。

1927年,学校搬迁到萨福克郡,第二次世界大战期间,学校停止授课,被当作英国军营。

1973年,尼尔去世后,他的妻子艾娜负责学校的继续运营,直到1985年。现在学校由尼尔的女儿佐伊·尼尔·瑞德赫德负责运营,继续进行教育实验,并使夏山学校成为一所引人注目的国际学校。

1999年12月31日,英国《泰晤士报》将尼尔评选为20世纪最具影响力的12位教育家之一。

三、夏山的创校与办学精神

教育目标:适应个别儿童的需要以培养其自动学习的能力。

学校使命:给予孩子们自由,让他们按照自己的意愿成长;给予孩子们权利,让他们能掌控自己的人生;给予孩子们时间,让他们能够自然地成长;给予孩子们快乐的童年,保证他们不会感受到成人制造的压制和恐惧。

学校价值观:自由。对于孩子来说,自由就是能够免于恐惧,免于对成人的权威的恐惧。孩子有权利决定怎样运用时间,譬如他们有权决定要不要进入课堂上课。不过自由并不等于没有限制的特权,他们并没有权利侵犯别人的自由，譬如他们可以不上课，但是不能在半夜打鼓，打扰到别人的睡眠。

民主，民主对夏山的学生而言，就是试图在从早到晚、日复一日的共同生活里，找到合理的生活方式。夏山实行民主的最基本机制是定期举行会议，透过会议去实践练习民主。

四、夏山学校的教与学

课程与教材。教师布置学习情境，儿童的学习以个人的经验为基础，是一种个别化而富有弹性的学习方式。每学期初，学生都会有一张空白课程表，由他们自己填写所选的课程。学校会提供各种不同的课程供他们选择。在5～9岁的班级，教师会根据学生的需求先确定本周的课程，而在10～12岁的班级里，学生在学期初就会确定好将要参加的课程和活动。

对家长提供的活动。家长只能有限度地参观学校，每个学期会得到刊发的校讯。没有学生的同意，是不会给家长寄成绩单的，除非家长因为大学的入学向学校提出请求。最令家长期待的是"学期间周末聚会"，家长被邀请在学校停留数日，放松和加入学校生活。夏山学校的立校哲学是鼓励孩子们独立生活和独立抉择，大多数孩子更喜欢家长不是学校的一部分。

教与学的方法。采用弹性课表与混龄编组的学级组织，学习的基本原则是自由、责任与信任，除了知识的学习外，强调情意教育，学生有机会决定自己的学习课程，负起安排与完成自己学习的责任。

学习的空间。学习的空间不再限于传统的教室，它的学习是走出教室之外，甚至学校之外。

教室管理。教室的管理以学生是否指向有意义学习为原则，因此学生可以在不妨害他人学习的前提下自由的走动或工作；校长尊重教师的人格与专业自由，教师可以自行从事实验工作，自行负责教学，并有权选择课程与教材。

师生关系。教师所扮演的角色，由传统权威中心、注入式教学到处于辅导的立场，因此，教师必须对教室内外自我负责，必须自我学习与自我充实，提供学生学习的机会，由于教师的真诚、温暖与尊重，师生的关系相当密切。

五、夏山学校的管理——自治会

（一）自治会存在的必要性

在夏山，孩子们治理自己，对自己的权利争取到底。依尼尔的看法，每周一次的自治会比学校上一星期其他科目的课更具价值。孩子们在许多人面前能够叙述自己的见解，率直地侃侃而谈，所以孩子们大多具有良好的口才。

由广泛的角度来说，自治对生长在自由风气下的孩子们的确非常重要。尼尔表示，他们所定的规则与其本质息息相关，而不只是单纯的表面功夫。他同时强调夏山的教育在于排除对人生无意义的虚伪外观，如同泥水匠被水泥弄污了衣服般的真实，让孩子们能配合时代进步的脉动，在真实的社会环境下生长。

（二）自治会的运作方式

夏山的自治会是由一位年长的学生所主持，它的成员包括学校的学生及教职员、保姆、访客以及任何想听听或参加的人。自治的益处很多，除了它是一个真实的民主，所有规条都在公开的大会上决定外，还是一个很好的练习演说能力的机会。会议会在每周的一、三、五的下午1:45到2:30举行。

自治会分成三个部分：议事、议程、会议。首先朗读议事的报告：这个报告是同学们在聚会之前草拟的，凡是同学们的牢骚、抱怨、不满或渴望得到的东西，都可以提出于议事之中。其次，在议程中学生们可以提出在这一周里的重要建议，并且把他们的名字给自治会的秘书处，这样他们就可以有发言的优先权。

夏山的自治不只是制订规则而已，对团体每个分子应有的行为也加以讨论。就寝时间的规定在各学期初由投票决定，时间依年龄而有所不同。其次活动方面的问题，由运动委员决定。另有学期末的舞蹈委员、话剧委员都由选举产生。为了防止孩子们出校门后，做出有碍学校名誉的事，而特别设立了校外委员。

通常违反规则的人都会心甘情愿接受判决，但不服判决者可以提出申诉。这时议长在会议终了后会重新讨论，慎重地考虑从而调解。如此，可让孩子们知道不满判决时，每个人都有机会申诉、抗议。

此外，自治会具有奖罚的权力。

六、夏山学校的生活

(一)学校活动自由多彩

每一天的晚上，学生会有不同的活动。例如，星期一晚上，孩子们往往拿着父母亲所给的零用钱到街上看电影；星期二晚上，教职员及年长的孩子去聆听演讲，年幼的孩童(中低年级)分组阅读；星期三晚上是跳舞的时间；星期四安排有话剧的学习，等等。

(二)享有游戏的自由

夏山为坚持学校的方针，常常遭遇一些难题，并允许学生以游玩代替读书。

(三)不实行责罚

在夏山学校,物质的消耗被视为是一种自然的过程。心理上的精力消耗也是无法避免,所以必须设法满足孩子的要求。夏山的任何教职员都不会乱发脾气,孩子们也一样,大家和乐地生活在一起。在被赋予自由、被认同的环境下生活的孩子不会为人憎恶,孩子们也不会故意惹老师生气而做出一些挑衅的事来。

(四)消除憎恶心

通常孩子们为了自己的利益,多少会表现出攻击欲。但在不自由环境下成长的孩子会表现出更激烈的攻击欲,主要是反击他们的憎恶。而夏山的孩子因未感受到来自大人的憎恶,所以不会表现出强烈的攻击欲。学校中具有攻击性的孩子,大多是在家中得不到爱,且不被了解的孩子。

七、来自夏山学生的声音

我们采访了一些夏山学校的学生,了解他们对夏山学校的真实看法。

问题一:在夏山学校,你认为最珍贵的事情是什么,什么最触动你呢?

学生回答:自由。当然还有很多其他的,比如与别人相处要有耐心,自己找到感兴趣的事情去做,对自己和别人负责;另一个是平等。我感觉自己和别人是平等的,我并不害怕说出自己的需求,我觉得别人能做到的事情我也能够做到。

问题二:夏山学校最让你怀念的是什么?

学生回答:所有的事情都让我怀念,不论大事小事。特别是那种友好的和谐氛围。每个人都想着别人,都乐意在别人需要的时候施以帮助。在这里,你是一个完整的个体,而不是冷冰冰的数字。

毕业生的回答:John Burning ham,75岁,是一位作家和插画师。在1948年13岁进入夏山学校之前,他已经去过11所不同的学校。他回忆起在夏山学校的日子,说道,"别人以为我在学校里很难学习和生活,实际上我的同伴都非常专业和学术,我也变成了一个疯狂创造的艺术家"。

资料来源:夏山学校官网[EB/OL],http://www.summerhill-school.co.uk,2014-04-09。

第三章　今天，我们如何拥抱传统文化
——校长对传统文化教育应有之知情意行

专业标准

"营造育人文化"第十三条标准：热爱祖国优秀传统文化，充分发挥优秀传统文化的时代意义与教育价值，重视地域文化的重要作用。

标准解读

所谓中国传统文化，从广义的角度来理解，是指历史上存在于中华大地上的各民族人类社会活动的全部成果，这包括人类创造的一切物质成果和非物质成果，包括了思想观念、理论哲学典章制度、语言文字、文学艺术、科学技术、风俗习惯、历史遗迹等多方面的内容。

地域文化是中国传统文化的一部分。地域文化中的"地域"，是文化形成的地理背景，范围可大可小。地域文化中的"文化"，可以是单要素的，也可以是多要素的。在我国，地域文化一般是指特定区域源远流长、独具特色，传承至今仍发挥作用的文化传统，是特定区域的生态、民俗、传统、习惯等文明表现。

校长们需全面理解和重视中国传统文化，并在开展以中华优秀传统文化为教学内容的教育活动时，不能仅仅把传统文化当作中国哲学史或者中国思想史来讲，而应该明确中国人民创造的丰富绚丽的物质文明，比如文物、建筑、饮食、服饰、绘画、文学、舞蹈、书法、医疗养生，等等，都是传统文化中不可或缺的部分。应充分发挥优秀传统文化的时代意义与教育价值，结合地域特点，结合校本文化建设，将传统文化凝结在学校校本文化中，通过有目的、有计划、有系统地浸润以儒、释、道等中华文化经典为主要内容的教育活动，引导学生热爱祖国优秀的传统文化，树立历史责任感和民族使命感，规范举止言行、培养功德性和自我修养。

第一节　不畏浮云遮望眼——传统文化教育应有之知

一、知智慧之源

社会的快速发展，对金钱的过度追求，让有人疾呼："让身体慢下来，等一等灵魂的脚步。"现代教育更多的是"教"，而忽视"育"，教给人工作和生活的技巧，却很少告诉我们工作的目的是什么，做人的标准是什么，生命的价值怎样衡定。而社会公信力的丧失，勤劳致富被投机取巧所替代。学校所接受的价值观和社会现实已经背离，我们成年人都迷惘而无所适从，何况是心智未成熟的青少年？日益昌明的科技并没有给人们带来意想中的快乐和幸福，相反，颓废、吸毒、自杀、暴力、戮亲、少年犯及由此产生的家庭问题、社会问题已到了让人目瞪口呆的程度。

问题到底出在哪里？

我们去哪里寻找生存智慧？

"人类要生存下去，就必须回到 25 个世纪以前，去汲取孔子的智慧。"这是 1988 年在巴黎召开的第一届诺贝尔奖获得者国际大会上，75 位参会者经过四天的讨论所得出的结论之一[①]。2014 年 3 月 27 日，习近平主席在巴黎召开的中法建交 50 周年纪念大会上也指出："中法两国是有着独特文明的国度，老子、孔子、墨子、孟子、庄子等中国诸子百家学术至今仍然具有世界性的文化意义。"

二、知经典之美

传统文化作为各民族发展的根基，各国普遍非常重视对本民族传统文化的教育，把传统经典文化教育作为学校教育不可或缺的一部分。如英国注重本国经典名著的阅读；新加坡政府把传统文化教育看成是全民性的民族精神培育的主旋律；美国坚持以传统文化教育作为载体，来铸造美国的民族灵魂，强化"美国精神"，大力宣扬"美利坚民族意识"[②]。由于时代的发展与社会制度的变革，传统文化如何更好融入现代学校教育中一直是个世界性问题，各国都遇到不同程度的挑战，其中以中国这个有着五千年璀璨历史又经历百年伤痛的古老国度最为典型，也更显得紧迫。

然而，由于社会上功利主义的盛行，使学校的办学方向也要不断加以调整以迎合社会的需要，这样学校更容易忽视对学生进行优秀的传统文化教育。大部分的学校仍然将升学定为办学的首要目标。在一

---

① 李佑球. 中华优秀传统文化教育管窥[J]. 湖南省社会主义学院学报，2009(2)：82.
② 周小艳. 国内外青少年传统文化教育比较研究[J]. 皖西学院学报，2013(1)：139.

些学校领导和教师的意识中，之所以要进行优秀文化传统教育，主要基于以下考虑：第一，中国传统文化是升学考试的内容之一；第二，优秀文化传统教育可以视为学校推行素质教育的一个招牌，可以视为丰富学校文化生活的一个部分，可以视为打造学校品牌的一个内容。至于优秀文化传统教育的真正目的，并没有真正得到这些教育者们的认同。基于这种认识，学校有可能不顾及学生的接受能力传承优秀文化。这样，优秀传统文化的精髓很难内化为学生的精神品格，传统文化的传承只是文化的简单复制，而不是文化的再生产、再创造。

另一方面，对于传统经典文化的定位问题也值得我们思考：在已经开展中华传统文化教育的中小学校中，所教内容大多集中在《弟子规》《三字经》《弟子规》《论语》等儒家经典内容。而对于道家经典教育则很少涉及，这使得作为中华文化重要源头的道家思想很难被学生接触和了解；自然，从印度引入的佛教经典更是被披上"迷信"的外衣而束之高阁。这就使得以深刻传承和吸取中华文化为使命的经典教育自身存在着片面性和不完整性。

何谓优秀？何谓经典？

我们认为，凡是促进人类社会健康发展、带给人们幸福和平的文化都可以成为"优秀"，承载着中华优秀文化的文字都应被称作"经典"。是"四书五经"？是"诸子学说"？是"佛学经义"？是"经史子集"？这些，都可以取来先读，或整合或精选。很多书籍都承载着中华优秀文化，弘扬着质朴醇厚的民风，我们都可以也必须阅读，在深入的了解中，去体会古人的智慧。

尊儒者讲"四书五经"，法古者倡"诸子学说"，悟禅者推"佛学经义"，宽容者说"经史子集"。其实，讨论何为经典意义不大，不妨先读起来，只要是承载着中华文明、传播着优秀文化、弘扬着古朴民风的书籍，大可取来阅之，在对先贤的探访中，体察深邃的思索和论辩，感受古老的机敏和睿智。

三、知地域之特

地域文化在一定的地域范围内与环境相融合，因而打上了地域的烙印，具有独特性，而其独特的艺术魅力，也在不同的地区体现着不同的风格与特征，一旦消失，无可替代。

许多地方在发展地域文化旅游时，片面重视有形的遗迹或遗物等地域文化，而对学术思想、风俗习惯、典章节庆、民间艺术等无形的地域文化重视不够。在中小学教育过程中，地域文化资源在发挥其开展民族传统文化艺术教育中的资源优势还没有充分体现出来，缺乏主动性与系统性。

而高速发展思路推动下的城市化、市场化正在导致地域共同体的解体和富有地域特色文化的消失。在高速发展的大中城市，地域文化受到的冲击与破坏几乎可用惨烈来形容了。据《中国新闻周刊》报道：我国的自然村十年间由360万个，锐减到只剩270万个。这意味着，每一天中国都有80个到100个村庄消失。保护、开发、利用和发展这些独特的地域文化，不仅仅是政府部门的事，也是学校的职责所在。

如何传承与发展地域文化？

每所学校所处的地域文化背景不同。徐永文博士曾提出："对学生个体而言，'社会'是个抽象的存在，而'地域'才是具体的、明确的、可触摸的概念"①，因此，地域文化因其强大的精神力量可以成为丰富、鲜活而得天独厚的课程资源，对校本课程的开发具有重要、独特和全方位的教育价值。很多学校借助地域文化的独特性开发了校本活动课程。这些活动课程把教师、学生与环境三个要素良性互动，对学生心智发展、知识建构、能力提升都起到一定的作用。如北京康乐里小学的"走进博物馆""走进剧场"的校本课程被誉为"送给孩子最好的礼物"；上海曹光彪小学的"玩转上海"校本课程使学生的各种潜能被开发。

因此，"就地取材"对本地域文化资源进行教育化的开发整合，做成活动教材，甚至纳入课程体系中，有利于对学生知识体系进行补充，有利于引导学生关注各种社会现象及问题，有利于传播优秀地域文化及传承传统文化。

相关阅读

全国逾1.8万所学校试点经典诵读

记者从正在安徽徽州古城歙县举办的"第四届中华诵·经典教育论坛"上了解到，全国有逾1.8万所学校试点"中华诵·经典诵读"，广大青少年在诵读中亲近中华经典，在亲近中热爱中国文化，在热爱中弘扬中华文明，进一步加深了对中华民族精神和优秀传统文化的理解。

为通过有效途径对广大群众尤其是青少年进行中华优秀传统文化教育和革命传统教育，教育部、国家语委于2010年7月初下发《教育

---

① 李春旺.社区文化参与校本课程开发的思考[J].文教资料，2006(27)：158.

部、国家语言文字工作委员会关于在学校开展"中华诵·经典诵读行动"试点工作的通知》，决定在部分省（区、市）和直属高校开展"中华诵·经典诵读行动"试点工作，为此项工作在全国的推开探索方式、积累经验。教育部等分别于 2010 年 8 月底和 11 月分两批确定了 15 个省（区、市）和 11 所直属高校为首批试点地区和单位。其中，成都市、北京市昌平区等 25 个市、县（区）推进区域性试点；全国总计有 18261 所中小学、286 所中等职业中学、108 所高校参加学校试点工作。

资料来源：王立武．全国逾 1.8 万所学校试点经典诵读．新华网[EB/OL]．http://news.xinhuanet.com/edu/2011-04/19/c_121323324.html，2011-04-19.

相关阅读

在传统文化中塑造青少年完美人格共筑民族复兴"中国梦"

2013 年 4 月 8 日上午，全国教育科学"十二五"规划 2012 年度教育部规划课题《传统文化与中小学生人格培养研究》课题开题大会暨天河区中华文化经典教育研讨会在广州市天河中学珠江书院大讲堂隆重举行。《传统文化与中小学生人格培养研究》课题，是基于"十一五"阶段相关课题研究成果的教学实验性研究，依托党的科学发展观和现代课程构建理论，集当代青少年"人格教育"课程实验和"中华优秀传统文化教育"理论研究于一体，形成具有中国特色的新国民教育理论及校本文化课程体系。

与会专家一致认为：实现中华民族的伟大复兴是中华民族近代最伟大的中国梦。文化是民族的血脉，是人民的精神家园，中华传统文化具有深厚的历史渊源。青少年是民族复兴的希望,"传统文化教育"的目的是对青少年进行"完美人格"教育,即希望孩子们在传统文化的教育与熏陶中养成"良好的行为规范、质朴的道德操守、深邃的哲学思想、高雅的审美情趣",在教育过程中渗透培养学生人格的德育因素,让中小学生在心中种下民族文化之根,激发他们为圆"中国梦"而努力奋斗。

为了更好地以优秀传统文化重拾民族文化信仰,以中华文化经典教育塑造青少年学生的健康人格,天河区自2012年2月起,在全区中小学、幼儿园实施中华文化经典教育工程,开创了广州乃至全国的"四个第一":第一个将国家语委的经典诵读上升为经典教育;第一个将经典教育纳入课程管理;第一个将经典教育在同一时间不同学段实现全覆盖;第一个将经典教育作为区域性教育特色推进实施。全区各学校还充分利用班级宣传栏、学校宣传栏、电子屏、广播、校园网等,大力宣传经典教育,传诵经典美文,营造经典教育的校园文化,让中华优秀传统文化在塑造学生完美人格中发挥极大的作用。

资料来源:成希,田禾.在传统文化中塑造青少年完美人格共筑民族复兴"中国梦"[N].南方日报,2013-04-8:A02.

第二节 风物长宜放眼量——传统文化教育应有之情

优秀的中华文化凝结着民族的智慧、闪烁着文明之光。在对待传统文化的问题上,我们需要采用中正的观点,在批判中继承,在继承中反思。要避免把传统文化说得一无是处的文化虚无主义,也要反对故步自封的文化保守主义。非此即彼的思想不利于文化的传承与发展。批判继承传统文化不是抱残守缺、厚古薄今,而是古为今用、推陈出新。作为基础教育工作者，对传统文化需加以鉴别、继承和扬弃，充分发挥优秀传统文化在现时代的意义和教育价值。

一、中国传统文化的时代价值

2014年3月，教育部颁发的《完善中华优秀传统文化教育指导纲要》提出：深入挖掘阐发中华优秀传统文化中讲仁爱、重民本、守诚信、崇正义、尚和合、求大同的时代价值。

中华文化的源头是儒、道、佛三位一体。儒学要求建立责任，道学要求觉悟，佛学要求彻悟。这也反映了人与社会、人与自然、人与自我的关系。

借助"天人合一"思想，化解人与自然的矛盾。现代社会的高速发展，在一定程度上说，是在付出自然环境和生存环境代价的基础上得来的，看着一个个回不去的故乡，一缕缕消失的炊烟，何处去寄放漂泊的灵魂？这时候，需要有佛教的"放下我执"思想，道家的"升华"思想，儒家的"天人合一"学说。如果我们能够积极地把这一思想与当今时代发展联系起来，赋予时代教育意义，对我国的环境保护、生态平衡具有积极意义。

借助民族的精神，化解人与社会的矛盾。时至今天，复杂国际背景和突出的国内的社会问题、尖锐的贫富矛盾不断，让政府不敢有丝毫的松懈。民族精神是一个国家和民族赖以生存和维系的基础，精神力量和物质力量在一定程度上可以相互转化。不屈不挠、奋发向上的民族精神到今天也没有过时，它沉淀成高尚的民族气节，需要我们去继承发扬。像"精忠报国""舍生取义""仁义礼智信"等，都蕴含着高尚的民族气节，都是传统文化的精华，具有重大的时代价值。

借助"内省"的修养，化解人与自身的矛盾。前不久，网上有一个比较火的话题"中国人是需要管的"，否则，无法解释国民规则的缺失。为什么国内假冒伪劣大行其道，难道这些现象的存在就是因为"管"的欠缺？我认为不是这样的。国民素质的提高，不是靠"管"就可以达成的。真正优秀的民族素质，往往与国民的觉悟有关，与文化的传承、信仰的重建有关。中国古代传统文化强调人应该具有"仁、义、礼、智、信"五方面的品质，并提出了"慎独"思想，这些是我国传统文化关于人自身发展方面的精髓，放在今天也具有积极的教育意义。另外，孝文化、俭文化、廉文化等，这些古代优秀文化无疑对现代人在修身养性方面起到积极作用，比较其他西方舶来的文化，传统文化更符合现代中国人内在的思维特点，对国人自身发展也更具针对性和目的性。

二、中华传统文化的世界价值

世界是圆的，包容并济、多元发展的文化促进了人类文明的进步与发展。中华传统文化不仅是中国的宝贵财富，也是世界各国的宝贵财富。因此，弘扬中国传统文化，不仅对本民族有着十分重要的价值和意义，同样对全世界也有着十分重要的价值和意义。

一建和谐。中国传统文化包含着丰富深刻的"中庸之道""天人合一""人和"的思想。这种和谐思想在解决各类矛盾和冲突方面具有独特的重要作用。回看历史，中华民族几千年来虽有战争、动荡，文化几千年延绵不断，社会更多是稳定发展的，这和传统文化的影响、调节能力密不可分。当今世界不太平，局部的战争、冲突从未平息。因此，从中国传统文化经典中，找出和平共处、建构和谐的方法，针对世界不同地区问题，调和矛盾，求大同存小异，缓和局势。

二促发展。中华文化之所以历经五千年从未间断，极富生命力，其中很重要的一个原因，是因为它善于融合、重组、发展，儒、道、释三教合一，甚至吸纳了西方文化的一些元素，具有包容、和合的特性，兼收并蓄，螺旋发展。今天，"地球村""全球化"的趋势日渐明显，这固然有利于各国各民族的交流和合作，但同时，各国的多样文化也受到不同程度的冲击、破坏、遗失。正如《礼记·中庸》所言："万物并育而不相害，道并行而不悖。"世界各国多种文化的交流、碰撞、重组，有助于"全球化"时代多种文化共存共荣。不仅如此，由于高度工业化发展，一些西方发达国家出现的一系列社会问题，皆要到东方文化寻求智慧，解决自己的问题，这进一步说明中国传统文化具有不可低估的现代价值。

三、努力建构健康的精神家园

一般来说，各个区域、各个学校在挖掘传统文化价值时，不可能完全一致、面面俱到，需要允许各校、各教师有自己的认识和侧重，但必须寻找其精髓。我们认为对整个中小学而言，中华民族传统文化精髓集中地表现在中华民族五千年历史孕育的传统美德之中，是民族精神的核心，应当是我们最宝贵的教育价值。

首先，从小培养青少年热爱祖国的传统文化，在浸润中塑造青少年的健全人格。如"厚德载物，和而不同"的包容意识；"仁爱诚信"的民族品质；"中和为美，和谐统一"的价值取向；"以天下为己任"的责任态度；"正己修身"的道德标准；"自强不息，厚德载物"的自立品格。

其次，如今的社会正步入转型期，中西方文化的碰撞、生存的压力让青少年的心理健康问题日益突出。而中国传统文化注重"修心养性"，释、道的经典都有儒家"达则兼济天下，穷则独善其身"的进退得宜，道家的逍遥无为，佛教的因果舍得，都可以帮助青少年启发智慧、安顿心灵。传统文化有助于帮助青少年树立"天下为公"的理念，树立"宁为玉碎，不为瓦全"的风格，树立"先天下之忧而忧，后天下之乐而乐"的胸怀，树立"富贵不能淫，贫贱不能移，威武不能屈"的操守；树立"己所不欲，勿施于人"的为人原则，树立"位卑未敢忘忧国"的精神；树立"无为而无不为"的智慧；树立"天行健，君子以自强不息"的意志；树立"地势坤，君子以厚德载物"的雅量，成为有健全人格的中国公民。

案例分享

××小学今年把国学列为必修课，要在学生心里种下一颗中国文化种子

今年开学，快报报道了杭州××小学开出国内首个儿童国学馆——明仁书院，学生在书院悠扬的古琴声中，身着汉服，诵读经典。

在杭州的小学当中，××小学推行国学经典教学起步最早，已有8年。新学期开始，学校把国学经典正式纳入课程，也就是说国学成为全校学生的必修课。同时，全体老师不分学科，体育老师、美术老师、音乐老师以及后勤人员等都要集中研修国学。

国学经典进入校园，到底能给孩子带来什么？老师该怎么教，学生才爱学？前天，我们在××小学国学馆，全程听了一堂二年级的国学课。

学生跟读三四遍就能全文背诵

下午3点，二(1)班20多位学生在语文老师王燕的带领下，身着汉服，头顶古冠，依次端坐在棋盘形状的坐垫上。有小男生坐姿不对，一不小心露出大腿，立刻有老师上前提醒。全体学生抬头挺胸，开始吟诵。

王老师讲的是《千字文》，古琴声响起，昨天上的是"金生丽水"。全文为"金生丽水，玉出昆冈。剑号巨阙，珠称夜光。果珍李柰，菜重芥姜。海咸河淡，鳞潜羽翔"。对二年级的学生而言，这里有不少生僻字，老师简单做了解释，比如丽水即金沙江、丽江，昆冈即昆仑山，巨阙就是宝剑。

要让国学课上得有趣，老师下了一番功夫。为让学生了解巨阙，王老师动用多媒体，播放了一段小电影，说的是春秋时期铸剑大师欧冶子为越王献宝剑，宝剑威力无穷的故事。说到夜光，王老师又开始讲解"光"字的来历，让学生看看甲骨文、金文、小篆的"光"字是怎样的。

学国学，诵读是关键。30分钟的课，有一半时间老师动用各种方式让学生诵读，学生跟读三四遍，就能全部背诵。

该小学国学课一二年级是传统蒙学，比如《弟子规》《千字文》《三字经》《笠翁对韵》。三四年级为《论语》《大学》《中庸》《孟子》，五六年级学《老子》《庄子》《史记》《资治通鉴》《历代美文选》。

校长专访

记者：开国学馆，设国学课程，初衷是什么？

王崧舟：推行初期，也有家长反对，觉得诵读这么多经典，孩子一下消化不了的，还不如多学奥数，多学几个英语单词有用。但这么多年，我们有一个心得，教育一旦急功近利，一定会出问题。我们做这些事情，只想在学生内心种下文化的种子，是传统的、纯粹的、正宗的中国文化种子——"中国灵魂"，这颗种子何时发芽，我们只有期待。

记者：今年开出明仁书院，学生老师上课都要穿汉服，为什么要这么做？

王崧舟：让学生穿汉服坐在书院中，这是一种"境教"。同看一本经典读物，在书院与在嘈杂环境中，学生的感觉是很不相同的。

记者：很多学生会背《论语》，知道意思吗？

王崧舟：国学经典中大量词语释意到底要不要讲，讲到什么程度，这个我们也探讨过，现在的做法是"不求甚解"，比如"道"，这很难说清楚，只有意会。我们要求学生能了解大意就可以，有的内容，到一定年龄就会有所感悟。

记者：国学进校园，能改变孩子什么？

王崧舟：说说有意思的外在表现吧，比如一篇有关"正直"的文章，学生是这样开头的"人之生也直，罔之生也幸而免"（一个人能生存是由于正直，而不正直的人也能生存，那他只是侥幸地避免了灾祸）这是运用《论语》中的名言，这样的开头，着实让文章增色不少。

我们也在一次思品课上见到这样的一幕：

老师问："妈妈开家长会回来，说不要跟成绩差的同学同桌，这样会影响自己，你怎么看？"学生引经据典，侃侃而谈：《论语》说"不患人之不己知，患不知人也"（不因别人不了解自己而忧虑，却应当担心自己不了解别人）。一语既出，四座皆惊。

有位四年级的同学以前是"调皮王"，喜欢攻击同学，现在乖多了。老师在晨会上表扬了他,他说:"孔子说'己所不欲,勿施于人',我不喜欢别人打我,所以我也不打别人。"

学生还会影响家人,有同学说,跟爸爸约好周末逛超市,但爸爸突然反悔了,孩子告诉爸爸,"人而无信不知其可",一句话,让爸爸觉得自己做得很不妥。

小学毕业生升入初中后,初中教师一致反映,该校学生与别的学校有着明显不同,孩子文学素养高,古文理解深刻,背诵特别快,学习兴趣浓厚。许多孩子成了中学文学社的佼佼者。我们想,这与学校长期从事经典诵读不无关系。

资料来源:邹滢君,邵宏锋.××小学今年把国学列为必修课要在学生心里种下一颗中国文化种子[N].杭州日报,2011-09-08:A06.

案例分享

××小学家长对孩子学习国学的反馈

家长1:我家孩子在拱宸桥××上学,从一年级起至六年级,今年是毕业班。我觉得他们的国学课开设得很好,我们孩子从入学起至今,前几年是一本一本的读,包括《蒙学》《弟子规》《论语》《道德经》《大学》《中庸》等,近几年更有《国学》这本教材,内有训诂学(也叫小学,如某个字的甲骨文、小篆、金文、隶书等的演变),还有原书,重点字的理解、全文翻译;还有相关的展开的一些知识以便加强理解。六年级上学期是《国学》第11册主要以《史记》为文本开展;今年六年级下学期是《国学》第12册以《战国策》《世说新语》等节选为主线;这个很好,我家孩子现在在文言文方面已经强过我,他现在把《史记》

原文、《后汉书》原文、《三国志》原文当普通故事书一样看得津津有味。

家长2：小学居然教这些，我决定让我的儿子在这里读书。这些东西很有用。都是老祖宗的精华，这些知识对树立一个人的性格和观念的基础很有用。再有才学的人，如果没有道德规范都是社会的败类。一个人是否有才学不只是看成绩如何，看升学率如何，我更注重的是学校可以培养全方面的人才，小学教这些书，是我见过的小学算得上好的一个了。

教导处余老师：那些背诵《论语》《弟子规》非常溜的学生，综合能力往往非常强。经典诵读对孩子记忆力也有好处。三年级至六年级的学生，80%～90%只用一年时间就能背下整本《论语》。除了加深文化修养，国学对学生品行礼仪也有非常深的影响。

学生：我喜欢背经典，里边有许多好听的故事，告诉我们很多做人的道理。并且，我发现自己的记忆力越来越好了。短的古诗，看1～2遍就能背出来，长的古文，3～5遍吧。

资料来源：浙江在线·教育频道[EB/OL]. http：//edu.zjol.com.cn，2011-09-02.

第三节　天光云影共徘徊——传统文化教育应有之意

博——中华传统文化首先应该包括思想、文字、语言，之后是六艺，也就是：礼、乐、射、御、书、数，再后是生活富足之后衍生出来的书法、音乐、武术、曲艺、棋类、节日、民俗等。所以在选择传统文化教育的内容时需包容并济又特色凸显。既抓儒、释、道三家的教育这传统文化的根本，又关注其他衍生出来的枝叶花果，各地区、各少数民族的传统文化也是中华传统文化的组成部分,并极大丰富了传统文化的内涵,因此,也需重视地域文化的重要育人作用。

精——中华传统文化的思想内涵非常丰富复杂,如此在纷繁复杂中找出其重点精华,则需要从思想流派去把握。一是阴阳五行思想,这是东方哲理的基础;二是天人统一思想,这是解释大自然与人类社会关系的;三是中和中庸思想,这是指导解决社会问题的;四是修身克己思想,这是指导如何对待自身的。

中——所谓"中",就是不偏不倚、不卑不亢,居中正立,以大度、包容、调和的心态和视野去选择传统文化教育的发展之路。江净帆先生在《传统文化教育也需要"中"的视野》一文中提出:如果我们将传统文化教育的目的预设为培育民族精神、回归道德意识与提升人文素养的话,那么我们在推动传统文化教育的过程中,就应强调"中"的文化视野。要培育青少年大气、兼容的"中和"文化视野,就应该培养青少年的丰富文化情感与多向度思维,而要培养青少年的丰富文化情感与多向度思维,则应丰富我们的传统文化教育内容。

容——"百花齐放、百鸟争鸣"是文化繁荣发展的保障。儒家学说虽是中国传统文化的主干,但并非其全部。我们回头去看看历史,在文化发展最鼎盛的春秋战国时期,诸子百家、群雄并起,其中一个重要的原因就是百家能够共存、共荣。而当下,某些"读经"运动,那种独尊儒学、舍我其谁的做法是不可取的。假如我们期望未来的接班人具有世界的眼光、中华之情怀,并具有对多种知识、文化的理解力,就不仅应让孩子读儒家的经典,还应让他们读儒家之外的各种经典;不仅应让孩子读古代经典,还应让他们读近代乃至外国的经典。有容乃大,教育内容的丰盛决定着培养孩子文化情感与思维的丰富性与多向度。

思——这就是处理好继承与批判的关系。古代的经典都是以特定价值观为内在逻辑组织起来的，会存在一些与现代语境不相适宜的内容和价值。因此，我们在教给孩子这些经典的同时，也应该教给孩子反思的意识与质疑的态度。"所谓反思的意识与质疑的态度就是并不维护传统经典及其伦理道德观的绝对正确性，并不将道德认同简化为单一的诵读、灌输。我们需要坦诚地告诉孩子，即使是经典，即使是祖辈留下的东西，也不总是正确的，对这些经典进行反思、判断与质疑是必需的。如果我们一味灌输并维护传统伦理道德体系的绝对正确性，不给孩子反思与质疑的空间，那么有一天孩子无法认同这个价值体系的某些观点时，也就很可能在二元思维的简单摇摆中走向对这个价值体系的全面否定"[1]。

革故鼎新、推陈出新，我们也应相信，大浪淘沙始得金。中华传统文化经得起时间的考验，经得起批判与质疑。我们对传统伦理道德体系的反思、质疑并不影响大家对它的认同与亲近，相信传统道德中那些永恒的、美好的愿景终能唤起人们心中、血脉中的情感。

相关阅读

建议充分发挥学校教育在非物质文化遗产传承中的基础作用

在人民网强国论坛"E政广场"上，有一份颇引人瞩目的建言纸，编号：建议18423号，建议内容是充分发挥学校教育在非物质文化遗产传承中的基础作用。

---

[1] 江净帆，李家智.传统文化教育也需要"中"的视野[J].语文建设，2010(03)：33-35.

由于时代发展和城市化进程，一些传统的文化形态在渐渐远离我们的生活。手工技艺性非物质文化遗产，由于它的活态性和传承性，因此，相比那些整体性保护和抢救性保护的遗产，特别具有脆弱性——它们很难抗衡规模化的工业生产，市场逐渐萎缩、传承人数量锐减，处境十分艰难。

一、学校开展非遗传承教育的意义

文化的传承离不开教育。非物质文化遗产是我国传统文化的一个重要组成部分，也是对学生进行传统文化教育的很好素材。社会公众特别是青少年学生参与保护"非遗"的程度从根本上决定着非物质文化遗产的未来命运。因此，非遗传承的根应该在学校，学校教育是"非遗"传承最为核心和带有根本性的举措。把非物质文化遗产传承教育纳入学校正规教育，可以在广大青少年学生心灵中埋下朴素的爱祖国、爱家乡思想的种子，从一定程度上来说继承和发展优秀的传统文化会在他们未来成长的道路上潜移默化地发挥作用。

二、学校非遗教育的开展方法

在学校中开展非遗教育实质上就是推进非物质文化遗产进校园，进课堂，进教材，进学生头脑。

1. 注重本土非遗项目与学校学科教育的融合。把本地的民间舞蹈、民歌、民间手工艺及民间美术等"非遗"项目与学校体育、音乐及美术课融合，形成具有非遗和现代元素、学生广为喜爱的课外活动、文艺节目或特长爱好。如有的学校就很好地将传统的摆手舞融入学生课间操中，使其成为学生们锻炼身体的好方法。

2. 鼓励学校具有艺术特长的师生结合民俗节日和风俗礼仪活动，通过送戏下乡、采风和现场观摩性教学等形式，主动拜师，学习最原始、质朴的歌舞，以保持传承性教育的规范性和维护民族民间歌舞的正宗性，不断提高师生的专业技能水平。

3. 结合现代教育，加强对青年学生非遗传承人的培养，可在大中小学校开设非遗特长班，在尝试成功或基本普及的基础上再进行重点培养。特长班主要由持有政府部门颁发证书的非遗传承人授课或开展传统技艺培训活动，目的是让学生近距离接触非遗文化，激发对非物质文化遗产的兴趣，从而鼓励更多的青年学生关注并积极投入非遗的传承与保护上来。

4. 编写非遗文化读本或校本教材，使之成为教材体系或校本课程的一部分。省市教育行政部门、教育科研机构可组织专家、学者及非遗传承人，选择部分代表性的"非遗文化"项目，如民间美术类、民间音乐戏曲类，编写可供大中小学生阅读的"非遗文化"读本。各大中小学也可根据本地"非遗文化"遗存情况，将本地"非遗文化"编入校本教材，将"非遗文化"读本、校本教材作为选修读本，教师可开设与自身专业有关的"非遗文化"选修课。文化读本或校本教材编写时应把传承本土优秀传统文化和促使学生多元化发展结合起来，设置符合学生年龄特点、认知需求和兴趣爱好的多元化课程，让学生在学习中开阔视野，增长见识，增长智慧。

5. 教育主管部门应建立一批"非物质文化遗产"传承示范学校，以鼓励其结合本地非遗项目开展特色化教学，从而形成本土非遗教学研究的特色和品牌。

6. 充分发挥非遗博物馆、非遗公园等非遗展示平台的大课堂作用，在春游、秋游或社会实践活动时有计划地组织学生前往参观学习。

资料来源：建议充分发挥学校教育在非物质文化遗产传承中的基础作用. 人民网强国论坛"E政广场"[EB/OL]. http://ezheng.people.com.cn/proposalPostDetail.do? id=419352，2012-02-20.

第四节　此日中流自在行——传统文化教育应有之行

百年再出发。在中华民族传统文化重新被呼唤、中华民族精神重新被构建的伟大历史进程中，作为中国传统文化教育主阵地的学校，在新的时代环境下，面临着文化传承、弘扬、创新的挑战，我们需全力肩负起我们应该承担的文化责任与历史使命。

一、在保障上下功夫

(一)师资保障

中华优秀传统文化教育师资队伍的缺乏是传统教育发展之瓶颈。首先是教师认识理念上的不足，对传统文化教育还不够重视，不够热情；其次是对于传统经典还不具备比较高的解读能力，如还要熟悉相关的历史知识，要掌握相应的文化常识，更要有相宜的哲学思考。

因此，需重视中华优秀传统文化教育骨干队伍的打造。加强面向全体教师的中华优秀传统文化教育培训，做到三军未动、粮草先行。在这一点上，天河区教育部门就传统文化区域性推进做了比较大的尝试，全区中小学教师无论学科均需接受中华传统文化的一定课时的培训。

(二)课程保障

有条件的学校需充分挖掘和利用本地中华优秀传统文化教育资源，开设专题的地方课程和校本课程。

在内容选择与课程实施中,需坚持针对性与系统性相结合。传统文化教育和其他教育一样具有阶段性和连续性,在教育过程中要根据不同年龄阶段学生的生理、心理特点,选择不同的传统文化教育内容和制订有层次的教育目标,开展有针对性的教育,加强各学段的有机衔接,逐步推进。从而使传统文化精神真正有效地渗透到青少年成长的各个阶段。

(三)资源保障

传承中华传统文化,不仅仅是学校的事,是全社会的大事,需要各种资源的整合。家庭教育是中华传统美德传承的根基,学校是教育主阵地,社会环境是文化传承应有的保障。这三者是互为补充、相互协作的格局。学校应该充分利用博物馆、纪念馆、文化站、图书馆、美术馆、音乐厅、剧院、故居旧址、名胜古迹等具有历史文化风貌的街区等,定期组织学生进行实地考察和现场教学。

(四)评价保障

制订和完善中华优秀传统文化教育的评价和督导机制。从学生、教师、学校几方面研究制订中华优秀传统文化教育的评价标准,更好地规范与发展传统文化。

案例分享

依托传统地域文化资源,打造乞巧教育文化

××小学被媒体称为"乞巧学校"。每当每年一次的市乞巧文化节开幕之际,××小学成为欢乐的海洋,人山人海,每年都有成千上万的游客和市民来到××小学参观学生的乞巧作品。学校从2005年开始,以乞巧文化为切入点,以乞巧文化节为平台,学校被授予广东省乞巧文化传承基地和广州市青少年乞巧文化传承基地。目前，乞巧文化渗透到学校德、智、体、美、劳等多方面，全体师生参加，乞巧文化成为学校教育教学的有益资源。

(一)乞巧教育文化确立的背景

××地区自宋朝始建村以来，至今有八百多年的历史。保存完好的祠堂、古迹、民俗民风，在这条古老村落里，尤为显眼，端午划龙舟、过年男人耍狮子、女人赛乞巧等传统习俗流行至今。当地人对乞巧文化传统的执着、勇敢和沉醉，令乞巧这一民俗文化在落寞多年后，重新绽放出持久的魅力和生命力。

1998年，××的四位耄耋老人，偷偷地在村中进行了"摆七娘"的乞巧活动，引起了当地人的震惊，这四位老人后来被誉为××的四大"乞巧婆婆"。2001年，在民间文艺家协会副主席，当地人潘剑明的大力推动下，在××举行了盛大的广州市乞巧文化节。这一独具浓郁岭南特色的民俗节日，得以重现广州，为世人所重新认识。

早在2004年，学校就初步接触到了××的乞巧文化。在日后学校参入乞巧文化节的活动中，有机会接触到××的民间艺人，亲身感受乞巧文化的魅力，在耳濡目染中，越来越深入了解到乞巧文化的内涵与精髓。更让学校萌发深深地思考：在现代快餐文化大行其道的今天，怎样让我们的地域文化得到更好的发扬与传承呢？怎样使富有地域特色的民间文化在学校的德育、智育、体育、美育中寻找合适的切入点，将其巧妙融入学校的育人之中呢？主要是"立足校本，依托社区，文化熏校"。

(二)乞巧教育文化的教育教学和管理目标阐述

教育目标：主体对象是学生。要通过乞巧教育使学生养成"德智双修，身心两健，心灵手巧"的德行，达到"心巧、智巧、手巧"的目标。

教学目标：主体对象是教师。要通过乞巧教育使教师具有"德艺双馨，知行合一，巧为人师"的品性，达到"巧备、巧说、巧教"的技能和技巧。

管理目标：主体对象是行政干部。要通过乞巧教育使干部达到"德才兼备，身体力行，务实巧干"，达到"巧管、巧理、巧论"的方法和要求。

(三)创设乞巧文化氛围，形成乞巧文化显性平台

创设乞巧教育文化氛围，形成乞巧文化显性平台。在开展校园文化建设工作中，把乞巧文化和书香校园环境建设结合，互为熏陶。首先，学校注重校园硬环境的文化内涵的打造。

1. 装点乞巧文化氛围

在学校教学楼的所有楼道专门把具有乞巧特色和乞巧内容的摄影作品装点到楼梯道上，让师生耳濡目染。

2. 建设品德品书廊

矗立××名人像，彩喷出××名人《七夕吟》。××小学的创始人潘文治的雕像矗立在校园的一楼品德廊旁，还专门开辟了乞巧文化廊，把××清朝举人潘名江（潘文治之父）亲自撰写的《七夕吟》展示在乞巧文化廊中，把优秀的中国传统文化、名人名言镶嵌在亭廊之间，供学生流连阅读。

3. 开辟乞巧文化精品廊

在二楼平台专门开辟了乞巧文化廊，以一个"巧"字点出主旨。把每年学生获奖的乞巧作品展示在展览柜，供来宾参观，同时把教学楼二楼的艺术长廊改造成乞巧长廊，展示历年来学生制作的乞巧作品中

的精品，成为××小学"文化熏校"行动中最大的一个亮点。

4. 成立乞巧工作坊

在学校四楼成立了乞巧作品制作坊和作品陈列室。让学生制作手工，并通过每年六月的全校学生参与的乞巧作品大赛中学生乞巧作品以班级为单位收集在陈列室。

这样就形成了乞巧文化廊、品德廊、品书廊三廊相映成趣，书香满校园的视觉氛围。

(四)乞巧教育的内涵和着力点

国家的教育方针是学校教育遵循的根本点，乞巧教育的内涵和着力点必须体现国家的教育方针，学校从德、智、体、美、劳诸方面入手，把它有机、有效、有利地渗透到学校品牌建设之中。

1. 德育——巧德为先

以乞巧文化为载体，地域文化和学校德育相结合，以评乞巧之星带动学校五星班级的评比，创新了德育工作的新模式。

学校把五星班级的评比和五星少年的评选活动结合起来，相互促进。以乞巧活动为主线，学校每学期开展乞巧之星、文明之星、学习之星、体育之星、礼仪之星的"五星"少年评比，对班级开展五星班级的评比——两读（早读、午读）、两操（早操、眼保健操）、环保、纪律、卫生、礼仪五个方面的评比。每学期学校将评选出30名"五星少年"，将他们的照片和事迹通过彩喷张贴在学校橱窗里，以先进促后进。通过以上举措，××小学的乞巧文化氛围空前的浓厚，很多精美夺目的作品受到各方参观来宾的称赞。学生温文尔雅，文明有礼，在多次接待来访的领导和来宾中得到了较高的评价。

2. 智育——巧智动脑

发挥现代教育技术的引领作用，重点打造生本课堂，在"巧"字上做文章。学校把乞巧文化有机结合到课堂教学中，呈现乞巧课堂，使地域的文化资源为学所用，使学生喜闻乐见，现在正构建"在现代教育技术支撑下的以生为本的乞巧课堂"，让课堂焕发生命活力。

从2005年始，学校以生本理念，在课堂上充分利用现代教育技术、网络资源和社区乞巧文化资源，打造以生为本的乞巧课堂，在"巧"字上做文章，对教师：巧备、巧教；对学生：巧学、巧读。2008年3月，学校的生本实验班的教师以乞巧为内容，在生本课题组专家的指导下，向全市部分生本学校的语文教师展示了乞巧生本语文课，受到好评。

3. 体育——巧体促能

地域文化融合在体育活动之中。把划龙舟、舞龙舞狮、巧手穿针引线等传统的××文化和学校的体育大课间活动有机结合，在《众人划船过大江》和《彩云追月》等民间音乐的伴奏下，大课间操生动活泼。

乞巧大课间活动是在广播操、自编操的基础上演变而来的，结合奥运、亚运等国家大事，设计了对应的游戏项目，通过有机渗透××地域本土文化，融入了"舞醒狮""划龙舟""乞巧穿针引线"等民间文化元素，激发学生参与大课间活动的热情，无形中熏陶学生的综合素养。

设计"竹竿舞、舞狮、划龙舟"。在大课间活动中，以《众人划桨开大船》为音乐背景的划龙舟动作、以《彩云追月》为衬托的乞巧女儿穿针引线动作作为放松动作，有机结合，相辅相成，相得益彰。让学生感受、体验到地域本土特色文化。

4. 美育——巧美熏心

以开发校本教材做支撑，形成"有源之水，有本之木"。

学校把乞巧课作为美术课的乡土课程，每学期有一个月的时间用于乞巧课程的教学内容。有关于乞巧文化节的各种内容的绘画课，更有制作乞巧工艺品的手工课，一大批精美的手工作品都在课堂中制作出来。通过课堂教学，很多非××的孩子了解了乞巧这一奇特的传统民间文化，而××的孩子更加热爱××，更有强烈的自豪感和参与意识。

学校美术课以《我们的乞巧》为校本教材，每周在地方课时中安排一节，在美术课上专门上乞巧课，在课堂上渗透。在音乐课上，有机渗透《七夕吟》本土音乐素材，以合唱为抓手，重点突出南腔粤调，培养学生的审美能力。

5.劳育——以劳巧手

把乞巧手工融进美术课堂、延伸到第二课堂。在每星期二的下午第三节课，学校聘请××的乞巧婆婆来到课堂做指导，在专门的乞巧手工制作室里开设乞巧手工课。

学校从2005学年开始，在低段年级实施活动特色课程计划，开设多门课外活动课程，为学生提供丰富多彩的活动选择。具体安排是在小学一、二年级每天多开设一节活动课。具体课程设计为艺术（音乐和舞蹈）、乞巧手工、舞龙舞狮、游泳、计算机、体育大课间等活动内容，特别是学校专门设立了乞巧手工制作室，每周二下午的第二课堂活动时间还专门聘请了××的乞巧婆婆手把手地指导；每年的五月，学校就会开展乞巧作品制作比赛，在每年的艺术月期间，利用"六一节"举行大型的乞巧作品展，以乞巧少年展风采为主题，每班都展出一台乞巧作品，再在全校选出精品制作者参加暑假举行的广州市乞巧文化节活动。

资料来源：依托传统地域文化资源打造乞巧教育品牌．××小学网站[EB/OL]．http：//www.thjy.org/schzhucun/index.aspx，2011-12-16．

二、在氛围上下功夫

(一)发挥校园文化的育人作用

我们需要营造浓厚传统文化氛围，用特色鲜明的传统校园文化，于细致无声中，让学生受到祖国优秀传统文化的熏陶。

(二)激发青少年传统文化认同感

文化认同就是个体对群体文化生活基本模式所产生的亲切感觉。传统文化教育关键是促进主体从认知向行动的转化，从了解传统文化的精髓到继承和发扬传统文化的精神，延续中华民族的灵魂，这都离不开道德情感的培养，离不开青少年对传统文化的认同感。

(三)与青少年的大众文化环境结合

对于涉世未深、实践经验不够丰富的青少年来说，传统文化教育绝不是简单的灌输、诵读就可以取得好效果。中国传统文化强调道德的修养和心性的锤炼，在浮躁的社会中，和青少年的心境有一定的距离，这就要求在传承文化时须与青少年的实际生活结合，贴近他们的心理认知，用青少年喜闻乐见的形式才能让传统文化教育更生动，更加深入人心，润物无声[①]。

---

① 周小艳．国内外青少年传统文化教育比较研究[J]．皖西学院学报，2013(1)：139．

三、在创新上下功夫

要宣传更要行动，要传承也要创新。在传承中国传统文化过程中，我们不缺少响亮的宣传口号，而缺乏行动中的思考、传承中的创新。

(一)内容的创新

坚持弘扬中华优秀传统文化与学习借鉴国外优秀文化成果相结合。我们既要高度重视培育学生的民族自信心、自豪感，又要注重引导学生树立世界眼光，博采众长，"以我为主、为我所用"。在文化交流、借鉴的基础上，推出融会多种文化特质的新文化。

如以传统文化中的"天下兴亡、匹夫有责"为重点来进行家国情怀教育，我们就着力引导青少年学生深刻认识中华民族的复兴梦是每个人的梦，增强国家认同，培养爱国情感，树立民族自信。

如以"仁爱共济、立己达人"为重点进行社会关爱教育，着力引导青少年学生正确处理个人与他人、个人与社会、个人与自然的关系。

如以"正心笃志、崇德弘毅"为重点的人格修养教育。着力引导青少年学生明辨是非、遵纪守法、坚韧豁达、奋发向上，培养青少年学生做知荣辱、守诚信、敢创新的中国人。

(二)形式的创新

大家还记得北京奥运开幕式大气磅礴的击缶而歌、美轮美奂的人体画山水和深奥悠远的活字印刷术展示"和"的画面吗？采用了现代技术手段，把中国历史的悠久古老、中国文化的博大精深向全世界传播，震撼人心。古典文化的传播者于丹也曾说，"中国的传统文化卷帙浩繁，我们不缺内容，而是缺传播内容的方式。中国的知识分子、出版业就应该要做一个'话者',把传统文化通过现代人乐见的形式传播出去"。

因此,如何把传统与现代完美结合,借助现代科技推动传统文化的发展?可以从以下两方面着手。

推动优秀传统文化网络传播。制作适合互联网、手机等新兴媒体传播的传统文化精品佳作。如借用"微课"技术来建设系列的"微经典""微故事"课程资源。大力支持和鼓励学校网站开设传统文化专栏,组织学生进行形式活泼、内容丰富的在线学习。

改变传统的教学方式,促进学生自我教育。"传统文化教育尤其应该注意学生道德情感的培养和师生互动,突出学生的主体地位,要改变传统的以灌输为主的教学方式,通过多种策略激发学生的学习积极性,找到传统文化与现实实际的落脚点和结合点。例如,把课本知识转换成若干可供讨论的话题,利用传统文化的精神内涵和处世原则用于解决现实的问题"[①]。

(三)评价的创新

中华优秀传统文化教育开展效果如何,需要有系列的评价和督导机制。从学校方面有"书香校园"的评选标准,在教师评价这一块,则有"书香教师"的评选办法,而在促进学生读经典、用经典方面则有更多更细致的评价:书香少年的评比,小博士、小硕士、小学士等的桂冠,还有各种考级的机制。但需要注意的是,所有的评价都是为了规范与促进经典文化的发展,不能以牺牲学生的兴趣与情感生搬硬套推进。

---

① 周小艳.国内外青少年传统文化教育比较研究[J].皖西学院学报,2013(1):140.

传承经典文化的行为不应是功利的，而应听从内心的召唤，"蒙以养正圣功也"。学校开展中华传统教育应不为做而做，不为教而教。从懂得—认同—践行—弘扬，一路伴随生命成长的历程，全情投入。同时，我们也需要结合时代的发展，用更广阔的视野去审视传统，弃粗取精、去伪存真。在行动中反思，在反思中前行，有大视野、大胸怀，从小培育学生的人格、习惯、技能、传统，同时可以开拓他们的思维，培养他们的灵感，孕育创新的能力。

中华民族的祖先曾追求这样一种境界："为天地立心，为生民立命，为往圣继绝学，为万世开太平。"如果说，60年前社会制度的改变，使中华民族站起来；30年前经济体制的改变，使中华民族富起来；2012年酝酿的发展模式的转型，要让中华民族强起来。那么现在，就让我们紧紧拥抱优秀的中华传统文化，回溯源头，传承命脉，熔古铸今，重整人们的理想、良知和秩序，创造一个海晏河清、祥和安乐的社会，抒写中华民族的华彩乐章。

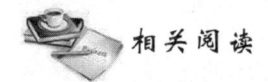

相关阅读

《完善中华优秀传统文化教育指导纲要》（节选）

2014年4月1日，教育部官方网站发布的《完善中华优秀传统文化教育指导纲要》（以下简称《纲要》）提出，将据此适时调整课标，修订教材，而且中、高考中关于中华优秀传统文化内容的"分量"也将增加。

（一）加强中华优秀传统文化教育的重要性和紧迫性

1. 加强中华优秀传统文化教育，是深化中国特色社会主义教育和中国梦宣传教育的重要组成部分。中国特色社会主义道路是在对中华民族5000多年悠久文明的传承中走出来的，具有深厚的历史渊源和广泛的现实基础。

2. 加强中华优秀传统文化教育，是构建中华优秀传统文化传承体系、推动文化传承创新的重要途径。当今世界，文化在综合国力竞争中的地位和作用更加凸显，越来越成为民族凝聚力和创造力的重要源泉，博大精深的中华优秀传统文化是我们在世界文化激荡中站稳脚跟的根基。

3. 加强中华优秀传统文化教育，是培育和践行社会主义核心价值观、落实立德树人根本任务的重要基础。世界多极化、经济全球化深入发展，国内经济社会转轨转型，深刻变革，现代传播技术迅猛发展，世界范围内各种思想文化的交流、交融、交锋更加频繁，社会思想观念日益活跃。

……

(二)分学段有序推进中华优秀传统文化教育

8. 小学低年级，以培育学生对中华优秀传统文化的亲切感为重点，开展启蒙教育，培养学生热爱中华优秀传统文化的感情。认识常用汉字，学习独立识字，初步感受汉字的形体美；诵读浅近的古诗，获得初步的情感体验，感受语言的优美；了解一些爱国志士的故事，知道中华民族重要传统节日，了解家乡的生活习俗，明白自己是中华民族的一员；初步了解传统礼仪，学会待人接物的基本礼节；初步感受经典的民间艺术。引导学生孝敬父母、尊敬师长、友爱同学、礼貌待人，养成勤俭节约、吃苦耐劳、言行一致的生活习惯和行为规范，培育热爱家乡、热爱生活、亲近自然的情感。

9. 小学高年级，以提高学生对中华优秀传统文化的感受力为重点，开展认知教育，了解中华优秀传统文化的丰富多彩。熟练书写正楷字，理解汉字的文化含义，体会汉字优美的结构艺术；诵读古代诗文经典篇目，理解作品大意，体会其意境和情感；了解中华民族历代仁人志士为国家富强、民族团结做出的牺牲和贡献；知道重要传统节日的文化内涵和家乡生活习俗变迁；感受各民族艺术的丰富表现形式和特点，尝试运用喜爱的艺术形式表达情感；培养学生对传统体育活动的兴趣爱好。引导学生学会理解他人，懂得感恩，逐步提高辨别是非、善恶、美丑的能力，开始树立人生理想和远大志向，热爱祖国河山、悠久历史和宝贵文化。

10. 初中阶段，以增强学生对中华优秀传统文化的理解力为重点，提高对中华优秀传统文化的认同度，引导学生认识我国统一多民族国家的文化传统和基本国情。临摹名家书法，体会书法的美感与意境；诵读古代诗词，初步了解古诗词格律，阅读浅易文言文，注重积累、感悟和运用，提高欣赏品位；知道中国历史的重要史实和发展的基本线索，理解国家统一和民族团结的重要性，认识中华文明的历史价值和现实意义；欣赏传统音乐、戏剧、美术等艺术作品，感受其中表达的情感和思想；参加传统礼仪和节庆活动，了解传统习俗的文化内涵。引导学生尊重各民族传统文化习俗，珍视各民族共同创造的中华优秀文明成果，培养作为中华民族一员的归属感和自豪感。

……

(三)把中华优秀传统文化教育系统融入课程和教材体系

13. 在课程建设和课程标准修订中强化中华优秀传统文化内容。围绕中华优秀传统文化教育的主要任务，适时启动课程标准修订和课程开发的研究论证、试点探索和推广评估工作。在中小学德育、语文、历史、艺术、体育等课程标准修订中，增加中华优秀传统文化内容比重。地理、数学、物理、化学、生物等课程，应结合教学环节渗透中华优秀传统文化相关内容。鼓励各地各学校充分挖掘和利用本地中华优秀传统文化教育资源，开设专题的地方课程和校本课程。面向各级各类学校重点建设一批中华优秀传统文化精品视频公开课。加强中华优秀传统文化相关学科建设。

14. 修订相关教材和组织编写中华优秀传统文化普及读物。根据修订后的中小学课程标准，修订相关教材。制作内容精、形式活、受欢迎的数字化课件。鼓励有条件的地方结合地方课程需要编写具有地域特色的中华优秀传统文化读本。组织知名专家编写多层次、成系列的普及读物。

15. 充分发挥中小学德育课和高校思想政治理论课的重要作用。促进思想政治教育与中华优秀传统文化教育的紧密结合，以爱国主义教育为核心，深入挖掘中华优秀传统文化中蕴含的丰富思想政治教育资源，进一步丰富中小学德育课和高校思想政治理论课的教学内容，创新教学方法和手段，提升教学效果。

资料来源：教育部．关于印发《完善中华优秀传统文化教育指导纲要》的通知［EB/OL］．http：//www.moe.cn/publicfiles/business/htmlfiles/moe/s7061/201404/166543.html，2014-03-26.

第四章 自然人文科学知识在左，艺术修养在右
——做一名求真、至善、臻美的校长

专业标准

"营造育人文化"第十四条标准：广泛涉猎自然科学与人文社会科学知识，具有良好的艺术修养和相应的艺术欣赏与表现的知识。

标准解读

人文社会科学知识、艺术修养和相应的艺术欣赏与表现的知识是校长营造育人文化必须具备的基本专业知识之一。科学人文知识在左，艺术修养在右，我们要做一名求真、至善、臻美的校长，用科学人文知识温润着我们的心灵，用艺术修养提升我们的审美能力，让校园充满着人文关怀，洋溢着爱，体现着真、善、美。作为校长，要了解自然科学知识，遵循自然规律，实事求是，求真务实，真抓实干。求真即追求真理，是指在科学理论与方法的指导下不断地认识事物的

本质，把握事物的规律。求真是为人处世的起点，是教育的起点，是学校工作的起点，也是成为合格校长的起点。作为校长，也要了解人文社会科学知识，做一个有人文关怀的校长，做一个有价值引领的校长，做一个止于至善的校长，在实现自己最高价值的同时又惠及润泽教师、孩子、家长，给学校、社会做出贡献。作为校长，还要具备一定的艺术修养。在艺术创作或艺术欣赏、艺术鉴赏的实践中，校长要有发现美的眼睛，感悟美的心灵，逐步积累一些相应的艺术欣赏与表现的知识，树立健康的审美观念，培养高尚的艺术修养，在审美过程中寻美、赏美、鉴美臻美，从而达到做人的美好境界和艺术品位。

案例分享

擎着理想的火把点燃人生——记新时代"陶行知式"的乡村教育家杨瑞清（有删减）

他为人谦和，平日里教书育人，是一个再普通不过的乡村教师。但是在了解他的内心世界后，人们才知道平凡背后有更多的不平凡。毕业时，放着城市里的工作不争取，主动要求到乡村小学当教师；有"升迁"机会，却不到县城里当官，安心在乡村小学扎根20年；在艰苦的条件下，搞教育改革，不断探索求新，并取得了许多的成果。他就是南京市江浦县（今浦口区）行知小学校长杨瑞清。从教20年来，杨瑞清始终以陶行知先生"为一大事来，做一大事去"的精神激励自己，成为"陶子之后，亿万陶子"中突出的一位，被人们誉为新时代"陶行知式"的乡村教师。不久前，他在全国十佳中小学教师评选中，荣登榜首，受到李岚清同志的称赞，并参加国家教育部组织的师德报告团到全国巡回报告。

青春不能没有理想支撑，不能没有激情相伴。在两次人生重大选择面前，杨瑞清始终抹不去自己的"农"字情结，心灵的天平总是倾向农村、倾向农民。

1981年，作为南京晓庄师范学校"文化大革命"后的首批毕业生，杨瑞清面临着人生的首次选择：进城还是回乡。

临近毕业之际，一份立志发扬"晓庄精神"，志愿到偏僻农村办学的志愿书在全校引起了不小的轰动。递交志愿书的就是平时沉默寡言的杨瑞清。

带着满腔热情，杨瑞清来到了江浦县五里村小学。当时的五里村小学就像电影《凤凰琴》中的山村学校一样——"黑屋子，土台子，里面坐着泥孩子"。由于教学质量不好，农民纷纷把孩子转到别的小学。村民们看到分来一个满脸稚气的学生仔，露出了失望的神情，村干部也背地里猜测这个小年青能成什么事？！

杨瑞清带着初为人师的喜悦投入教学之中。他接手的是被称为"二年级万岁"的差班，38名学生竟然有20人留过级。杨瑞清把这个班命名为"行知实验班"，暗下决心，一定要实践陶行知"爱满天下"的思想，不让一个孩子失学，不让一个孩子掉队。

杨瑞清的行动，赢得了乡亲们的认可。看到村小学的巨大变化，淳朴的农民被感动了，他们拿出农村改革后积攒的第一笔钱，全村集资7万多元建了新校舍。学校的面貌变了，教学质量提高了，不少原来转学的孩子又纷纷转回来。

正当杨瑞清的教学有所成就，热情获得理解，准备再接再励大干一场的时候，他的人生又面临着第二次选择。1983年5月，他接到了任命他为团县委副书记的调令。带着困惑和矛盾的心理，杨瑞清服从了组织的调动。

虽然身在县城，他的心里还是牵挂着孩子们，还是丢不掉对农民的誓言、对孩子们的承诺，告别班会上一个个哭成了泪人的孩子的小脸常常浮现在眼前。

他用书面和口头形式，反复向领导提出了重回五里小学的请求。终于，杨瑞清义无反顾的决心感动了领导，他又重新回到五里小学教书，去实践行知教育思想。

1985年元月，五里小学更名为五里行知小学，林散之为学校题写了校名。在杨瑞清的影响下，一批有志农村教育事业的教师也来到了五里。村民们办教育的热情再一次高涨起来，又一次集资10多万元，进一步改善了办学条件。这期间，联合国教科文组织的官员来到行知小学考察。

人生的奉献方式是"爱"，创造的方式是"学会爱"。热爱孩子、赏识孩子，高举素质教育的大旗，"让农村的孩子也要受到最好的教育"是杨瑞清始终不渝的追求。

在杨瑞清眼里，每一个农村孩子都有着巨大的发展潜力，要改变现在农村教育仅仅是扫盲教育、升学教育的观念，让教师当教书的主人，学生当学习的主人，决不能仅仅为了考试而教书、学习。他常对教师说，让孩子们快乐、自信，等于给了他们一个西瓜；仅仅忙于考试分数，只能给孩子们一粒芝麻。

"生活即教育，社会即学校，教学做合一"。杨瑞清全心实践陶行知先生"生活教育"的思想，顺应时代潮流，走出学校，服务农民；走出农村，服务社会，初步探索了一条"乡村大教育"的路子。

在实施乡村大教育的过程中，杨瑞清坚持走"联合"之路。他积极争取有关部门及农民的支持,开办了实验农场,并使实验农场成为面向城市中小学生的"行知教育基地"。

生命的价值等于奉献量除以获取量,每个人都可以在自己的岗位上创造崇高的价值。杨瑞清在不断的自我超越中领悟了生命的真谛在于奉献和创造。

在杨瑞清获得"全国十杰中小学教师"称号后,有人说,你功成名就了,趁这个机会换个岗位吧,别再窝在五里小学把宝贵的生命浪费在2+3=5的一千次、一万次的重复里面,浪费在鼻涕邋遢、野气不懂事的农村孩子身上,这样太委屈自己了。杨瑞清却不这样认为,他说,我的付出,能改变孩子的一生呢!他有一个自己发明的人生价值的公式:人生价值=奉献量/获取量。他认为,用乡村教师的奉献量除以获取量,完全可以获得很大的商数,创造出崇高的人生价值。在荣誉接踵而来的时候,他说,如果要我对自己再定位,那么我的选择仍然是"办行知小学,教农民孩子"。

杨瑞清给自己设计了20字的个人成长要诀:躬于实践,勤于读书,善于交友,精于思考,乐于动笔。从来到行知小学的那一天,杨瑞清就开始写教育日记,在教育日记里有3个符号:△、□、○,分别代表一天所做的工作、学习摘抄和自己对乡村教育的思考。20年来,他写下了120多本500多万字的日记。这里记录了杨瑞清作为一个乡村教师的梦想与激情、快乐与艰辛。

执着是信念的指南针,是行为的永动机。杨瑞清在乡村教育的实践中,在自己的奉献道路上找到了生命的平衡点。如他所说:有人认为我失去了很多,却不知我也得到了许多。这些年,通过奉献社会,服务农村,我的自信心得到增强,能力也得到开发,价值得到了体现。

1989年杨瑞清与在农民夜校相识相恋的爱人结婚时，五里村的乡亲们给他送了一块匾，上面写着"农村教育之家"。杨瑞清始终把这作为自己得到的最高奖赏，时刻用它来激励自己。对自己20年的乡村教育生涯，杨瑞清无怨无悔；对未来，他则充满了希望。他曾经说，如果我在乡村教育的道路上所走的前20年是"生根"，生下理想、事业、情感的"根"，那么后20年，我的人生目标是"生长"，长出一棵乡村教育的参天大树，真正成为一名乡村教育家。

资料来源：陈梦娟，邱小凡，张建军.擎着理想的火把点燃人生——记新时代"陶行知式"的乡村教育家杨瑞清[J].教师博览，2001(7)：38-40.

"教育即生长，生长就是目的，在生长之外别无目的"。这个论点由卢梭提出，而后杜威做了进一步阐发。"教育即生长"言简意赅地道出了教育的本义，就是要使每个人的天性和与生俱来的能力得到健康生长，而不是把外面的东西，例如知识，灌输进一个容器[1]。如果把孩子比作花朵，那么土壤、空气等就是环境，而教师就是园丁。校长的职责就是要营造良好的育人环境，建设德艺双馨的教师队伍让孩子健康地生长，幸福地成长。

《义务教育学校校长专业标准》中明确指出"营造育人文化"是校长要具备的专业职责之一。其中第14点要求校长"广泛涉猎自然科学与人文社会科学知识，具有良好的艺术修养和相应的艺术欣赏与表现的知识"，从而明确了"自然科学与人文社会科学知识、艺术修养和相应

---

[1] 周国平.周国平论教育[M].上海：华东师范大学出版社，2009：3.

的艺术欣赏与表现的知识"是校长营造育人文化必须具备的基本的专业知识之一。科学人文知识在左，艺术修养在右，我们要做一名求真、至善、臻美的校长，用科学人文知识温润着我们的心灵，用艺术修养提升我们的审美能力，让校园充满着人文关怀，洋溢着爱，体现着真、善、美。

以下附上一份成为一名求真、至善、臻美的校长说明书。

说明书

名称：求真、至善、臻美的校长

成分：自然科学与人文社会科学知识，艺术修养和相应的艺术欣赏与表现的知识

性状：博学多才，求真、至善、臻美，长时间会有沉淀

功能主治：整合知识结构，提高科学文化和艺术修养，充满人文关怀，营造育人文化

规格：越广泛越好，越厚重越好，越精深越好

用法用量：多多益善，随时可用

不良反应：暂无

包装：开放式、有广度、有温度、有美感

有效期：终身

执行标准：《义务教育学校校长专业标准》

批准文号：教师〔2013〕3号

生产企业：校长本人

生产途径：终身广泛学习

下面从成为一名求真、至善、臻美的校长之本、之魂、之道详细解读这份说明书。

第一节　整合知识结构是求真、至善、臻美的校长之本

自然界的颜色千变万化、五彩缤纷，但最基本的是红、黄、蓝三种颜色，我们称为原色。以这三种原色按不同比例调配混合而成的另一种颜色，称为复色。理论上，任何颜色都可以用这三种色的不同比例的混合而调出来。世界因为千变万化的色彩而精彩。

说明书提到的成分是"自然科学与人文社会科学知识，艺术修养和相应的艺术欣赏与表现的知识"，如果说自然科学知识、人文社会科学知识、艺术修养和相应的艺术欣赏与表现的知识分别对应红、黄、蓝三种原色，那么校长整合这三种知识结构后就会使自己的人生更精彩、更丰富！

有学者说过："有一个词语叫'见多识广'，这个词语就包含着'见识'二字。这意味着多见、多闻、多识的重要性。一个人愈有见识，就愈有胸怀和气度。"[①]因此，校长们要树立终身学习的意识，见多识广，积淀知识，积累经验。如何做一名博学多才的校长呢？校长们应该在提升自己学科知识、管理知识的同时不断整合知识结构，优化知识体系，拓宽知识视野，走进自然科学与人文社会科学知识，提高艺术修养，做一名求真、至善、臻美的校长。

一、走进自然科学知识，遵循自然规律——求真

自然科学是研究自然界的物质形态、结构、性质和运动规律的科学。人类生产实践和科学实验是它产生和发展的动力。它的目的在于

---

① 肖川. 润泽生命的教育[M]. 北京：北京师范大学出版社，2012：61.

认识自然规律，为人类正确改造自然开辟道路。一般把现代自然科学分为基础理论科学、技术科学和应用科学三大类。自然科学本身没有阶级性，但不同的阶级和社会政治制度对它的发展会有不同的影响。新的科技革命给科学技术的发展带来了超前性、渗透性等新的特点，成为第一生产力。中国实现社会主义现代化，关键是科学技术现代化[1]。

基础科学亦称"基础自然科学"，是研究自然界物质运动规律的科学。主要任务是探索自然界未被发现的现象和未被认识的规律，揭示各个层次的物质结构和特性。一般分为数学、物理学、化学、生物学、地学、天文学六大类。其理论成果是科学技术、改造自然、精神文明、科学教育的基础，对技术科学有巨大的指导作用，但两者又互相渗透促进。基础科学在各门专业技术中的使用，一般需通过应用科学的创造性研究[2]。

技术科学是关于技术的基本理论的科学。以人工自然为研究对象，以技术客体为认识目标，通过技术理论的建立和应用给出工程技术客体的有效设计和计算方法，为人类控制和改造自然提供理论。是介于基础科学和应用科学的中间环节，它既是基础科学的特殊应用，又对应用科学具有普遍的指导作用[3]。

应用科学与理论科学相对。直接服务于生产或其他实践的科学，由应用理论和生产技术所组成。其主要任务在于解决基础科学和技术科学物化为生产力，以及生产技术的应用等问题。应用科学的发展，

---

[1] 夏征农. 大辞海·哲学卷[Z]. 上海：上海辞书出版社，2003：169.
[2] 夏征农. 大辞海·哲学卷[Z]. 上海：上海辞书出版社，2003：721.
[3] 夏征农. 大辞海·哲学卷[Z]. 上海：上海辞书出版社，2003：715.

对社会生产力的发展起着直接的推动作用,直接关系到国家建设的速度。有时亦作为技术科学和工程科学的总称[①]。

作为校长,要了解自然科学知识,在科学理论与方法的指导下不断地认识事物的本质,遵循自然的规律,把握事物的规律,按照事物发展的规律办事,不唯上,不唯书,只唯实,只唯真,实事求是,求真务实。我国著名的教育家陶行知先生曾经说过"千教万教教人求真,千学万学学做真人"。"真"道出了做人最本质的要求,"真"道出了教育最本质的要求。校长要做一名"真"人,求真的人,追求真理的人,真抓实干的人。求真是为人处事的起点,是教育的起点,是学校工作的起点,也是成为合格校长的起点。

二、走进人文社会科学知识,做出价值判断——至善

人文社会科学在本质上是关于人的科学。人文社会科学是人文科学和社会科学的统称,有时也被称为哲学社会科学、社会科学、文科等。

人文科学源出拉丁文 humanitas,意即人性、教养。15、16 世纪时,欧洲开始使用这一名词,原指同人类利益有关的学问,以别于在中世纪占统治地位的神学。后含义几经演变。狭义指拉丁文、希腊文、古典文学的研究;广义一般指对社会现象和文化艺术的研究,包括哲学、经济学、政治学、史学、法学、文艺学、伦理学、语言学等[②]。

社会科学是以社会现象为研究对象的科学。它的任务是研究并阐

---

① 夏征农. 大辞海·哲学卷[Z]. 上海:上海辞书出版社,2003:721.
② 夏征农. 大辞海·哲学卷[Z]. 上海:上海辞书出版社,2003:169.

述各种社会现象及其发展规律。一般属于上层建筑的意识形态范畴（语言学等除外），在有阶级的社会中是有阶级性的。在马克思主义出现以前，人们已经积累了有关社会历史的大量资料，但是未能对社会现象做出全面的、科学的说明。马克思主义产生后，人们才对社会历史的发展有了全面的、历史的了解。在现代科学发展进程中，新科技革命为社会科学的研究提供了新的方法手段；社会科学和自然科学互相渗透、互相联系的趋势日益加强①。

人文社会科学和自然科学两者的主要区别在于人文社会科学的研究成果，不但要像自然科学那样回答研究对象"是什么""为什么"，而且通常还要对研究对象做出直接或间接的价值判断，也就是通常还要回答"合理不合理""应该怎么样"。也就是说，人文社会科学的研究成果往往包含着研究主体对研究对象的价值判断。

在学校中，校长的地位、作用、性质决定了校长一定要具备正确的、科学的价值观，并用正确的、科学的价值观引领学校发展，实现自己人生价值的同时促进学校师生发展。人生价值包括自我价值和社会价值。一个人在实现了自己个体生命最高价值的同时又惠及他人，对社会、人类做出了伟大的贡献就达到了"至善"的境界。"至善"，出自《大学》一书："大学之道，在明明德，在亲民，在止于至善。"意思是说大学的宗旨在于弘扬光明正大的品德，在于使人弃旧图新，在于使人达到最完善的境界。"止于至善"是一个人为人处事达到的最高人格境界或者说最高人格理想。作为校长，要了解人文社会科学知识，学会对研究对象做出价值判断，在实现自己人生价值的同时又惠及润

---

① 夏征农. 大辞海·哲学卷[Z]. 上海：上海辞书出版社，2003：169.

泽教师、孩子、家长的生命成长，推动学校、社会的发展，做一个"止于至善"的人。

有的校长认为自己只是一名学校的校长，自己达到"至善"就已经很不错了，怎么可能推动社会、人类的进步，让他人达到"至善"呢？其实一切皆有可能。你是可以的！改变他人，先改变自己！

相关阅读

威斯敏斯特教堂边的墓志铭

在泰晤士河畔，在钟声回荡的国会大厦西南侧，耸立着英国最古老的建筑物——威斯敏斯特大教堂。这里长眠着从亨利三世到乔治二世等20多位国王，憩息着牛顿、哈代、狄更斯、达尔文、吉卜林这些享誉世界的巨人，还有第二次世界大战"不列颠之战"中牺牲的皇家空军将士。在教堂一个不显眼的角落，树立着一块石碑，上面刻着一段广为传诵的碑文：

当我年轻的时候，我的想象力没有任何的局限，我梦想改变这个世界；当我渐渐成熟明智的时候，我发现我不可能改变这个世界。于是，我把眼光放得短浅一些，那就只改变我的国家吧；当我到了垂暮之年，我发现我不能够改变我的国家了。我最后一丝努力的希望仅仅是改变一下我的家庭，我亲近的人——但是，哎！他们根本不接受改变。当我现在躺在床上，临终之时，我才突然意识到：如果当初我仅仅去改变我自己，然后，作为一个榜样，我可能改变我的家人；在家人的帮助和鼓励下，我也许能改变我的国家；再接下来，谁又知道呢，也许我连整个世界都能改变！

这段文字令世界许多政要都感慨不已。当年轻的曼德拉看到这段墓文时，顿然如醍醐灌顶，觉得从中找到了改变南非甚至整个世界的金钥匙。回到南非后，这个志向远大、原本赞同以暴抗暴来填平种族歧视鸿沟的黑人青年，一下子改变了自己的思想和处世风格，他从改变自己，改变自己的家庭和亲朋好友着手，最终改变了他的国家。人不能改变环境，但可以改变思路；人不能改变别人，但可以改变自己。

真的，要想撬起这个世界，它的最终支点不是整个地球，不是一个国家、一个民族，也不是别人，它的最佳支点只能是自己的心灵。要想改变世界，你必须从改变你自己开始。要想撬起世界，你必须把支点选在自己的心灵上。

以下是墓志铭的英文版：

When I was young and free and my imagination had no limits, I dreamed of changing the world. As I grew older and wiser, I discovered the world would not change, so I shortened my sights somewhat and decided to change only my country. But it, too, seemed immovable. As I grew into my twilight years, in one last desperate attempt, I settled for changing only my family, those closest to me, but alas, they would have none of it. And now as I lie on my deathbed, I suddenly realise, If I had only changed myself first, then by example I would have changed my family. From their inspiration and encouragement, I would then have been able to better my country and, who knows, I may have even changed the world. Just don't give up on trying to do what you really want to do. Where there is love and inspiration, I don't think you can go wrong.

资料来源：威斯敏斯特教堂边的墓志铭．[EB/OL]．http：//blog.renren.com/share/334999655/5481624584，2012-09-12．

三、走进艺术知识，提高艺术修养——臻美

艺术是人类把握世界的一种特殊方式。即通过感知、判断、想象、情感等审美创造活动和一定的形式、手段、方法、技巧，再现现实和表现情感理想，实现审美主体和审美客体的互相对象化。它是人们对现实生活和精神世界的形象反映，也是艺术家知觉、思想、情感、理想、意志等综合心理活动的产物和表现。作为一种社会意识形态，艺术主要是满足人们多方面的审美需要，从而在人类精神领域内起着潜移默化的作用，并对社会发展起能动的作用。在阶级社会里，艺术往往带有倾向性。根据表现手段和方式的不同，可以分为表演艺术（音乐、舞蹈），造型艺术（绘画、雕塑、建筑），语言艺术（文学）和综合艺术（戏剧、影视）。根据表现的时空性质，又可分为时间艺术（音乐），空间艺术（绘画、雕塑、建筑）和时空并列艺术（文学、戏剧、影视）[①]。

艺术修养是指一个人的艺术知识或技艺等方面所达到的一定水平。任何人的艺术修养都不是与生俱来的，都是在艺术创作和艺术欣赏、艺术鉴赏的实践过程中经过锻炼和培养而逐步形成的，是不断发展变化的。

艺术欣赏指人们用多种感官以喜悦的心情去享受艺术作品，领略其中的情趣。艺术欣赏和艺术观赏不同，观赏只限于通过视觉来感

[①] 夏征农．大辞海·哲学卷[Z]．上海：上海辞书出版社，2003：605．

受，而欣赏不受这个限制，除了视觉外，还可以通过听觉、嗅觉、味觉和肤觉感受享受艺术作品的美，从而产生精神上和情感上的愉悦。艺术鉴赏包含了艺术鉴别和艺术欣赏。有人形象地比喻艺术欣赏，就像艺术家播下的一株花，播种、成长、开花，欣赏花的人，先看到了花的本身，是如何的娇艳、唯美，然后才闻到花的香味，往深了想，才会感叹这花从一颗小小的种子到今天的美艳，是经历了一个怎样的过程。正如现代著名诗人、翻译家、作家、儿童文学家冰心老人说过："成功之花，人们往往惊羡它现时的明艳，然而当初，它的芽儿却浸透了奋斗的泪泉，洒满了牺牲的血雨。"

著名雕塑大师罗丹说过："生活中不是没有美，而缺少发现美的眼睛。"美，就在身边，就在人们心灵的最深处。美，往往有不同的表达方式，是独特的个人体验。在艺术创作或艺术欣赏、艺术鉴赏的实践中，校长要有发现美的眼睛，感悟美的心灵，逐步积累一些相应的艺术欣赏与表现的知识，树立健康的审美观念，培养高尚的艺术修养，在审美过程中寻美、鉴美、赏美、臻美，从而达到美好的境界，做一名臻美的校长。

第二节　充满人文关怀是求真、至善、臻美的校长之魂

台湾著名的学者龙应台先生1999年5月15日在台湾大学法学院进行了《为什么需要人文素质》的演讲。她在演讲中提到："人文是什么呢？我们可以暂时接受一个非常粗略的分法，就是'文''史''哲'三个大方向。人文是在涉猎了文、史、哲学之后，更进一步认识到，这些人文'学'到最后都有一个终极的关怀，对'人'的关怀。脱离了对'人'的关怀，你只能有人文知道，不能有人文素养。对人文素养最可

怕的讽刺莫过于：在集中营里，纳粹要犹太音乐家们拉着小提琴送他们的同胞进毒气室。一个会写诗、懂古典音乐、有哲学博士学位的人，不见得不会妄自尊大、草菅人命。但是一个真正认识人文价值而'真诚恻怛'的人，也就是一个真正有人文素养的人，他不会违背以人为本的终极关怀。"

素养比知道重要，比知识重要，比分数重要，比成绩重要，比学历重要，比能力重要！人文素养贯通了历史，超越了时代，并指向未来。今天的校长，不应该唯分数论，不应该唯成绩论，校长应该将知识转化为素养，让人文关怀成为校长的灵魂，成为学校的灵魂，成为教育的灵魂，成为每一个人的灵魂。今天的校长，不应该是冷冰冰的人，应该是一个"大爱"人，应该是一个富有爱心的人，一个有温度、有暖度的人。今天的校长，不应该脱离对人的关怀，应该是一个富有人文关怀的人，这是中华民族振兴、国家富强、社会进步、人民幸福、学校发展、师生成长的需要。

一、办好人民满意的教育的需要

党的十八大报告里提出：要努力办好人民满意的教育。教育是民族振兴和社会进步的基石。要坚持教育优先发展，全面贯彻党的教育方针，坚持教育为社会主义现代化建设服务、为人民服务，把立德树人作为教育的根本任务，培养德、智、体、美全面发展的社会主义建设者和接班人。全面实施素质教育，深化教育领域综合改革，着力提高教育质量，培养学生创新精神。

教育应该培养德、智、体、美全面发展的人。德育主要是对学生进行政治、思想、道德、法制、心理健康教育，培养学生科学的世界观、正确的人生观和价值观，具有正确的思想政治观念和良好的道德品质。智育是发展学生智力的教育，授予学生系统的文化科学知识、技能。体育是以各项运动为基本手段，促进学生积极参加体育锻炼，养成良好的锻炼习惯，提高体质健康水平的教育。美育是关于审美和创造美的教育，培养学生感受美、表现美、鉴赏美、创造美的能力，树立正确的审美观念，陶冶高尚的道德情操，提高学生审美和人文素养。四育缺一不可，构成学校完整的教育。自然科学、人文社会科学和艺术知识，是人全面发展具备的基本知识和素质之一。

相关阅读

刘彭芝的教育理念（有删减）

中国人民大学附属中学刘彭芝校长认为：一流的学校所培养的是君子而不是专业人才。君子又是如何被培养出来的呢？她认为，应"打通科学精神和人文精神、现实关怀和终极关怀之间的关节，不断加大哲学社会科学的人文科学的教学内容，加大美育的力度、深度、广度"。从前的君子知道成人之美，能够感受到"言语之美，穆穆皇皇；朝廷之美，济济翔翔；祭祀之美，齐齐皇皇；车马之美，匪匪翼翼；鸾和之美，肃肃雍雍"。而现代的君子理当超越先人。他们对天地万物、社会之间的感应，都当转化为可审美的对象。语言之美、体魄之美、文章之美、数理之美……美无处不在。此时，无论他是从工、从农、从政、从商还是从事科学，就都是君子。

艺术是人类至性至情的自然流露与表达，彰显着人性的真、善、美。完整的教育不能没有艺术教育。美育是运用人类创造的一切美——音乐、绘画、诗歌，等等——对人自身进行美的教育，它可以使人心灵丰富，道德完善，思维活跃，身心和谐。美育和德育共同作用于人的精神，引导青少年追求人生的高尚境界和生命的意义与价值，因此，作用于人的心灵和情感的美育必然是素质教育的重要组成部分，在人的教育，特别是学校教育中有无可替代的作用。

资料来源：刘彭芝教育思想研究课题组．刘彭芝教育思想与实践[M]．北京：中国人民大学出版社，2010：89-93.

二、提升学校内涵发展的需要

学校要持续发展，营造育人文化，作为学校的第一责任人，校长责无旁贷。现在不少校长，借助外力营造校园文化，花钱请科研单位、文化公司、专家教授等到学校策划打造育人文化，以为有钱请人就万事大吉了。可是自己有没有深入、辩证地思考校长、专家这些内在外在的关系呢？哪个因素起主要作用呢？

内因与外因相对，组成辩证法的一对范畴。内因指事物发展变化的内部原因，即事物自身的盾；外因指外部原因，即一事物与它事物的外部联系和外部矛盾。唯物辩证法认为，外因是变化的条件，内因是变化的根据，外因通过内因而起作用。由于事物的范围极其广大、复杂和发展的无限性，内因和外因的区别是相对的。形而上学否定事物因内部矛盾引发发展的学说，简单地从事物外部去找发展原因，因而不能正确认识事物的发展和运动[①]。

唯物辩证法要求人们在具体分析矛盾和解决矛盾时，既要看到内因的重要作用，同时也不可忽视外因的作用。在坚持"内因论"的前提

---

① 夏征农．大辞海·哲学卷[Z]．上海：上海辞书出版社，2003：117.

下，不忽视外因的作用。

在营造育人文化事情上，校长是内因，是第一要素。没有校长这个内因的改变，外因再强，也不是本质的改变，而只是外显、表面、肤浅、形式、短暂、局部的改变，不可能是核心、内在、深刻、实质、长久、全面的改变。因此，学校营造育人文化，校长首先要改变自己，广泛涉猎自然科学与人文社会科学知识，具有良好的艺术修养和相应的艺术欣赏与表现的知识，才能改变教师，从而改变学校。

学校培养怎样的人？怎样培养人？校长是方向者、决策者。校长的方向决定了学校内涵发展的方向，校长的高度决定了学校内涵发展的高度，校长的深度决定了学校内涵发展的深度，校长的力度决定了学校内涵发展的力度。学校营造育人文化应该以对孩子的关怀、利于孩子的成长为前提，而主动权就在校长手中。

三、引领教师成长的需要

只有校长心中有教师，教师心中才有孩子。校长要站得比教师更高、更远、更广，才能引领教师成长，教师要站得比孩子更高、更远、更广，才能引导孩子成长。《论语·子路》中，孔子说："其身正，不令而行；其身不正，虽令不从。"这是说：当管理者自身端正，做出表率时，不用下命令，被管理者也就会跟着行动起来；相反，如果管理者自身不端正，而要求被管理者端正，那么，纵然三令五申，被管理者也不会服从的。借用2013年很火红的综艺节目《爸爸去哪儿》的语言，我们可以这么说："教师去哪儿，孩子就去哪儿"，"校长去哪儿，教师就去哪儿"。因为校长是"教师中的教师"。我们要求教师教育孩子以身作则，同样，校长引领教师成长也需要以身作则，率先垂范。

四、校长专业化发展的需要

教师要专业化，校长更应该如此，因为一个好校长可以成就一所好学校。相对于教师专业化发展，校长专业化发展要求更高、更严。过去，校长要办好一所学校，从业务角度必须抓好哪几方面工作，包括校长和教育行政部门都不太明确。2013年颁布的《义务教育学校校长专业标准》，是国家对义务教育学校合格校长专业素质的基本要求。今天义务教育学校的校长，是履行学校领导与管理工作职责的专业人员。专业人员就要有专业人员的职责。《义务教育学校校长专业标准》明确提出"营造育人文化"是校长的专业职责之一，明确规定了"广泛涉猎自然科学与人文社会科学知识，具有良好的艺术修养和相应的艺术欣赏与表现的知识"是校长必须具备的专业要求之一。

有的校长可能认为我从事学校管理，与自然科学无关，与人文社会科学无关，与艺术无关，作为一校之长管理能力强就行了，不用广泛涉猎自然科学与人文社会科学知识，不用具有艺术修养和相应的艺术欣赏与表现的知识，那些知识只是专业教师要学习的事情。抱有这样想法的校长，根据标准来看，不具备一名合格校长专业素质的基本要求，充其量只是一名管理者，而不是一名领导者，更不是一名引领者，这样的校长，只是一个目光不够长远、做事趋于平庸的校长，不会是一名站得高、看得远、想得深、抓得准、走得久的校长。

五、提升个人素质的需要

世界投资之神巴菲特有句名言："世界上最聪明的人是最舍得给自己的大脑进行投资的人！"一个人最大、最聪明、最长远、最有效、最实在的投资就是投资在自己的大脑上，使自己不断增值，实现自身价值。哪怕今后不做校长了，自己也要主动增值，这样才不会落伍。昨天的你，成就了今天的你；今天的你，又会成就明天的你。我们不断学习，是使自己不断增值的过程，是使自己不断成长的过程。在提升个人素质过程中拥有一个更好的视界和视角，享受知识带来的快乐，遇见更好的自己。个人素质的提高，不一定可以让你赚到很多钱，或者提升职务，但是可以让你获得他人的尊重，结识志同道合的朋友，你的生活会更加美好。

第三节　终身广泛学习是求真、至善、臻美的校长之道

《义务教育学校校长专业标准》从实际出发，要求校长是"广泛涉猎"自然科学与人文社会科学知识，而不是精通，这是对校长的基本要求。校长沉浸其中并精通的话会更有收获。

我们先来看看"广泛"和"涉猎"的意思。据《大辞海·语词卷》的解释，"广泛"指涉及的方面多，范围大；普遍。涉猎谓浏览群书而不深入钻研。涉猎一词的典故出自《孙权劝学》：(孙)权(对吕蒙)曰："孤岂欲卿治经为博士邪！但当涉猎，见往事耳。卿言多务，孰若孤？孤常读书，自以为大有所益。"吕蒙听了孙权的劝告后，发奋读书。一段时间后，都督鲁肃来视察吕蒙的防地。吕蒙就对蜀防备的事情讲得有条有理，还写份建议书给鲁肃，鲁肃很惊讶。鲁肃说道："士别三日，当刮目相看。"孙权叫吕蒙看书并不是叫他当什么大博士，而是叫他粗略地阅读，至少不要做文盲。从"广泛涉猎"可以看出要求校长要做"万金油"，当一名杂家。没有人天生就会成为一名优秀的校长。成为求真、至善、臻美的校长的必由之道唯有学习，唯有终身广泛学习。

一、一个中心和四项基本原则

（一）一个中心：以学习为中心

学习，是人类进步的阶梯。不学则退。一个人停止了学习，就停止了追求，停止了进步，停止了成长。校长不学习，他的生命力在萎缩，创造力在减弱，影响力在消失，学校也就放慢了前进的速度。中国人民大学附属中学校长刘彭芝认为：学校是学习的地方，校长是组织、指挥学习的人，自身的学习问题尤为重要。一个好学的人不一定能当校长，但一个校长必须是好学的人。一是带着问题学习，做到有的放矢，学以致用；二是围绕大事和大问题去学，不能漫天撒网，平均用力，捡了芝麻，丢了西瓜①。

（二）四项基本原则：思考原则、行动原则、积累原则、用心原则

1. 思考原则

一天深夜，著名的卡文迪许实验室领导人卢瑟福走进实验室，见他的一个学生还伏身在工作台上。于是问道："这么晚了，你还在做什么呢？"学生回答："我在工作。""那你白天在做什么呢？""在工作。""那你早上也工作吗？""是的，教授，我早上也工作。"学生一边回答一边略显得意地期待着老师的赞许。谁知，卢瑟福迟疑了一会儿说："那么，这样一来，你用什么时间进行思考呢？"的确，卢瑟福是一位极重视思考，也善于思考的伟大的物理学家和科研带头人。正是在他的培养和指导下，该所有十余人得到了诺贝尔奖奖金的荣誉奖赏。

这个广为人知的故事给我们什么启发呢？校长本身就是一名思考

---

① 刘彭芝教育思想研究课题组. 刘彭芝教育思想与实践[M]. 北京：中国人民大学出版社，2010：36.

者。我们在广泛涉猎的过程中不要忘记思考，不要盲目去做事情，更重要的是学会反思，学会思考，力求事半功倍。新教育实验发起人朱永新教授曾经说过：成功者总是善于思考，边工作，边学习，边思考，不断地总结工作方法，调整工作节奏，反思是成功者的重要品质；失败者也忙忙碌碌，辛辛苦苦，可是由于偏离方向，往往南辕北辙，做无用功。台湾大学校园内最有名的"傅钟"，永远只敲21下。这是什么原因呢？《Hi! NTU 解读台大的82个密码》解密说，这21下是根据老校长傅斯年的一句话而来："一天只有21小时，剩下的3小时是用来沉思的。"[1]

在这里和大家分享一种思维方式：终点思考。"以终点为起点思考"，这是斯蒂芬·科维（Stephen R. Covey）的一句名言，他被美国《时代》周刊誉为"25位最有影响力的美国人之一"。终点思考，就是先想好目的地，再制订时间表和路线图。从终点开始，反方向朝着起点去思考和计划。

案例分享

学会终点思考

先想好目的地，再制订路线，你就会比较容易走向成功，而且会发现捷径所在。

一个人在思考自己人生方向的时候，有一个非常重要而又实用的方法：从终点向现在逆向思考。譬如说，人生七十，因此，你可以先

---

[1] 刘子铭，杨松翰，蔡明达，刘建甫. Hi! NTU 解读台大的82个密码[M]. 台北：台湾大学出版中心，2010：126.

想好七十岁前，你想干什么？要达到什么目标？正在干什么？身边会有什么人？当这些明确时，你就能知道五十岁的时候自己应该在哪里，已经完成了些什么。再推想四十岁、三十岁以至于今天。

大学毕业后，大概在四五年的时间里，我那些比较要好的同学大都跳出了学校，有的下海经商，有的做起了公务员，而且一个个都做得十分出色，我也有些按捺不住了。可是，在进行"终点思考"后，我发现，这些终点目标并不是自己梦寐以求的：下海经商最好的结局是挣了花不完的钱，衡量你的成功与否也往往是看钱的多少。但是，自小家庭的熏陶、长大后儒家的影响，都让我不可能把赚取大把的金钱作为自己最终追求的目标。既然如此，我何必下海？而做官呢，我还是有自知之明的。凭自己的个性、气质、背景，我都不可能成就什么大事业，虽没在官场体验，但作为旁观者也略能看开一二。

"终点思考"让我冷静下来，我开始在校园里潜心于教育教学。后来，领导了一所学校，"终点思考"又帮了我的大忙。刚开始接手一所新的学校，总是急于改变一些什么，嘴上说"不烧三把火、不踢头三脚"，可脑袋里还是有些发热。为了应付一时的检查、评比，给学校创一些名气或牌子，常常把老师们折腾得精疲力竭，一时半晌也就罢了，问题是这样的事情一直有增无减。学校的奖牌多了，可同时也出现了一些不好的苗头，教师们似乎没有人再找我借书了，碰到一块儿也不再像过去那样交流各自的读书心得了。学生变得有些浮躁，原因是课堂上的老师开始有些浮躁了。

我不得不静下心来，认真思考自己的办学理想。长期以来，我对学校的要求是办有特色的学校，而且，这个特色应该是一流的。要达到这样的目标，第一位要做的就是教师的一流，此外别无他途。如果按照当时那种方式管理学校、要求教师，想实现目标只能是一张"空头支票"。

我想把学校办成一所省内外知名的特色学校，就要把培养省内一流的教师作为重点工程。如果培养达不到目标，就应该聘请、招收一些一流的教师。我要发展学生的个性，就要有个性化的校本课程，而开发校本课程的任务，还是靠教师。我要扩大优质教育资源，招收更多的学生，加快学校发展，还是要靠教师吸引学生。

"终点思考"，使我把精力放在了决定终点目标成败的教师队伍建设上。第一就是研究制订一套建立在全新管理观念之上的、致力于节约被管理者时间的管理模式。因为只有教师有了属于自己的时间，他们才有可能提高自身素质。第二就是允许教师们种一些属于自己的"自留地"，张扬教学个性，培养有个性的学生。第三就是提倡个人的自我实现，人人制订"个人成长方案"，鼓励教师做"成名""成家"梦。

很快，许多教师在一些领域崭露头角，有的还成了省内知名的专家。校园里弥漫着奋发向上的气氛，老师的成功还带动了学生的成功，学校的发展进入了加速度冲刺阶段。

"终点思考"并不难，其实就是制订计划，只不过是从终点开始。在日常生活中，我们知道，要搭乘九点的飞机，八点二十分就应该到达机场，七点钟就应上高速公路。但在生命的旅途中，我们却常常出现种种错误——不是迟迟不肯出发，就是出发之后又中途犹豫不决，或者干脆错失良机——仔细一想，大都是因为没有思考终点的缘故。

资料来源：李希贵．学会终点思考[J]．人民教育，2004(22)：14．

北京市十一学校李希贵校长在他的笔记本电脑的桌面上有这样一句话：不要像一般的人一样生活，否则你只能成为一般的人。他所在的学校自2009年开始转型性变革的实践，探索了分层教学、走班选课、取消行政班、设立学科教室、实施导师制、学生自主管理等一系列改革举措。尤其是学校提供全方位选择性的课程，并且从价值选择到教学组织形式、从课程结构到管理制度、从教学方式方法到学校组织文化等全部进行全方位转变，努力构建新型育人模式，创造适合每一个学生发展的教育①。可以说，正是因为李希贵校长不像一般人那样活着，而是有着超常规的思路、超常规的办法、超常规的措施，付出了他的智慧、时间，才取得了超常规的目标。他的成功，在于他的思考，并付之于行动。

2. 行动原则

关于成功，有这样一个公式：成功＝坚定的目标＋科学的方法＋勤奋的行动。没有行动，说得再天花乱坠也没有任何用处。行动是成功的开始，等待是失败的源头。

著名的教育家陶行知先生原名陶文濬。1912年，他另取"陶知行"为名，次年将之用作笔名。1917年留美归国后，他正式改名为"知行"。1927年，他又想改名为"行知"。1934年7月16日，他发表《行知行》，终于公开宣布将名字由"知行"改为"行知"。陶行知改名是经过深思熟虑的。因为他认为"行是知之始，知是行之成"②。

学习是一个动态的过程，生成的过程。心动不如行动。校长们，你们开始行动了吗？

---

① 李曜明，高靓. 创造适合每个学生发展的教育——教育部新春新闻发布会介绍北京市十一学校教改经验[N]. 中国教育报，2014-02-28：1.
② 范金豹. 陶行知先生的多次易名[N]. 中国教育报，2004-10-14：8.

3. 积累原则

"千里之行，始于足下"，出自《老子》第六十四章："合抱之木，生于毫末；九层之台，起于累土；千里之行，始于足下。"意思是走一千里路，是从迈第一步开始的。比喻事情的成功，是从小到大逐渐积累起来的。荀子的《劝学》里提到："故不积跬步，无以至千里；不积小流，无以成江海。"意思是说不积累一步半步，就没有办法达到千里之远；不积累潺潺细流，就没有办法汇成江河大海。行程千里，都是从一步一步开始；无边江河，都是一个个小溪小河汇聚而成。如果做事不从一点一滴中做起，那就不可能有所成就。

校长们要"博观而约取，厚积而薄发"。在2014年6月28日暨南大学2014年夏季本科生毕业典礼暨学位授予仪式上，胡军校长寄语学子成长要有耐心，奋斗要有恒心。他提到："在中国东部生长着一种毛竹，它萌芽之后，最初4年只能长3厘米，但是到了第5年却以每天30厘米的速度生长，只用6周就可以长到15米。原来，这种竹子前4年都是在扎根，将自己的根在土壤里面延伸了数百平方米。希望大家在走出校门之后，也要有这种竹子扎根的精神。不知道大家是否知道，1.01的365次方等于37，而0.99的365次方等于0.03。这组数字告诉我们，每天多一点努力，会为自己未来的发展积累巨大的优势。希望大家在今后的日子，能够保持昂扬的斗志和求知的渴望，抓住点滴时间提升自己、增长才干，努力去做那个每天进步的1.01，而不是日益颓废的0.99，让自己的人生不断达到新的高度。"[1]这不仅是对学子的寄语，也是对我们校长的殷切期待。校长们要静下心来积累知识，积攒能量，积淀文化，为以后的发展做好充分的准备。

---

[1] 邱凝丹，韦英哲. 追逐梦想，勇敢起航——广东十所高校校长毕业典礼精彩发言（节选）[N]. 信息时报，2014-07-02：D2.

4. 用心原则

上帝对每一个人都很公平的,给予每个人一天都是 24 小时。在我们的生活中,只要留心观察,就能从一些细小的地方和平常的事情中获得知识,正所谓"处处留心皆学问"。校长要做一个"有心人",事事留意、处处留心,身体力行,广泛涉猎,不断丰富自我、完善自我、发展自我。

二、终身广泛学习的方法

(一)读书

孔子曰:"君子博学于文。"读书,是对话思想、生成智慧的过程。作者将自己的思想、观点融入文字中,我们要细细体味,领略文字的魅力。教师除了教书育人,还担任着传承文化的重任。教师要求学生阅读,教师自己首先要阅读。作为"教师中的教师"——校长,更要起引领示范作用,做一名领跑者。培根在《培根随笔》中的《论读书》说过:"读史使人明智,读诗使人灵秀,读散文使人宁静,读小说使人认识社会和人生,博物使人深沉,伦理使人庄重,逻辑与修辞使人善辩。"校长不仅要读专业书,更要广泛涉猎各种书籍,充实自己。校长要读经典,读小说,读杂志,读报纸,还要研读义务教育语文等学科课程标准、教材、教学用书等。阅读自然科学、人文社会科学、艺术等书籍之时,就是学校营造育人文化的起点,就是成为合格校长的起点。

(二)聆听

俗话说:"听君一席谈,胜读十年书。"意思是说听了对方的一番谈话后,自己受益很多。大都用来称赞对方见多识广,颇有见解。作为校长，要学会放下架子、蹲下身子，聆听孩子的心声、教师的心声、家长的心声，不断改进工作方法。

1. 听讲座

讲座为讲授某门学科或某一专题所采用的教学形式，一般通过现场讲课或广播、电视连播、报刊连载等方式进行[1]。校长可以根据自己的专业知识结构、兴趣爱好及有待提高的知识选取不同类型的讲座参加。有些讲座不仅仅是听，还可以看，如看视频、看报纸等。除了社会上举行的一些讲座外，校长还可以留意在大学校园举行的讲座。因为大学举行的讲座一般层次高、内容广、数量多。

2. 听广播

现在的广播不仅是从电台里面传出的广播，还可以是在线广播。广播的内容包括音乐、新闻、评书、相声等。FIFM.CN是最大、最全的广播电台在线收听，收集了国内、港澳、国外几千多个广播电台，网罗财经、娱乐、社会新闻。

3. 听音乐

音乐用有组织的乐音来表达人们思想感情，反映现实生活的一种艺术。它的最基本的要素是节奏和旋律。分为声乐和器乐两大部门[2]。音乐家冼星海曾经说过这样一段话："音乐，是人生最大的快乐；音乐，是生活中的一股清泉；音乐，是陶冶性情的熔炉。"哲学家柏拉图认为，"音乐教育也比其他教育重要得多"。的确，音乐中美的旋律、变化的节奏，对人的精神、情操的陶冶有着不可替代的魅力和力量。日常生活中的各种音乐，大多是在"随风潜入夜，润物细无声"的情况

---

[1] 李行健. 现代汉语规范词典[Z]. 北京：外语教学与研究出版社，2004：648.
[2] 夏征农，陈至立. 大辞海·语词卷5[Z]. 上海：上海辞书出版社，2011：4256.

下影响着我们的道德、意志、品格和情操。

相关阅读

校长成为演讲家要多听音乐

上海市北郊学校原校长郑杰认为，校长最大的权力不是"人、财、物和信息"等资源的支配权，而是话语权。尤其是在其他资源严重匮乏的时候，话语权是校长的一项核心权力。他认为，要征服教师，须把自己培养成演讲家。他是一个以讲演为生的人。他总结出几条心得，其中第一条就是要多听音乐，从音乐中获取灵感和艺术滋养。音乐是表达的艺术，讲演也是表达的艺术。在语言的表现力上，讲演是富有音乐性的文学艺术中的骄子，与音乐一样也是"能引起激动的艺术"。一首音乐作品的思想内容和艺术美是通过高度凝练的音乐语言和极富逻辑结构的旋律表达出来的。作为讲演者的校长经过音乐的熏陶，才能使讲演充满魅力。戏剧表演理论家斯坦尼斯拉夫斯基说："语言即音乐。在舞台上讲话，这种困难并不亚于歌唱艺术，要有很好的修养、高超的技术。"

资料来源：郑杰. 给校长的建议[M]. 北京：教育科学出版社，2010：26.

4. 听课

在学校中，教师也是校长学习的一种资源，而且是富有建设性、生动性的资源。一所学校，有不同专业的教师，教师本身又有不同的教学风格、独特的人文素养；每一学科都有严谨科学的知识体系。教师通过课堂教学向学习者传递价值观、人文素养和专业水平。作为校长，要经常深入课堂听课，这也是一种倾听、分享学习的形式。

(三)对话

聆听是一种单向输出,对话就是双向输出。萧伯纳说过:"你有一个苹果,我有一个苹果,我们彼此交换,每人还是一个苹果;你有一种思想,我有一种思想,我们彼此交换,每人可拥有两种思想。"第一句讲的是物质的交流,而第二句讲的是精神的交流,表达了精神的交流比物质交流更重要。

上海市北郊学校原校长郑杰提出要对话不要独白。他说:"我把对话看成一种精神而不仅仅是谈话的一种方式。之所以选择对话体,是要将对话作为一项原则,相对于其他方式,对话应该是民主的、平等的,是你我双方各自向对方敞开精神和彼此接纳;此外,对话还应该是互动的,因为只有通过互动才可能将我们共同感兴趣的话题指向深邃、新颖和富有启发性。"[1]正因为郑杰和徐红之间进行了多次的对话,碰撞了思想火花,才有了《谁是教育的敌人》这本书的结集出版。

(四)行走

1. 走进艺术殿堂

艺术殿堂一般指艺术汇聚、比较有艺术特色的地方场所或艺术的发源地。我们倡导校长行走在书店、建筑群、图书馆、博物馆、历史馆、艺术馆、美术馆、科技馆、剧院、音乐厅等这些具有浓郁人文艺术氛围的场所或场合中感受人文气息,欣赏艺术,品味艺术。在行走人文景观的过程中,调动自己多种的感官,看、听、摸、闻、思、问、写,了解这些艺术殿堂的历史、故事、价值、意义等,有感有悟,有启有发,有思有想,行思感悟。

---

[1] 郑杰,徐红.谁是教育的敌人[M].上海:华东师范大学出版社,2011:1.

案例分享

××小学——静静绽放的京城名校之花（有删减）

以校本课程开发促进学校文化建设

××小学根据"以人为本、和谐发展、开放办学、科研兴校"的办学目标，开设了独具特色的校本课程——"走进博物馆""走进剧场"。这一课程属于文化范畴的课程，它以学期为一个教学单元，一个学期内每个年级要确保安排全体学生参观一次博物馆、观看一场演出。课时集中使用，一个学期中"走进博物馆"共安排8课时（其中参观前课程1课时、参观6课时、参观后课程1课时）；"走进剧场"共6课时（前课1课时、看演出4课时、后课1课时）。学校要求学生在6年的学习生涯中，至少要集体参观12个博物馆，进剧场观看12场演出。××校本课程的开发与实施，促进了学校文化构建的全面性，提高了学校文化育人的实效性，突出了学校文化建设的时代性。

以开发校本课程为契机，丰富学校文化建设的内涵

校本课程已开设一年，实施过程大致经历三个阶段，即从关注教师到培养学生，从文化活动到校本课程，从课程建设到校园文化建设。

第一阶段：从关注教师到培养学生

"文化育人"的理念对教师提出了更高的要求。没有教师的文化高素质便没有学生的文化高素质。为此，学校组织全校教师参观中国美术馆馆藏画展，语文教研组走进中国现代文学馆，美术组教师参观"法国印象派画家画展"，年级组组织教师走进天文馆、海洋馆、科技馆等，工会小组组织观看芭蕾舞《天鹅湖》，话剧《李白》《倾城之恋》

《一仆二主》《麻花2》《新年音乐会》等。渐渐地，老师们越来越喜欢欣赏舞台艺术、经典展览了，艺术鉴赏能力也有所提高。

该校校长认为，走进博物馆与剧场也应该成为学生活动的重要组成部分。以往学生的活动注重思想教育的比较多，娱乐活动如春秋游比较多，但这些活动的文化韵味相对缺乏，而另一些属于文化类的活动又缺乏从文化的角度挖掘"文化育人"的因素。

于是学校做了这样的尝试，先将学校社团、课外小组的活动向"文化"靠近。音乐组教师组织校合唱团学生观看我国顶级少年合唱团——杨鸿年先生指挥的"中国交响乐团附属少年及女子合唱团"的演出，前去观看的合唱团团员将近一半人看完演出后反响非常好。科技课外小组带组员去博物馆。学校还组织部分年级学生观看舞蹈演出、管乐队演出、中国残疾人艺术团的演出等，都取得了较好的效果。

第二阶段：从文化活动到校本课程

一段时间的尝试、小范围的实验后，学校看到了走进博物馆、走进剧场的初步效果。经过学校行政会讨论，确定开设"走进博物馆与剧场"的校本课程。

过去，学校也组织学生外出参观、看电影、看演出一类的文化活动，但和这一"校本课程"有着本质的不同。参观博物馆、观看演出作为"课程"来实施，它与过去的一般性学校文化活动相比，有了一个"质"的飞跃，把德育活动、美育活动、科技活动等纳入课程，有了时间的保证、质量的保证，克服了以往开展活动的随意性，使目标实现过程的针对性更强了。学校随即提出：要走进著名博物馆，要走进剧场，看专业艺术团体演出，并突出强调"著名、专业"这两个特点。

第三阶段：从课程建设到文化建设

××小学的校本课程致力于在真正意义上形成一种积极向上的文化取向，实现审美客体创造审美主体的过程。学校努力利用校本课程所拥有的众多条件，把动态学校文化的构成看成学校育人的基本要求，看成教育文化发展的需求。

"走进博物馆"课程让师生对"博物馆"的认识得到了升华。师生们纷纷表达对校本课程的喜悦之情。

"我们要把走进博物馆作为一种生活习惯。"

"到博物馆不是轻松的事，是艰辛的学习过程。"

"我了解到了北京有126座博物馆，中国有2200多座博物馆，美国有17000多座博物馆。"

"我知道了世界公认的五大博物馆是：中国的故宫、法国的罗浮宫、英国的大英博物馆、美国的大都会博物馆、俄罗斯的埃米塔什博物馆。"

为了保证校本课程目标的全面落实，增强实效性，学校把课程分为三个环节，"前课—走进—后课"。前课的目的是引导学生在参观博物馆、看演出之前在教师的引导下通过多种形式初步了解、设问探究、自学知识、激发兴趣；走进的过程是多方面收获的过程；后课的目的则是为了展示成果、交流互动、独立思考、提升认知。

例如，上学期一至三年级学生观看"中国木偶剧团"新排的木偶剧《木偶奇遇记》，上"前课"的时候，通过师生找资料办展览、闭路电视宣传、升旗仪式讲话的形式，学习进剧场的礼仪、介绍剧情、剧场、演出专业团体；又在学校展览中看到了主要演员的定妆剧照、演出海报和剧场外观照片。在整个看演出过程中，师生获得了艺术享受，剧目寓教于乐的作用得到了充分的发挥。剧终，老师带领全场学生起立为演员鼓掌，学生代表上台为演员献花合影，祝贺演出成功。学生们的收益是全方位的，包括剧情的感染教育、艺术熏陶，对他人付出辛劳的感恩等。这些内容在教师安排的"后课"汇报中也得到充分的展现。

资料来源：老廖. 康乐里小学：静静绽放的京城名校之花[N]. 北京晨报，2009-09-24(22).

2. 走进名胜古迹

名胜古迹指著名的风景优美的地方和古代遗迹。义务教育阶段不少课文向孩子们推荐介绍了许多古今中外的名胜古迹，在孩子们心目中播下了美的种子。中国是世界上最古老的文明国家之一，名胜古迹众多。万里长城、桂林山水、杭州西湖、北京故宫、苏州园林、安徽黄山、长江三峡、日月潭、承德避暑山庄、秦陵兵马俑是我国十大名胜古迹。截至2014年7月，中国已有47处世界遗产，其中世界自然遗产10处，世界文化遗产33处，还有4处自然和文化双重遗产。校长们有机会可以走进这些名胜古迹、世界遗产，亲临其境，领略美丽的自然风光，了解世界遗产的魅力，感受厚重的人文历史。

3. 走进名人故居

名人故居是指知名人士曾经居住过的房屋。中国文物学会副会长李晓东说过："名人故居不只是建筑意义上的存在，可以是豪宅大院，也可以是普通建筑。看曾经住在这里的人做了什么样的事，对社会的发展产生过多么重大影响，这才是故居留存的意义。"校长们走进名人故居，了解名人的生平事迹，追寻名人的成长足迹，认识名人的历史作用。

(五)观看

1. 看展览

展览指个人或团体、单位公开把物品的实物或者模型陈列出来供人参观，一般是通过一个适合表达的场地对外展示并和观众分享自己在某一阶段时间内取得的成果和成就的过程，如画展、书法展、摄影展、玉石展、车展、房展、文物展等。世界著名的艺术展览圣地有英国伦敦的大英博物馆、法国巴黎的罗浮宫、美国曼哈顿的大都会艺术博物馆、俄罗斯圣彼得堡的冬宫等。在国内的艺术展览相对比较有影响力的有故宫、中国美术馆、墨干山美术馆、上海美术馆、广东美术馆、石家庄美术馆等。校长们置身艺术展览中，观看汇聚文明的精华展品，感受艺术文化的乐趣，享受艺术文化的熏陶。

2. 看戏剧

戏剧是由演员当众扮演角色，进行叙事的一种艺术。在中国，戏剧是戏曲、话剧、歌剧等的总称，也曾被用来专指话剧。多由古代的傩被祭祀、宗教礼仪和歌舞、伎艺演变而来，后逐渐发展为由文学、表演、音乐、美术等多种艺术成分有机组成的综合艺术。其基本要素是戏剧动作，通过从空间到时间、从视觉到听觉的对观众的多方面作用，引起演员与观众、观众与观众之间的反复交流，进入集体的心理体验。按作品体裁可分为悲剧、喜剧、悲喜剧、正剧等；按题材内容可分为历史剧、现代剧、情节剧、哲理剧、寓言剧、童话剧等[①]。我们希望校长们走进剧院，深入舞台，观看戏曲、话剧、歌剧等戏剧，调动多种感官，感受多种艺术成分，欣赏不同艺术流派，感悟人生哲

---

① 夏征农，陈至立. 大辞海·戏剧电影卷[Z]. 上海：上海辞书出版社，2011：1.

理，丰富业余生活。

3. 看电影

电影是以胶片介质活动画面造成逼真幻象、以视觉表现为主的现代艺术。电影艺术运用蒙太奇等表现手段，创造特有的时空结构，成为一门视听结合的综合艺术，并因影片可以大量复制放映而具有广泛的群众性。电影片种有故事片、新闻纪录片、科学教育片、美术片等[①]。经典的电影具有深刻的意义，穿越时空，给人启迪。校长们欣赏一些经典的电影，阅历人生，启迪智慧。

(六)动笔

1. 摘抄

摘抄指从阅读的文章中摘要抄录语言优美、值得品析的词语、句子、段落。郭沫若先生曾言："胸藏万汇凭吞吐，笔有千钧任歙张。"意思是说，胸中藏有万千个词汇任凭你调用，即使笔下有千钧重，写作起来也能挥洒自如。摘抄是一种加强语言和知识积累的行之有效的方法。

2. 点评

点评指对文章或人物、事物指点评论，表达自己的观点、看法、建议、意见等。

3. 写作

写作指有意识地使用语言文字写文章和创作文学作品。写作的材质多种多样，过去有人在石板、竹简、龟壳、墙壁等材质上写作，现在写作一般指用笔在纸上写作。随着科技的发展，在电脑上打字写文

---

① 夏征农，陈至立. 大辞海·戏剧电影卷[Z]. 上海：上海辞书出版社，2011：375.

章也是写作的方式之一。

相关阅读

新教育实验发起人朱永新教授的成功保险公司

好消息！朱永新成功保险公司今天正式开业了！

现在保险业生意兴隆，什么人寿保险、财产保险、医疗保险、航空保险……可谓名目繁多，花样迭出。既然那么多的保险公司雨后春笋般冒出来，我今天也来凑个热闹，开一个成功保险公司。

本公司宗旨：确保客户利益，激励客户成功。

参保对象：不限。但尤其欢迎教育界人士，因为教育的成功是中华民族伟大复兴的基石。

投保金额：不限。从数元至数千元任您自选。欢迎万元以上大客户。

保期：十年。

投保条件：每日三省自身，写千字文一篇。一天所见、所闻、所读、所思，无不可入文。十年后持3650篇千字文（计三百六十万字）来本公司。

理赔办法：如投保方自感十年后未能跻身成功者之列，本公司以一赔百。即现投万元者可成百万富翁（或富婆）。

本公司只求客户成功，不以营利为目的。所有利润将全部捐赠希望工程。

欢迎投保，欢迎垂询！

保单索取：webmaster@eduol.com.cn

朱永新成功保险公司

2002年6月22日

资料来源：〔广告〕朱永新成功保险公司开业启事．教育在线网[EB/OL]．http：//www.eduol.cn/forum.php？mod＝viewthread&tid＝435，2002-06-26．

相关阅读

参加"成功保险公司"后评上特级教师、中高职称

2012年12月7日，朱永新的网易微博里有这样一条信息：

前两天收到江苏灌云实验小学的侍作兵的短信。他告诉我，十年前在海门听了我一场新教育实验的报告，他和夫人杨海波当场就决定参加"成功保险公司"，坚持阅读和写作。结果，不到十年的时间，夫妻双双都评上了特级教师、中高职称。现在想努力回报新教育，用个人微小的力量推动新教育。

资料来源：朱永新网易微博[EB/OL]．http：//t.163.com/zhuyongxin/status/8460927052548019570，2012-12-07．

（七）运用网络媒体

校长们要与时俱进，创新学习的形式。校长要浏览网站，建立自己的博客、微博，加入相关的QQ群，建立微信群，及时了解动态。现在微信越来越流行，校长可以邀请来自自然科学、人文社会科学、艺术界的朋友加入自己的朋友圈，订阅自然人文社会科学和艺术的微信号，关注信息，丰富知识。对运用网络媒体学习的校长要点个赞。

（八）培养兴趣爱好

校长们可以有意识培养如琴棋书画等某一方面的兴趣爱好，以点带面，由此及彼，触类旁通，广泛接触相关的人，了解相关的事，学习相关的知识，进一步提高人文素质和艺术修养。

　　教育即生长，孩子要生长，教师要生长，校长也要生长。"营造育人文化"需要校长"广泛涉猎自然科学与人文社会科学知识，具有艺术修养和相应的艺术欣赏与表现的知识"，做一个具有自然科学人文知识与艺术修养的新时代校长。面对应当肩负的重任，校长的选择是做或不做，但不做就永远不会有机会。不论在什么时候开始，重要的是开始之后就不要停止。梦在远方，路在脚下！现在我们就要出发！以整合知识结构为本，以充满人文关怀为魂，以终身广泛学习为道，朝着做一名求真、至善、臻美的校长的目标出发！

第五章　建文化之道，通文化之途
——学校文化建设的理论、方法与途径

专业标准

"营造育人文化"第十五条标准：了解校园文化建设的基本理论，掌握促进优秀文化融入学校教育的方法和途径。

标准解读

"文化育人"是学校教育的灵魂，是学校持续发展的动力来源。文化育人的关键是学校文化建设体系和文化力的形成。优秀的学校文化蕴藏着一股巨大的隐性教育力量，师生正是在文化引领中、在学校文化的熏陶中形成自己的价值观、科学和人文精神以及高尚的道德情操。文化力是一所学校的核心发展力。校园文化建设是全面提升学校物质、组织、形象、精神建设的助推器，是使学校充满凝聚力、生命力、智慧力、创造力的内燃机，是促进学校可持续发展的动力之源。校园文化能在学校塑造一种理念，能开创一种传统，能形成一种风

格，能提升一种品味，能升华一种境界，能培养一种修养，能促成一种特色，能树立一种形象，最终能成就一种品牌。

　　学校本身就是传承、培育文化的地方。办一所学校就是培育文化。办一所优秀的学校就是培育优秀的文化。学校成在文化，准确来说是成在优秀文化和学校教育的有机融合，融合后的优秀校园文化将成为学校的灵魂。融合是优秀文化和学校教育的最佳途径。在义务教育阶段学校，优秀文化和学校教育两者的有机结合关键在于"融"。融于校园环境建设中，融于学校标识中，融于学校的制度、活动中，更要融于全校师生的一举一动、一言一行之中，最终让校园文化在学校中更具有积淀性、时代性、独特性、生成性和人文性，更具亲和力、驱动力、感染力、生命力和感召力！

相关阅读

文化是什么

　　文化是什么？有人认为，唱歌、听戏、祭祖、足球，甚至厕所里的涂鸦都可以看成是文化的某种形式。在学术界，对于文化的概念、特征、内容等问题的界定是历来存在争议的，但是大家又在很多场合不亦乐乎地使用和推广各自所理解的"文化"，文化本身的概念差异并没有妨碍大家对于它的使用以及利用它来获益。

　　学术界公认的意见认为，被称为人类学之父的英人类学家E. B. 泰勒，是第一个在文化定义上具有重大影响的人。泰勒对文化所下的定义是经典性的，他在《原始文化》"关于文化的科学"一章中说："文化或文明，就其广泛的民族学意义来讲，是一个复合整体，包括知识、信仰、艺术、道德、法律、习俗以及作为一个社会成员的人所习得的其他一切能力和习惯。"显然，这个定义将文化解释为社会发展过程中人类创造物的总称，包括物质技术、社会规范和观念精神。从此，泰勒的文化定义成为文化定义现象的起源，后人对这个定义褒贬不一，同时亦不断地提出新的观点。关于什么是文化？到目前为止竟然已经多达200多种定义。文化定义本身成为一个有趣的、争论不休的学术现象。

资料来源：时雪松. 文化·学校文化·学校文化系统[J]. 现代校长，2005(9)：10.

优秀的学校文化蕴藏着一股巨大的隐性教育力量，师生正是在文化引领中、在学校文化的熏陶中，形成自己的价值观，科学和人文精神以及高尚的道德情操。文化力是一所学校的核心发展力。校园文化建设是全面提升学校物质、组织、形象、精神建设的助推器，是使学校充满凝聚力、生命力、智慧力、创造力的内燃机，是促进学校可持续发展的动力之源。校园文化能在学校塑造一种理念，能开创一种传统，能形成一种风格，能提升一种品味，能升华一种境界，能培养一种修养，能促成一种特色，能树立一种形象，最终能成就一种品牌。

第一节　学校有种力量叫文化

2001年7月，教育部颁布《基础教育课程改革纲要(试行)》，随之的新课改高举着"素质教育"的大旗，轰轰烈烈地铺展开来。就在素质教育大踏步前进的同时，校园文化也成为人们越来越关注的热点话题之一，教育界对校园文化的理论研究也日益深入。

一、文化来自何方

"文化"概念经历了一个从内涵到外延不断拓展的漫长发展和冶炼的过程。从"文化"概念的演进过程来看，我们今天使用的"文化"一词是外来词语，相当于英语的"culture"和德语的"kultur"，它们又来自拉丁文"cultura"，其本意是指为敬神而耕作所获得的一切东西，主要指人类物质活动所产生的结果，是相对于自然存在的事物而言的，含有神明崇拜、耕种、练习、动植物培养及精神修养等意思[①]。到了18世纪，伴随着整个欧洲的科学、艺术、哲学及政治思想的进步，尤其是在狄德罗等人领导的"百科全书"学派的努力下，"文化"概念在西方思想史上第一次获得了不同的含义，被解释为"心灵的普遍状态和习惯""整个社会里知识发展的普遍状态""各种艺术的普遍状态"[②]。在那之后，"文化"一词在西方开始具有了提高人的品性和教养程度、改造及完善人的内心世界的"高尚"意蕴，"文化"渐渐摆脱了只是对改造自然活动的描述性使用的功能，而与人类的智力水平发展和精神世界生活紧密联系在一起。

我国学者们在对文化的构成、形态和类别的划分上有着不同的观点。我国著名学者梁漱溟在其《东西文化及其哲学》中，将文化分为三个方面：(1)精神生活方面，包括宗教、科学、艺术等；(2)社会生活方面，我们对于周围的人、家庭、朋友、社会、国家、世界之间的生活方法都属于这方面；(3)物质方面，包括饮食、起居种种享用，人

---

① 王国炎，汤忠钢. "文化"概念界说新论[J]. 南昌大学学报(人文社会科学版)，2003(2)：72-75.

② 张应强. 文化视野中的高等教育[M]. 南京：南京师范大学出版社，1999：6.

类对于自然界求生存的各种方面①。而曹锡仁则在《中西文化比较导论》中将文化定义分为四类：(1)文化—成果论；(2)文化—能力论；(3)文化—精神论；(4)文化—行为论②。钱穆在《文化学大义》中，指出文化要素有七：经济、政治、科学、宗教、道德、文学、艺术，并认为，古今中外，各地区各民族一切文化内容，都逃不过这七个要素的配合③。王国炎、汤忠钢依据人的文化主体性、文化的外化与内化统一性、文化的历史性和功能性认为，文化是人类主体在存在的历史上和社会实践的活动中，持续外化、对象化自我的本质力量，去适应、利用、改造客体，即自然、社会及人自身，同时又确证、丰富、发展自我本质的过程和成果，是人与物、主体与客体、内化与外化的辩证统一④。

从"文化"一词所具有的上述特征来看，"文化"不仅体现在人们在文化的创造、享受过程中所结成的各种社会关系，也体现在为维系这种关系而制定或设立的，并能充分体现这些关系的社会组织的形式上。因此，我们认为，"文化"是通过"人"的各种活动而表现出的行为方式、风俗习惯、语言符号、信息系统的整体，是在人类的生存和发展历史中形成并传承下来的。

二、学校与文化的邂逅

(一)学校需要文化

在我国，伴随着20世纪80年代的"文化热"，人们开始自觉地把

---

① 梁漱溟. 东西文化及其哲学[M]. 北京：中华书局，2013：45.
② 曹锡仁. 中西文化比较导论[M]. 北京：中国青年出版社，1992：3.
③ 钱穆. 文化学大义[M]. 北京：九州出版社，2012：24.
④ 王国炎，汤忠钢. "文化"概念界说新论[J]. 南昌大学学报(人文社会科学版)，2003(2)：72-75.

校园文化作为一门社会科学研究的对象,并在理论上给以深层次的探讨,在实践中有效地利用①。校园文化伴随着学校校园的出现而存在,因为虽然"校园文化"这一概念出现在20世纪80年代,但它的存在却并非从那时开始。

1986年4月,上海交通大学举办了第十二届学生代表大会,几位竞选学生会主席的学生同时将如何推进校园文化的建设作为竞选旗帜。同年,各高校开始开展以建设校园文化为主题的文化节活动。各校学生会、学生社团以及学生个体单位也开始举办各种类型的文化创造活动,至此,以推进校园文化建设的活动开展出现了高潮。校园文化的理论研究随着校园文化建设的热潮而开始。沈辉在1986年发表了第一篇校园文化的论文《校园文化浅析》,稍后又发表《校园文化的特征、功能与建设》,从而引发了有关学者对校园文化的兴趣②。此后,学术界对校园文化的研究已蔚然成风,校园文化的建设有了跨越式的发展。

(二)校园文化的"秀外慧中"

"校园文化"最早是由美国学者华勒(W. Waller)于1932年在其《教育社会学》中使用了这个词,他指出"校园文化形成的来源之一是年轻一代的文化,其二是成人有意安排的文化。前者是由学生群体中的各种习惯传统、价值观念以及受影响而产生的情感心理和表现行为等构成。后者则代表了教师的成人文化,由教师群体的各种习惯传

---

① 马樱. 小学校园文化建设的研究[D]. 苏州:苏州大学,2008:3.
② 张学书,曲士培主编. 台湾校园文化[M]. 太原:山西教育出版社,1999:2.

统、规范准则、价值观念和心态行为等组成",是"学校中形成的文化"[1]。赫克曼(Heckman)对校园文化的理解也常常被引用,在他的理解中,校园文化是教师、学生和校长所持有的行为方式;同时,校园文化和学校本身的传统与历史也有密切的关系,即校园文化应该是学校全体成员所共同具有的和共享的信念,其形成又是与特定的学校历史传统相联系[2]。

而在我国,由于校园文化作为概念被提出时,其实践性大于理论性。因此,关于校园文化的定义,可谓仁者见仁,智者见智。人们根据不同的标准、从不同的视角对校园文化进行不同的分类,但最常见的分类方法是以文化现象的存在形态为标准来划分的,并被学术界普遍认可。

相关阅读

学校文化是什么

那么,学校文化是什么呢?

由黄济先生等主编的《小学教育学》认为,学校文化是指由学校的长期活动与发展演变过程中共同创造的、对外具有个性的精神和物质共同体,如教育和管理观念、历史传统、行为规范、人际关系、风俗习惯、教育环境和制度以及由此而体现出来的学校校风和学校精神。

华东师范大学教育科学学院院长丁钢教授认为,学校文化可以理

---

[1] 范国睿主编. 多元与融合:多维视野中的学校发展[M]. 北京:教育科学出版社,2002:205.

[2] Heckman, P. E. (1993). School Restructuring in Practice: Reckoning with the Culture of School. International Journal of Educational Reform, Vol2, No. 3. p. 263-272.

解为教师、学生和校长所持有的共同信念,这些信念支配着他们的行为方式,同时学校文化和学校本身的传统与历史也有着密切的联系。

资料来源:时雪松. 文化·学校文化·学校文化系统[J]. 现代校长,2005(9):11.

1. 一分说

沈辉(1986)将校园文化视为校园内具有大学生特点的一种精神环境和文化氛围。他提出,校园文化主要由三个方面的内容构成:由大学生参与选择的讲座、录像、书刊以及由大学生自己创办的沙龙、刊物和各类文章、讲义等精神产品;具有校园特色的闲暇生活方式;大学生所特有的思想观念、心理素质、思维方式和价值趋向①。沈辉是我国第一位发表有关校园文化内涵的学者,他在1986年提出校园文化概念时主要阐述的是校园文化精神层面的内涵,并未涉及其他层面,因此,我们认为,沈辉提出的是有关校园文化内涵的一分说理论。

2. 二分说

仲波(1987)也将校园文化看作一种精神环境和文化氛围,但他在沈辉的基础上融入了校园物质环境的建设。他认为校园的环境建设必须从教育功能的角度出发,为了实现教育目标,必须把校园建设成为便于实现其功能的环境,形成整洁、明朗、幽静、舒适,处处充满生机的教学、科研环境②。胡景钟(1993)将校园文化视为两方面的内容,一是创造和保持培育青年成才的崇高、向上、健康的精神文化活动;

---

① 沈辉. 校园文化的特征、功能与建设[J]. 上海青少年研究,1986(10):14-17.
② 仲波. 大学校园文化浅论[J]. 教育评论,1987(4):14-20.

二是优美的物质环境的布置、安排的总和①。综上所述,我们可知,仲波与胡景钟阐述的观点是有关精神文化与物质文化的二分说理论,李建明(2009)提出了校园文化内涵分为心理环境与物理环境的说法。李建明认为,校园物理环境是学校精神风尚的反映,指的是学校的建筑、设施、布局、绿化、美化、文化布置等,校园心理环境是指师生员工在校园内的一切心理现象的总和,包括和谐的人际关系、教师的人格魅力、有序的校园生活和集体舆论。

3. 三分说

睦依凡(2004)提出校园文化由精神文化、制度文化、环境文化构成,精神文化主要由价值观、理想追求、思维模式、道德情感等构成,制度文化主要由学校的组织架构及其运行规则构成,而环境文化则主要表现在学校的物理空间、物质设施构成的环境文化之中,这三者形成了一个以精神文化为核心、制度文化居中、环境文化处外,彼此相互依存、相互补充、相互强化,共同对学校教育发生影响的文化同心圆②。邱琳(2009)与睦依凡有着类似的观点,她认为,校园文化不仅包括丰富优质的物质文化、以人为本的制度文化、积极向上的精神文化,而且三者彼此交织、相互依存,并没有天然界限③。赵菡(2012)与邱琳在校园文化的内涵上有着相同的观点,他提出校园文化建设要做到动态、全面和协调,既要进行物质文化建设,也要抓好精神文化建设和制度文化建设④。也有学者将校园文化分为物质文化、

---

① 胡景钟. 试析校园文化的内涵和外延[J]. 复旦教育,1993(3):19-21.
② 睦依凡. 关于大学文化建设的理性思考[J]. 清华大学教育研究,2004(1):11-17.
③ 邱琳. 浅论创建大学和谐校园文化[J]. 学习月刊,2009(20):105-106.
④ 赵菡. 校园文化:内涵、功能及建设路径探讨[J]. 前沿,2012(4):152-153.

校园精神文化和活动文化①。

4. 四分说

校园文化内涵的四分说在三分说的基础上有了进一步的补充。葛金国、石中英(1990)提出,从内部结构看,校园文化可以分为四个层次,第一层次是物质文化,也叫载体文化,它是校园文化水平的外在标志;第二层次是行为文化,它是校园的"活文化";第三层次是制度文化,它既是文化活动的准则,本身又是文化的组成部分;第四层次是精神文化,包括心理的、观念的两个方面,它是校园文化的核心和灵魂②。顾明远(2009)也认为校园文化的内涵包括四个方面的内容:物质层面(校园建设)、制度层面(各种规章制度)、精神层面和行为层面(师生的行为举止)③。

校园文化的四分说是现在学术界比较流行的观点,但校园文化具体包括哪四部分的内容,学者们的观点并不完全一致。如陈秉公(2000)认为,校园文化是在社会人文环境和大文化背景下,在学校这一特定社会空间内,师生依据学校的特殊条件,在从事课内外的各项活动中所创造的精神财富以及承载这些精神财富的规章制度、组织活动和物质形态④。还有学者将校园文化分为环境文化、制度文化、教师文化、课程文化,其中,环境文化属于校园文化的硬件,制度文化是校园文化建设的保障系统,教师文化是校园文化建设的关键,起着

---

① 汪宏林. 论中学校园文化建设的素质教育功能[J]. 辽宁教育研究, 2001(1): 41-42.

② 葛金国, 石中英. 论校园文化的内涵、特征和功能[J]. 高等教育研究, 1990(3): 62-66, 70.

③ 顾明远. 论学校文化建设[J]. 西南大学学报(人文社会科学版), 2006(5): 67.

④ 陈秉公. 21世纪思想政治教育工作创新理论体系[M]. 长春: 吉林教育出版社, 2000: 504.

引领作用，而课程文化是校园文化的重要表现形式[①]。

5. 我们的理解

结合以上学者们对校园文化的界定，针对九年义务教育阶段中小学教育的性质、教育的对象和中小学校园的特点，我们认为：在对于校园文化的探讨中，其最本真的分析是学校所有成员对教育本质的理解，对教育的信仰和价值观的共同反应。然而，教育的信仰、情怀和价值观大多是无形的、不可言传和不可言喻的。所以，对校园文化的研究既要观照到有形的、物质的、外在的线索，又要观照到组织成员间的人际关系、日常对话、故事、比喻等无形的、精神的、内在的线索。因此，这里将校园文化的载体（线索）分成四个方面：物质、符号、信息、人。

物质载体（线索）。物质载体是一种具体、实在的物质实体，而物质实体是文化信息得以存在和传播的首要负载因素。物质载体主要有：校园人文景观、校园建筑、校园空间布置、设备实施、装修样式，等等。

符号载体（线索）。符号载体是指表达或负载校园文化特定信息或意义的代码、记号、语言、文字等，是对校园文化概括化和形象化的表达，如学校象征物、学校的 Logo、学校三风一训的口号宣传语、学校富有特殊意义的标志或纪念品等。准确地讲，符号载体不是具体而实在的普通物质实体，它是精神内容所依附的象征，是被赋予意义的实物，是一种校园文化延伸和传递的特定符号。

信息载体（线索）。信息载体是校园文化的重要载体因素。信息是

---

① 许琳. 校园文化建设承载学校发展[J]. 上海教育科研, 2008(11): 72-73.

校园文化传播者与被传播对象之间发生联系、形成互动的"无言"发起者和"无语"沟通者。校园文化的信息载体主要包括学校的制度、学校的活动、学校的故事等。学校制度包括学校的正式制度和非正式制度；学校活动包括学校课程教学活动、学校节日活动、学校仪式、学校课外活动、社团活动等；学校口口相传的故事也是文化阐释和传播的重要途径，有关学校自己的故事，是学校文化生动呈现的立体画卷，生动鲜活的故事带着一定的教育情境，隐秘地宣扬着学校的育人价值取向、包裹着渗透学校的育人价值立场，并秘而不宣地耳濡目染着师生的精神世界。学校的制度、学校的活动、学校的故事看起来各行其是，其实它们共同整合在一起发挥着传播校园文化的作用和功能，它们的整合可以更加完整有序地把校园文化的特定信息传播和传承下去。

人载体（线索）。人是文化最重要的载体，是活的承载物。从营销传播的角度看，每个师生都是校园文化的"兼职营销者"。当然，学校文化不是完全自发的，优秀的校园文化需要选择和提炼，以体现校园文化的先进性、文明性和引导性。所以，校园文化建设中可以选择那些能真正体现和代表学校价值追求的优秀、典范、英雄式的人物，来宣扬学校的教育价值观和意义取向。

三、校园文化的主导与主体

（一）校园文化建设的主导

由于对校园文化的内涵理解不一样，学术界对于校园文化建设应该由谁来主导的问题的看法也不一致。有的学者直接指出校长是校园文化建设的主导者，有的学者则认为教师集体是校园文化建设的主导者。

　　林梅河(2004)将校长视为中小学校园文化建设的主要塑造者、管理者、倡导者和变革者，对校园文化的形成起着主导作用，并指出校长特殊角色和职能决定了他在学校文化建设中起着举足轻重的作用，他认为校长的思想、观念、态度、价值观、精神、个性、行为、性格魅力等与学校文化的各个方面相生互动和辐射渗透，所以，学校文化建设的过程在一定程度上可以认为是校长个人价值观念体系被认同和群化的过程①。在校长是校园文化建设的主导者这一观点上，张启国(2005)也认为各校的组织文化在一定程度上体现着该校校长的管理特点，校长要把优秀的校园文化纳入自己的管理活动中学习研究、实践反思、探索规律和积极构建②。与林梅河、张启国不一样的是，顾明远(2006)在认为校园文化建设的主导者是校长的同时，也强调了全校师生的积极参与，他指出校长在校园文化建设上要努力学习，了解学校的历史，挖掘学校的优秀文化传统，学习当前的形势和教育理论，认真思考办学思路，策划学校文化的建设，提出设想，和全校师生共同讨论，形成共识，然后精心设计，共同努力，把理念化为现实③。

　　教师群体也是学校文化的主导者，在这一点上张丽娟(1995)认为，良好的教师集体是校园文化建设的导向和设计师，是正确、高尚的校园文化的代表和希望所在。因此，要充分调动广大教师集体的积极性和创造性，充分发挥他们独特的教学风格和艺术才能，促进学生

---

① 林海河. 校长：学校文化的缔造者——中小学校长在学校文化建设中的能动作用[J]. 内蒙古师范大学学报(教育科学版)，2004(6)：10-11.
② 张启国. 校长是学校文化建设的主导者[J]. 北京教育(普教版)，2005(3)：19.
③ 顾明远. 论学校文化建设[J]. 西南大学学报(人文社会科学版)，2006(5)：70.

的和谐发展,从而保证校园文化的方向性,充分发挥校园文化的育人功能①。教师和学生都是校园文化建设的主体,但由于二者所处的地位和作用不同,他们之间无论在学术上、价值取向上、心理发展上都存在着一种引导与被引导的关系,教师的职责决定了其在校园文化建设中起着主导作用。

(二)校园文化建设的主体

在校园文化建设主体这一问题上,大多数专家学者均持有近乎一致的观点:校园文化是以教师(包括与之相辅相成的其他人员)、学生为主体而形成的,并非由单一主体创造的。

曹赛先(2003)指出,校园文化建设的主体包括学校领导、教职员工及学生,并指出校园文化是学校人共建、共有、共享的群体文化。多重主体的参与和协作是校园文化生长、传递、延续和发展的根本保证②。杜国民有着相同的观点,他认为,教师、学生及党政管理人员(在中小学及部分职业学校也包括后勤人员)是校园文化建设的三大主体,每一部分主体都在创造着各自的校园文化,各主体文化的相互渗透、相互作用、相互影响共同构成了特定的校园文化③。而李珂(2013)认为,校园文化建设主体应该包括全体师生员工,教师在管理服务中起着倡导文化导向及文化价值的作用,而学生群体则在学习实践中创新文化活力,和谐校园文化建设离不开所有建设主体的积极参

---

① 张丽娟. 优化育人环境 注重校园文化建设——从学风问卷调查中得到的启示[J]. 青海民族研究,1995(1):39-44.
② 曹赛先. 大学校园文化建设主体论略[J]. 大学教育科学,2003(3):76-79.
③ 杜国民. 从校园文化主体看校园文化建设[J]. 呼伦贝尔学院学报,2004(2):34-36.

与和良性互动①。杨全印(2005)从实践层面指出了校园文化建设需以学生为主体的重要性,学生对于学校强加给他们的价值观,可能会产生一种本能的抵触情绪,因为这不是他们的东西。因此,学校在进行校园文化的设计时,也需创造能促使学生根据自己的需求自我管理、自我评价、自我设计、自我发展的平台,让学生真正成为校园文化建设的主体②。

我们认为,校长、教师、学生等不仅是学校文化建设的主导,而且是文化建设的主体。文化建设初期,校长或许起着引领师生的作用,但到了文化建设的中期,师生将会发挥主导作用,引领着学校文化的不断提升和发展。

第二节 学校成在文化

学校本身就是传承、培育文化的地方。办一所学校就是培育文化。办一所优秀的学校就是培育优秀的文化。学校成在文化,准确来说是成在优秀文化和学校教育的有机融合,融合后的优秀校园文化成为学校的灵魂。

《义务教育学校校长专业标准》中的"营造育人文化"第十五条标准要求"优秀文化融入学校教育"。我们首先要知道什么是优秀文化,符合人类社会发展方向、体现先进生产力发展要求、代表最广大人民根本利益、反映时代进步潮流的文化就是优秀文化。我们所说的优秀文

---

① 李珂. 多主体视角下的校园文化建设[J]. 中国劳动关系学院学报, 2013(4): 83-85.

② 杨全印. 学校文化建设: 组织文化的视角[D]. 上海: 华东师范大学, 2005: 84.

化，不仅仅是指中国传统优秀文化，而是涵盖古今中外利于人类社会发展、体现人文关怀的文化。优秀文化具有积淀性、人文性、传承性、发展性、凝聚性、感召力、生命力等特点。

优秀文化和学校教育两者的有机结合关键在于"融"。融合是优秀文化和学校教育两者结合的最佳途径。你中有我，我中有你，融为一体。只有"融"，才能领"会"，从而达到畅通无阻的"通"。这里的"融"，是融合，是调和，是融汇。融合是一种包容的气度，是对古今中外优秀文化的包容与吸纳；融合是一种力量的凝聚，是对各种优秀文化的聚焦与聚合；融合是一种整合的方法，是对不同的优秀文化、学校教育资源的组合和优化；融合是一种和谐的境界，是不同文化要素之间的和谐相处并良性互动。优秀文化融于学校教育，如春风潜入夜，润物细无声，和学校教育相融、和谐、共进。我们要根据时代的要求、社会的需求、地域的特点、教育的特点、学校的特点、师生的心理特点，以情动情，通过"融合"之途培植优秀的校园文化，办有灵魂的学校，办人民满意的教育。

一、良态——开放、取舍、展望

作为学校的引领者，校长的"良态"非常重要。优秀文化融于学校教育中，是开放还是保守？是接纳还是排斥？是全盘照搬还是有所扬弃？是厚古还是薄今？是厚中还是薄外？校长们一定要深思熟虑，有自己的思考，有自己的眼光，有自己的决策。优秀文化融于学校教育中，校长要有以下三种态度。

(一) 开放

校长思想要开通解放，不能封锁闭塞。校长要有国际视野，世界眼光，人文情怀。学校的校舍、设施设备可以陈旧，但是校长的理念不可以陈旧，理念要新，思想要新；学校可以有围墙，但是校长的心中不可以有围墙，要敢于破墙，广开门路；学校可以小，但是校长的胸怀不可以小，要海纳百川，有容乃大；学校可以地处偏僻，但是校长不可以囿于一隅，视野要穿越山川的阻隔，放眼世界，放眼未来。

案例分享

最小的，也是最大的（有删减）

××小学校园面积仅7066平方米，这可能是全国绿色学校中最小的一所学校了。然而，正是这样一所学校，把自己的教育触角伸出校园，充分利用整个沙面社区独特的环境和社会资源，获得了长足的发展，办成了"最大的"学校。

这得益于张凤娟提出的"创建没有围墙的学校"的办学理念。开展无墙教育，是很多学校推崇的教育理念，××小学无墙教育的特殊之处在于，不打破围墙，学校无以发展，所以她的很多教育举措，都呈现出主动"破墙"的态势。

××小学校园窄小，却地处广州最美丽、最具欧陆风情、最多外国游客聚集的沙面岛。面对这一优势，张凤娟提出，要突破校园局限，为孩子们搭建充分展示才能的舞台，创造良好氛围，让孩子们接触更广阔的天空，领略更多学习的乐趣。为此，学校采取"请进来，走出去"的方式，请来外教进入课堂，每月一次组织外国游客团进校与学生交流，组织学生走出校门与社区中的外国游客开展活动。

教育"无墙"的观念引路，成就了××小学"小学校"的"大辉煌"，让一所"最小的"学校成就了自己"最大的"发展。

资料来源：王清平．中小学德育魅力人物50例[M]．广州：广东教育出版社，2013：195-196．

(二) 取舍

人类社会有很多优秀文化，校长要根据时代发展、社会需要、地域文化、办学目标、办学理念、办学特色、师生需求和学生年龄特点等统筹考虑，选取适合学校、师生发展的优秀文化融入学校教育中，不能面面俱到，否则就如蜻蜓点水，做事肤浅不深入。校长也不能将适用成人的一些要求做法照搬到中小学生当中。如以前倡导向赖宁学习见义勇为行为，现在"见义勇为"这种行为对中小学生来说不提倡体行，但提倡其精神和勇气。

上海市黄浦区曹光彪小学卢雨校长认为："德育离不开历史，离不开传统文化，对传统文化，我们要'取其精华，去其糟粕，使之与当代社会相适应、与现代文明相协调，保持民族性，体现时代性'。厘清'继承、借鉴与创新的关系'，只重形式的教育不能解决根本的问题。"[①]现代学校的校长，要学会选择，学会取舍，学会扬弃。从管理学角度来说，决策就是选择，选择了某些东西，必然意味着舍掉另一些东西。校长要因势取舍，因时取舍，因校取舍，因人取舍，有舍才有得。

(三) 展望

校长们要学会回顾过去，立足现在，展望未来。华东师范大学党委书记童世骏说过："文化传播中'厚古薄今'的倾向，与我们自己对

---

① 卢雨．成长的阳光：现代城区小学人文传统教育的实践研究[M]．上海：上海教育出版社，2013：1．

传统文化的看法有关系,我们正在经历着从文化自省到自觉再到文化自信、自强的过程。传统文化可以给我们提供重要的精神资源,但是不可能直接解决当今中国的发展问题,中国的发展成就中积淀着传统文化,但更多的是当今中国人民的创新和创造。我们今天要把重点放在说明现代中国人有什么样的文化创造上。否则,越是津津乐道地向世界'炫耀'中国传统文化之厚重,就越有可能遮蔽我们实际上已经具有的现代文化创造力和文化软实力。"[①]

我们不能厚古薄今,要厚古的同时也要厚今,在厚今的同时更要展望未来,因为我们培养的孩子总归要成长,融入社会,要成为一个社会人。十年树木、百年树人,教育者要有长远眼光,教育不能急功近利,要思考我们的孩子十年后、二十年后甚至是终生的生活状态。教育是面向未来、指向未来的事业,基于未来的教育,基于孩子终身发展的教育,才是对现在孩子最负责任、最有效、最深远的教育。教育辩证法告诉我们,今天的,也是明天的;现在的,也是未来的。今天就是明天,现在就是未来。

案例分享

关于《为四十岁做准备》

"为四十岁做准备",是我到××一中做校长的第一个开学典礼上讲话的题目,后来被教代会和学代会一致确定为学校的校训,而且,大家还为她拟了一段美丽的释文:"18岁是美丽的,而人生旅程中最

---

① 林颖,刘璐,杨杰. 我们该怎样讲述中国故事——独家对话华东师范大学党委书记童世骏[J]. 解放周末,2012-01-06:17.

绚丽的一页却应在生命的 40 岁时翻开。不要说 40 岁有多么遥远，20 年其实是弹指一挥间。虽说 40 岁就在眼前，但 20 年的时间跨越足以让我们眼花缭乱。虚度今日，等待你的将是无穷的悔恨和遗憾。追求先贤成才路，浩瀚人世间，我们定会发现，40 岁的辉煌来自于 18 岁的志向和 20 年的血汗。珍视你拥有的青春年华，好好地把握现在，才能真正赢得未来，才能将你如日中天的 40 岁勾画得绚丽灿烂！"这在当时，有点乌托邦的味道，但在××一中，大家还是挺认可的，学校的小气候很好，我和我的同事们，不断地从苏霍姆林斯基的一段话中汲取营养，这段话就是大家普遍熟识的："教学大纲和教科书规定了给予学生的各种知识，但是却没有规定给予学生的最重要的一样东西，这就是：幸福。我们的教育信念应该是：培养真正的人！让每一个从自己手里培养出来的人都能幸福地度过自己的一生"。

资料来源：关于《为四十岁做准备》. 高密一中吧网[EB/OL]. http://tieba.baidu.com/p/561520881，2009-04-07.

二、良法——以大兼小和以小带大

在义务教育阶段学校中，我们要根据学生的年龄特点和教师的需求，采取师生喜闻乐见的形式将优秀文化融入学校教育中。校长是一个顶天立地的人，既要顶天——做大事，全盘考虑，统筹规划，也要立地——做小事，以小见大，见微知著。校长要学会以大兼小和以小带大的思想方法和工作方法。

（一）以大兼小

校长是做大事的人，这件大事就是育人。任何事情的决策都要遵循教育的规律，遵循孩子成长的规律，用大教育观指导统筹各项工作。人民教育家陶行知先生1924年写的《自勉并勉同志》提道:"人生天地间,各自有禀赋。为一大事来,做一大事去。"他把一生的精力都投入"教育"这一大事中来。

(二)以小带大

以小带大是陶行知先生说的又一境界:"本来事业并无大小;大事小做,大事变成小事;小事大做,则小事变成大事。"校长要善于小事大做,小题大做,以点带面,一步一步走稳、走踏实、走长久。

相关阅读

以大兼小和以小带大

习近平总书记2013年2月在接受俄罗斯电视台专访时,提出了一个很重要的思想方法和领导方法,即以大兼小和以小带大。他说,在中国当领导人,必须在把情况搞清楚的基础上,统筹兼顾、综合平衡,突出重点、带动全局,有的时候要抓大放小、以大兼小,有的时候又要以小带大、小中见大,形象地说,就是要十个指头弹钢琴。

以大兼小,就是着力抓住事关全局的工作,来推动其他工作;就是着力解决影响全局的问题,来推动其他问题的解决;就是着力办好影响全局的事情,来推动其他具体事情的办理。为什么要抓住大?首先,因为"大"里面有大局。我们每个方面的工作,都是大局的一部分。抓住了"大",就抓住了每个方面与大局相联系的结合点,就能正确处理好大局与局部的关系。其次,因为"大"里面有重点。毛泽东同志说,"没有重点就没有政策"。在当前工作头绪十分繁杂的情况下,领导工作不可能面面俱到、事无巨细,不能眉毛胡子一把抓,必须抓住重点,用重点工作带动整体工作。最后,因为"大"里面有普遍性。

大所以能兼小，很重要的是"大"里面蕴含着普遍性，能为"小"提供具有普遍意义的借鉴和指导，每个"小"都能从"大"中找到自己的位置。

以小带大，就是从具体工作中总结出具有普遍意义的做法，指导整个工作；就是抓住具有典型意义的具体事情、具体工作，用典型经验来推动工作。为什么要以小带大？因为小中有大，从小中可以见到大。毛泽东同志曾用个别与一般的关系来阐述这个道理。他说，就人类认识运动的秩序说来，总是由认识个别的和特殊的事物，逐步地扩大到认识一般的事物。人们总是首先认识了许多不同事物的特殊的本质，然后才有可能更进一步地进行概括工作，认识诸种事物的共同的本质。这种个别事物中的"共同本质"，就是"小"中的"大"。以小带大，就是从"小"中提炼、概括"共同本质"。邓小平同志曾说，农村改革中的好多东西，都是基层创造出来，我们把它拿来加工提高作为全国的指导。这也是讲的以小带大的道理。

做到以大兼小，必须善于把握住"大"。大者，就是大局、大势、大事。要有大局观。"不谋全局者，不足谋一域。"要把"一域"与"全局"紧紧联系在一起，立足"一域"看"全局"，站在"全局"看"一域"。要有大势观。"天下大势之所趋，非人力之所能也。""善弈者谋势，不善弈者谋子。"势，就是趋势，就是方向。把握住大势，才能不迷失、不转向，才不会南辕北辙、缘木求鱼。要有大事观。善于集中力量将影响全局、关系全局的大事办实办好。当然，大事、小事是相对的。有些事看起来小，但却关乎大局。比如柴米油盐，事虽小，却直接与群众生活息息相关，这就是大事。只有具有了大局观、大势观，才能有正确的大事观，才能分清楚什么是大事、什么是小事。

做到以小带大，关键是深入调查研究。深入调查研究，就要解剖麻雀。解剖麻雀的过程，就是总结经验、探索规律、小中见大的过程。毛泽东同志说："调查有两种方法，一种是走马看花，一种是下马看花。走马看花，不深入，因为有那么多花嘛……还必须用第二种方法，就是下马看花，过细看花，分析一朵'花'，解剖一个麻雀。""分析一朵花，解剖一个麻雀"，就是小中见大，以小带大。深入调查研究，就要眼睛向下。眼睛向下，就是到基层去，到群众中去，了解很具体的事，了解很现实的问题，因为群众都是讲实际的事、讲身边的事，看起来很琐碎，但深刻的道理就在其中。正如毛泽东同志所指出："没有眼睛向下的兴趣和决心，是一辈子也不会真正懂得中国的事情的。"

以大兼小和以小带大相辅相成、有机相连，是领导干部不可或缺的思想方法和工作方法。

资料来源：星海. 以大兼小和以小带大[J]. 思想政治工作研究杂志，2014(3)：18.

第三节 学校文化四大载体的融合

根据上文说的物质、符号、信息、人是校园文化的四个载体（线索）。在义务教育阶段学校，可以从四方面凝练优秀学校文化。

一、融于校园环境建设中，让物质载体具有积淀性、时代性

（一）挖掘历史文化，丰富内涵建设，提升学校形象

建筑是凝固的历史，承载着历史的变迁。作为具有浓郁人文气息、文化氛围的学校，其建筑更能反映历史的变迁。学校所处的地域历史文化背景、建筑整体风格和学校的办学传统成为决定校园环境建

设的重要因素。我们要充分挖掘学校所处区域的历史文化，根据时代的要求，结合学校办学历史、办学理念，和设计建筑公司沟通，设计、规划、建好符合孩子需求发展的学校，让校舍成为凝固的历史，体现文化的积淀，昭显时代的气息，传承学校的理念，突出育人的功能，丰富活动的空间，提升学校的形象。

2012年度中国建筑设计评比中，上海市黄浦区某小学获得建筑设计金奖的殊荣。据校长介绍，为了建好学校，教育局和设计建筑方反复沟通，先后七易其稿，尽管艰辛，但出来的效果非常好。设计建筑方站在建筑角度考虑设计建筑施工，教育工作者要站在教育、学校、孩子的角度考虑设计建筑施工，两者需要融合。小学校舍设计获金奖，这是现代建筑设计与环境育人理念的完美结合。新校舍建成后，学校也十分注重育人环境的内涵建设：体现时代感、学校特色的"光影大厅"，不同色系、不同特点的各年级教室布置深受孩子欢迎。

案例分享

在高密度城区中创造教育绿洲

如果必须在狭小的基地上建造，你理想中的小学建筑是什么样的？日前，2012年度中国建筑设计奖颁出，在36个金奖项目中，上海市黄浦区××小学榜上有名。相对于榜单上的众多公共项目而言，这个小学项目体量虽然不大，却在某种程度上昭示了当学校建筑遭遇高密度城区，面对诸多的场地、技术限制时能够采取的应对之策——屋顶花园、底层架空、下沉院落等建筑设计手段被融入设计之中。

"这个项目是在非常狭小的基地上安排好学校的各种功能的。"中国科学院院士郑时龄对早报记者评论道。而项目主持建筑师、同济大学教授章明则给出了一个更为形象的形容:"我们试图在高密度的环境下创造一处教育绿洲,让老城区喘一口气。"

集约设计教学综合体

提及小学的设计,开放的空间、明亮的采光、活泼的装饰是约定俗成的想象。然而,在大城市中,这种能够以足够的空间让设计展开想象,平铺式地设计小学的机会并不是那么多。

以位于白渡路128号的黄浦区××小学为例,整个小学的基地狭小,校舍占地5325平方米,建筑总面积10502平方米,处在典型的上海旧城区中心,周围环境极其散乱:不同时期建造的高层住宅、幕墙外观的商办建筑、等待拆迁的老城厢低层住宅紧紧包围着这个孩童的求学之所。而在基地的狭小之外,由于是小学建筑,必须要满足的条件如采光、通风,必须要容纳的区域如操场、跑道,仍然一个也不能少。

事实上,黄浦区××小学所面对的条件限制在上海并非个案。上海市区高密度的特殊情况,在上海的小学建筑标准中也有所体现。在国家标准中,规定小学建筑应是四层,而在上海中心城区要达到小学建筑不超过四层颇为困难。

"我们真的是螺蛳壳里做道场。"章明坦承。最终的建筑方案采用了集约化的手段来设计教学综合体——两个三维的"L"形体量紧密地相互扭曲缠绕、穿插咬合,顺利地将报告厅、实验室、空中花园、室外小剧场等整合到一起,使得整个教学活动区在一个建筑综合体中得以实现。为了在有限的场地中提供更多的活动空间,建筑师设计了斜坡式的下沉院落,利用地下空间;报告厅则被设计在一楼,而且是两座楼之间的连接处,而报告厅的顶上则被设计成屋顶花园,"这样,在课间，孩子们不用走到操场，只要下一两层楼就可以有课间活动的空间。"

功能复合创造灰空间

除了集约建造之外，有着复合功能的"灰空间"也成为建筑的一大特色。

特别典型的是教学楼南部和跑道相连的区域采取了底部架空的方式进行处理，形成了一个半户外的空间，"占天不占地"，一方面，为学生在下雨天的活动创造出空间；另一方面，也和室外的跑道相连，弥补了跑道长度不足之憾——将公共活动区屋顶内院空间与运动区域联动融合，形成一组连续流动的灵动空间，在集约用地的前提下最大限度地提高公共空间的使用效率与景观价值。再比如，报告厅可以是大教室，也可以供师生表演；入口大厅在采用采光天窗解决采光的同时，也使得空间有了半室外的味道。另外，一些以数字为主题的细节设计颇具童心——走廊的玻璃砖、大厅的采光天窗、教学楼的东立面上都有数字1到10的身影。

"学校建筑，面对不同的用地条件，需要采取不一样的策略。"章明在谈及学校设计的心得时说，"在宽阔的场地，可以用平面平铺的方式进行；但在高密度的城区，则可以用立体叠加的策略。"在章明看来，目前国内中小学建筑的设计思路仍然颇受限制，在一些同样建筑密度非常高的地方，学校的设计已经因地制宜地发生了变化。"比如在新加坡，我们就看到有学校把高层建筑的顶楼用作操场，用跑道把楼与楼连接起来。这个想法其实我们也在几年前有过，在设计格致中学的时候，我们就提出过要把操场整个架空起来，但最终因为各方面的原因没有实现。"

资料来源：蔡晓玮．在高密度城区中创造教育绿洲［N］．东方早报，2013-09-27．

(二)倾听孩子心声，布置场室空间，充满人文关怀

校园文化建设的主体是教师(包括与之相辅相成的其他人员)、学生。在实际工作中，我们有可能重视了教师的意见，而忽视了学生的意见。我们经常说以人为本，人本包括了师本和生本，两者同样重要，从学校服务的对象——学生来说，孩子的意见更值得重视。如果说校舍建设需要高屋建瓴，需要很强的专业知识技能，孩子们由于年龄知识所限局限了对校舍建设发表意见，那么校园中教室、功能场室的使用者是孩子，他们对场室的布置使用是最有发言权的。校长们要学会放下架子，迈开脚步，蹲下身子，倾听孩子的心声，了解孩子的需求，大胆让孩子们积极主动布置功能场室，让场室文化在具有教育性、学科性的同时具有童心、童真、童趣，成为生态型的场室，成为孩子喜欢的场室。

相关阅读

××大学附小四年级(3)班朱家昊同学的心里呼声

假如我是校长，我会好好"打扮"我们的校园。瞧！校园多美好，处处是芳草，花儿微微"笑"。我还要在操场上设一些体育器材，让学生们健康成长，让老师们快乐地工作。看着一批一批的学生毕业，我的心里比吃了蜜还甜。

假如我是校长，我会和老师们一起关爱同学。课间老师都会提醒那些追、跑、打、闹的同学们注意安全。如果哪位同学擦伤或摔伤了，老师们会把他送到医务室去。在那里，这位同学会得到医务室老师的悉心照料。我还会抽时间去教学楼,到教室里去走走,和同学们谈谈心。如果哪位同学遇到了不高兴的事,我会开导他如何正确地处理好。只有看到同学们身心健康地在学校度过开心的每一天时,我们才能安心地继续工作。

假如我是校长,我会举办丰富多彩的活动,并鼓励同学们全面发展。当我看到那些"小运动员"在赛场上奋力拼搏时,心中会想起他们那些默默奉献的体育老师们。当我看到田径和轮滑选手们为学校争得荣誉时,一定不会忘记他们是怎样刻苦训练、挥汗如雨的。

假如将来我能当上校长,我一定会好好教育我的学生们,让他们每个人都能健康快乐地成长,并最终使我们的学校成为学生们终生难忘的一片"乐园"。

假如您是校长,您会以怎样的行动来为孩子们创建校园环境呢?

资料来源:吴颖惠.来自学生的教育建议[M].北京:中国社会出版社,2010:56-57.

二、融于学校标志中,让符号载体具有独特性、生成性

学校象征物、学校的Logo、学校三风一训的口号、校服、校徽、校牌、校歌、校色、证书、名片、请柬、宣传袋、宣传册、网站、园艺、装修风格样式、学校富有特殊意义的标志或纪念品等这些学校标志体现着学校的办学理念,展示着学校的办学特色,具有浓郁的文化色彩和校本色彩。学校标志是在深入挖掘学校的历史积淀、提炼学校的办学理念、传承学校的办学传统、总结学校的成功经验、厘清学校的发展思路、深化学校的办学特色基础上,把学校精神与文化相融合,把社会、家长、上级领导、用人单位对学校的期待和学校发展的

目标结合起来，把历史积淀形成的精神品质经过挖掘、提炼、传承、培育和创造，由此形成形象化、系统化、特色化的品牌形象。好的学校标志是把优秀文化融入学校标志中，让符号载体具有独特性、唯一性，具有很强的识别性，让别人一看就知道是这一个，而不是那一个。学校标志是在文化积淀、融入的过程中生成的，随着社会的进步，符号载体会被赋予新的内涵。适当运用学校标志有助于传播学校文化的形象，讲好学校故事，宣传教育正能量，提升学校品位。

三、融于学校的制度、活动中，让信息载体具有传播性、生命力

(一)构建人本章规，凸显文化引导力

校长在任职期间，最高使命就是让学校得到发展。因此，一个具有现代管理意识的校长，应该建立完善具有生命活力的规章制度，让学校可持续发展。好的学校不仅仅是体现在有一位好校长，更体现在有好的规章管理制度。著名的教育专家魏书生说过："制度，本身就是一种形象，是一种示范和引领，而不是冷冰冰的条条款款，它有生动的内在的思想。校长要让制度富有生命力，这样学校才能发展，教师和学生的个体要求也才能得到和谐的发展。"[①]学校要发展，就要以激励性的制度代替制约性的制度，并且是以激励性的制度为主，制约性的制度为辅。教师只要达到了条件就可以奖励，只设奖励底线，不限名额，激发教师培德育才为国用，正身修己作人师。制度是学校文化一个具体的体现，具有引导性、操作性、评价性。

有经验的校长会发动教师和学生达成共识，制订公约，体现学校

---

① 魏书生. 如何做最好的校长：影响校长一生的中外教育家经典感言[M]. 南京：南京大学出版社，2010：191.

的办学理念。所谓公约,是指集体订立的共同遵守的条规[①]。公约是参与制订的单位、集体和个人共同信守的行为规范。用大家共同达成的公约代替自上而下的制度,公约本身就是一种"融"文化,来自于师生,生成于师生,服务于师生,完善于师生。

(二)开展丰富活动,注入文化生命力

教育家夸美纽斯说过:"校园应该安排得美观,成为一个快意的场所和对学生富有吸引力的地方。"教育本身就是活动。活动才能生动,灵动。活动的策划实施,体现了学校文化的底蕴,体现了学校的办学思想,体现了校长的教育情怀。学校应该是一个让孩子动静皆宜的地方,"动"体现在孩子思维活跃,参加各种活动,和不同的人交往,经历体验过程,自由发展;"静"体现在学生能够独处,能够静心学习,享受学习的过程。

20世纪英国著名的教育家尼尔说过:"要使学生充满快乐、充满无穷的活力,那么学校就必须是最富有人性化的学校,让学校适应学生,而不是让学生适应学校。"这点我们可以借鉴安徽省合肥市某小学的做法。该小学几年前举行了毕业礼:篝火晚会、聚餐……其中一个内容是孩子们按下一个个小手印,学校帮他们保存,等他们长大后回校会找到自己在母校留下的痕迹。有的孩子向校长提出想在外过夜举行毕业礼。校长思量一番,决定让孩子们在校园内露营,一是基于安全考虑;二是培养孩子热爱母校的感情;三是满足孩子的愿望。后来就有了孩子们兴高采烈地在操场上露营的一幕。岁月如梭,不管身在何地、处在何时,这温暖难忘的一幕一定会深深留在孩子们的脑海

---

① 李行健. 现代汉语规范词典[Z]. 北京:外语教学与研究出版社,2004:454.

里，成为他们最美好的回忆。

作为校长，可以结合学校办学历史、办学特色、地理位置、孩子年龄特点、社区资源、家长资源等，统筹考虑策划一些具有特色鲜明、可操作性强、具有生命活力、有温度、有厚度的活动仪式。这些活动可以是全校参与，如校庆；也可以是特定孩子参加，如毕业礼；不仅是孩子参加，也让家长参加，让孩子、家长共同经历成长的过程，留下温馨的回忆。当然，这些活动不能一成不变，每次活动都要有一些新意，稳中求变，变中求新，新中求优。我们要求孩子创新，本身我们也要带头创新。活动应该采取孩子们喜闻乐见的形式，如听一听、说一说、读一读、写一写、演一演、唱一唱、画一画、玩一玩、做一做、辩一辩、评一评，让孩子们在丰富多彩的活动中感触、感动、感悟，将外在的东西内化成自己的行为。

(三)建设特色课程，彰显文化感染力

什么是课程？"一般而言，课程分广义的概念和狭义的概念。广义的课程是指学生在学校全部生活的总和。就是说校园内所有的教育因素，无论是有形的，还是无形的，是物质的，还是精神的，都是课程。从这个意义上说，学校处处皆课程，时时有课程。狭义的课程是学校正式开设的，课程表上落实的才是课程。就是我们通常说的，国家课程、地方课程和校本课程。"[1]在大数据的时代，在融合的时代，校长们应该从更广阔的范围、更高的视角认识课程。课程是基于学校、生于师生、成于互动的，是一个具有生命力的、具有校本特色的、为孩子发展提供最适合环境的绿色生态场。

---

[1] 张雪龙. 从课程文化走向学校文化. 新浪博客[EB/OL], http://blog.sina.com.cn/s/blog_4d8e700e01011v2l.html. 2011-12-14.

叶澜教授倡导的"新基础教育"的核心有四句话："把课堂还给学生，让课堂焕发生命活力；把班级还给学生，让班级充满成长气息；把创造还给老师，让教育充满智慧的挑战；把师生精神生命的主动权还给师生，让学校充满勃勃生机。"其核心的第一个关键词就是"课堂"。课堂学习属于学校活动的一部分，不仅是信息载体中最重要的一部分，还是校园文化中非常重要的载体。因为课堂教学是师生活动的主阵地，是优秀文化和学校教育融合的主阵地。学校的办学理念和办学特色不同，决定了在课程和课堂上也有所不同。

课程是校园文化建设的载体。要形成自我特色的校园文化，就必须长远规划学校教育特色，开发实施富有校本特色的课程。课程文化强调学生的主动性、积极性以及选择性，让学生自觉地、快乐地参与当中。通过课程实施，学生获得自我提高，和谐发展。

传统特色项目要保留并发扬光大，因为传统特色项目的形成并非一朝一夕的事情，而是有着深厚的文化底蕴和基础，经过广大师生、家长认可的，操作系统比较成熟。如果不坚持传统特色项目，使传统特色项目走下坡路甚至丢弃了会非常可惜。特色项目既要根据实际情况结合校情、区情完善，也要贵在坚持。校长要做好学校特色教育的规划，高起点开展特色课程的建设，将特色项目发扬光大。

有的校长可能会说我们学校是农村学校，缺少资源，怎么融合优秀文化开展特色课程呢？我们倡导校长一定要熟悉教师情况，挖掘教师特长，整合周边资源，以点带面开展特色项目建设，然后由特色项目逐步深入到特色课程建设。上海市崇明岛某小学是一所农村学校，该校顾捷老师喜爱版画，校长发现了顾捷老师的特长，鼓励扶持他开展版画特色活动。顾老师编写了学校版画教材，开设了特色课程，根据孩子的年龄特点，选择各种不同的材料，通过孩子自己动手剪、撕、揉、叠、拼贴、刻画等多种方法制成底版，然后按创作意图，选择油印或水印、粉印等方法进行拓印而形成各类作品。孩子们创作版画，找故事、编故事、画故事、说故事、写故事、评故事，画中有文，文中有画，综合素养得到了提高。

相关阅读

崇明县图书馆举办"童心绘生活"学生版画作品展

6月1日—8日，崇明县图书馆在一楼大厅举办以"童心绘生活"为主题的学生版画作品展。此次展出的64幅作品均来自于××小学"黄丕谟版画教学中心"。

"黄丕谟版画教学中心"成立于××小学创办之初，经过十多年的辛勤耕耘，该校的版画教学成果硕果累累，学生的作品在全国和市县各类比赛中屡屡获奖，有的还到国外参展并获奖。本次展出的作品是该校《农村小学利用乡土资源开展版画创作教学实践》这一课题研究的相关作品。这一课题为学生提供了鲜活的生活素材和广阔的思维空间，使学生在亲近自然，走向社会的过程中，创作热情得到进一步激发，进而诞生出了这一幅幅具有浓郁乡土气息的儿童版画。展览为学生们提供了展示作品的空间，搭建了交流切磋的平台，获得了学生和学校及家长的一致好评和赞誉。

资料来源：崇明县图书馆举办"童心绘生活"学生版画作品展．上海市中心图书馆网［EB/OL］．http：//www.libnet.sh.cn/zxtsg/SHNewsCMS000000002013896600.html，2014-06-06．

四、融于校园人的思想和行为中,让人载体具有人文性、感召力

世界上最容易写也是最难写的字就是"人"。要学写"人"字,一撇一捺,易;要学会做"人",难;要做一个有文化品位的"人",更难。人是学校管理诸多要素中最活跃、最本质的要素。人是最重要、最灵动、最具活力、最有发言权、最具人文性的载体,最能体现优秀文化与学校教育的融合。因为人本身具有活力、思想性,不断思考,不断生长,不断成长。人的思想由于家庭、年龄、经历、学识等的不同而变化,行为也随之变化。今日的我不同于昨日的我,明日的我不同于今日的我。在优秀文化孕育下的孩子和教师,来自于不同的学校,烙印着不同学校的文化印记,传播着不同学校的精神,但有一点是相同的,那就是具有人文性。

这里所说的校园人包括校长、教师、孩子,也包括家长,还包括外聘的后勤人员(不少学校后勤社会化,保安、清洁、厨房、绿化等都是外聘人员)。哪个要素最重要呢?无可否认,孩子是最重要的因素。但北京十一学校李希贵校长认为只有"教师第一,学生第二",才能真正达到"学生为本""学生为中心""学生为主体"的目标。李希贵校长提出:"任何关爱都必须经过人的传递才显得真切、动人,谁都没有办法改变这一点。一位教师,在校园里、课堂上,举手投足间,潜移默化地影响学生,可以春风化雨,也可以'近墨者黑'。学生正是在耳濡目染间长大成人的。可是,长期以来,我们有没有想一想,长年累月生活在学生中间的老师们,他们生活得幸福吗?他们的心情还好

吗？他们的脸上还有微笑吗？"①温馨提醒校长们，关注孩子应该先从关注教师开始。当学校、当校长把教师放在第一位的时候，教师也会把孩子放在第一位。

围绕我们的服务对象——孩子，校长还要关注后勤人员。因为在校园内教师和后勤人员都是成人，对孩子来说成人有很强的话语权，成人在校园内对孩子的成长形成了一个气场，无时不在的气场。教师是和孩子相处时间最长的人，后勤人员尽管和孩子直接相处的时间不长，但是保证了孩子的安全、保持了校园的清洁等，也会对孩子产生影响。孩子很容易受成人的左右，甚至会模仿成人的言行举止，尤其是低年段的孩子。教师、后勤人员的一言一行是孩子们接受学校教育最直接的熏陶方式。林语堂曾经说："在牛津和剑桥，那些教授们是怎么教学生的？他们把学生叫来，一边抽着烟斗，一边天南海北地聊，学生被他们的烟和谈话熏着，就这么熏陶出来了。教师当然要传授知识，但是更重要的是他们本身素质所形成的一种氛围，这种氛围对学生有更本质的影响。"②

校长也不能忽视家长的作用。家长是孩子的第一任老师，也是终生的老师，而且是影响力最大的老师。孩子就是父母的一面镜子，家长对孩子的影响更大、更深远。很多学校现在都注重家校携手，合力育人。

从作为教师中的教师——校长这个角色，要比教师有更高的自觉自悟，更有意识地接受文化的熏陶。"风声、雨声、读书声，声声入耳，家事、国事、天下事，事事关心。"校长的职责决定了校长必须是

---

① 李希贵. 学生第二[M]. 上海：华东师范大学出版社，2006：29.
② 周国平. 周国平论教育[M]. 上海：华东师范大学出版社，2009：195.

站在学校文化中最高角度的那个人。校长既是教育家,也是企业家,更是文化的先行者和布道者!校长要鼓励教师走进人文科学、走进艺术、走进自然,引导教师多读书,与经典同行,与大师对话,与美文为友,让文化浸润心灵。校长要有意识树立先进,用榜样的力量鼓舞人、带动人、激发人。学生、教师、家长、团体等的先进,就是学校价值观的导向,就是优秀文化的引领,就是优秀文化的熏陶效果。

世界上有很多美好的事物,在学校里,对教师来说,孩子的笑脸是最美的。对孩子来说,教师的笑脸是最美的。在学校里,教师和孩子的笑脸是最美的。每一位孩子都是一朵美丽的花,独一无二。在融融春意的校园里,东风至暖,花自芬芳。

有智者说:经济决定今天,政治决定明天,教育决定未来[1]。一花一世界,一校一春秋。教育,是一个面对鲜活生命的过程,是塑造人的灵魂的事业,是决定未来的事业。生命是上天赋予我们的最好礼物,教育则是我们赋予生命最好的礼物。体验是生命成长的最好方式,融合则是优秀文化和学校教育相结合的最佳途径。让我们用优秀文化融入学校教育,用学校教育带动优秀文化,以文化育人,做一名文化的布道者!

---

[1] 周国平. 周国平论教育[M]. 上海:华东师范大学出版社,2009:序.

第六章　特别的爱给特别的你
——以爱的教育为主题，提升学生道德修养和健康人格素养

专业标准

"营造育人文化"第十六条标准：掌握不同年龄阶段学生思想品德形成和健康心理发展的特点与规律，了解学生思想与品行养成过程及其教育方法。

标准解读

十年树木，百年树人，学生时代是一个人品德形成的关键时期。教育为本，德育为先，教育事业本身就意味着价值传承、价值引导和价值教化。作为学校，要坚持育人为本的办学宗旨，扎实开展德育工作，把促进每个学生健康成长作为学校一切工作的出发点和落脚点。作为校长，要了解学生身心发展与品行养成的特点、规律、过程及其教育方法，遵循其中的规律，科学地开展德育工作，做到因材施教，

培养学生的道德认识、道德情感、道德意志、道德行为。不同学生的思想品德形成和健康心理发展具有不同的特点与规律，学校在开展德育活动时要遵循其规律，抓住学生品德形成的关键期开展有针对性的德育。同时校长必须具有正确的价值观，并用正确的价值原则激励、团结和教育全体师生，促进每个人的价值认同，达成共识。校长在营造育人文化方面一定要结合老师和学生的实情，满足学生的需要，特别是对于一些特殊学生，更要做到不离不弃，对症下药。校长应引导教师重视个性化的德育工作和个别教育，指导教师寻找打开问题学生心灵之门的钥匙，鼓励教师以不抛弃、不放弃的执着态度，尽最大的努力让学生身上出现的问题消失在学校，而不是将之推向家庭和社会。

案例分享

小苗的故事

"受了委屈"的小苗

认识小苗缘于那一天，四年级的英语老师带着他走进校长室，小苗气鼓鼓的，老师一边走一边说："怎么呢？受了什么委屈呢？谁惹你生气了？"谁知实情是：在上美术课时，班长喊起立，偏偏小苗不起来，老师就让全班重来一次，这时有个同学就埋怨小苗，他听到了非常不乐意，拿起坐着的椅子就砸向这个同学，差点把人家砸伤了，他还不消气，仍然气鼓鼓的，像一头发怒的狮子。

众叛亲离的两母子

经过了解，知道小苗是一个特殊学生，他来自一个特殊的单亲家庭。父母在孩子三岁时就离异了，孩子一直跟着母亲生活，爸爸不知所踪。更离奇的是，他妈妈也一直是孤身一人，父母兄弟姐妹都不知道在哪，一时说全部移民了，一时又说在老家，好像只有一个表哥在我们同区的另一个乡镇生活，让人感觉这两母子形只影单、离群索居。小苗的妈妈独自带着他生活了7年，有时打打零工，攒点生活费，生活甚是艰难。就在去年，30出头的她下嫁了外地一个近60岁的男人，并且怀孕了，预产期就是暑假。

小霸王炼成记

这是一个不幸的家庭。从班主任的口中我们得知，小苗在一二年级的时候还比较正常，但自从三年级他妈妈改嫁后，他就越来越反常。先是上课不认真，经常不完成作业。接着开始在班上搞破坏，行为变得怪异，有时傻傻地撕下作业本的纸塞进嘴里吃。学习态度也变得极其恶劣，考试时，明明会做的题也不做，整张卷子就胡乱地填一些字。例如，有一次数学考试，他所有的答案都写1，最后只得了0分，让人哭笑不得。到了四年级，就变得更离谱了，跟同学们的关系很差，有严重的暴力倾向，动不动就打同学，砸东西，好像一个小霸王一样。甚至经常跟老师作对，在课堂上也蓄意搞破坏，为所欲为，影响极坏。除了班主任，其他老师根本管不了他。

把你妈妈和没出生的妹妹一起杀死吧

得知小苗的转变发生在他妈妈改嫁以后，于是我们又找到了小苗的妈妈，谁知我们得到了更令人震惊的消息。就在前不久，在家里，小苗拿着一把长长的水果刀，要砍他已经怀孕7个月的母亲。他妈妈就指着自己的大肚子说："杀吧，把你妈妈和没出生的妹妹一起杀死吧。"千钧一发，幸好最后小苗还是放下手中的屠刀，才没酿成悲剧。小苗妈妈文化水平低，没读多少书，早早就出来社会谋生，又遇人不淑。听说当初两夫妻闹离婚时，小苗的爸爸也曾经拿着刀说要砍她，并且刚好让小苗看到了，这让孩子埋下了一辈子的心理阴影。这是多可悲的女人啊，结婚后被老公砍，养了孩子以后被孩子砍，肯定她自身也存在很大的问题，才导致悲剧一而再再而三地发生。她现在嫁了外地人，又不会处理关系，跟婆家闹得很僵，不许她把孩子带去婆家当地。当她去外地时，就把小苗寄养在一个阿姨家，幸亏这个阿姨挺负责任，小苗也很信任她。本来妈妈经常不在身边，小苗已经很失落了，但他妈妈又不会疏导孩子，经常挂在嘴边的就是：如果不是为了你，我就不会嫁到外地了。这样实际上给孩子增添了更大的心理负担。可怜的小苗无法选择自己的出身，无法选择自己的父母，所以只能选择放纵自己，自暴自弃，从而吸引别人的目光和关注。

又爱又恨的矛盾体

那小苗与老师、同学的关系如何呢？小苗对于班主任是又爱又恨。班主任是四年级才接手的，对他要求很严厉，特别是对于他的学习，一直没放松过。小苗其实是明白人，他知道老师是真心对他好，但他已经没有心思在学习上了，所以老师批评他上课不认真，不交作业时，他就对老师反感了。同时他又很怕班主任放弃他，怕老师好像他妈妈一样离弃他，所以他对于班主任的感情是相当矛盾的。这一点同样体现在他妈妈身上。他妈妈经常找班主任聊天，发短信，短信的内容常常是上一篇大赞老师如何关爱他孩子，下一篇又责骂老师，说什么要逼死他们两母子等，反正一点听不进老师反馈小苗犯错的消息，真的把班主任老师搞得焦头烂额，身心俱疲。那其他的科任老师呢？则完全采取不理不睬、放任自流的方式，在学习上毫无要求。如果他跟其他同学产生矛盾，还一味地哄着他，让着他，所以才有了开头的一幕。这样的相处看起来相安无事，但其实这样更助长了他不良行为的形成。他犯错了，老师也不给他指出来，还为了安抚他，把责任推给别人，这样做是百害而无一利的。在班上，也有几个调皮的学生，一直跟小苗玩得比较近，但随着小苗越来越不受控制，很多同学都对他避之不及，跟他玩的同学也越来越少了。

无语的结局

学校了解到小苗的情况后，很是同情。觉得现阶段的小苗已经产生了一些心理障碍了，建议他妈妈带他去看看心理医生。考虑到他们经济条件不是很好，学校就主动提出给他们报销相关的医药费。但就在班主任让小苗妈妈拿医药费单回学校报销的时候，她竟然一个电话就打到教育局去，投诉学校，说学校要逼她孩子退学，原来她自以为是地认为学校问她拿药费单是为了拿证据，证明她孩子心理有问题，进而逼她孩子退学。对于这样的家长，学校真是无语，你还能奢望她给予小苗怎样的教育和引导呢？

（资料来源：真实案例，来自笔者的教学经历）

第一节 特别的爱给特别的你

十年树木，百年树人。学生时代是一个人品德形成的关键时期。教育为本，德育为先，教育事业本身就意味着价值传承、价值引导和价值教化。作为学校，要坚持育人为本的办学宗旨，扎实开展德育工作，把促进每个学生健康成长作为学校一切工作的出发点和落脚点。作为校长，要了解学生身心发展与品行养成的特点、规律、过程及其教育方法，遵循其中的规律，科学地开展德育工作，做到因材施教，培养学生的道德认识、道德情感、道德意志、道德行为。不同学生的思想品德形成和健康心理发展具有不同的特点与规律，学校在开展德育活动时要遵循其规律，抓住学生品德形成的关键期，开展有针对性的德育。同时校长必须具有正确的价值观，并用正确的价值原则激励、团结和教育全体师生，促进每个人的价值认同，达成共识。校长在营造育人文化方面一定要结合老师和学生的实情，满足学生的需要，特别是对于一些特殊学生，更要做到不离不弃，对症下药。校长应引导教师重视个性化的德育工作和个别教育，指导教师寻找打开问题学生心灵之门的钥匙，鼓励教师以不抛弃、不放弃的执着态度，尽最大的努力让学生身上出现的问题消失在学校，而不是将之推向家庭和社会。

一、特别的你

一开始知道小苗的劣迹斑斑时，觉得他很可恨，但了解到他的成长背景后，又觉得他很可怜。才四年级的他，为何会如此地暴戾、霸道、反常、逆反、失控？其实，小苗只是教师任教过程中的一个个案，作为教育者，我们不得不承认，随着社会的多元发展和学生学习压力的与日俱增，学生的思想品德和心理发展均存在不少的危机和问题，甚至会出现跳楼自杀等极端行为。那如何防止危机事件发生，最好的办法就是防患于未然，把问题消灭在萌芽状态。这就需要我们去剖析这些问题孩子的不良品德、不良行为和心理障碍的类别和成因。

我国学者孙煜明等人把学生的问题行为分为两大类：一类是外向型，即攻击性的行为，这种行为主要表现为活动过度、行为粗暴、上课不专心、不遵守纪律、无法与同学友好相处，严重者甚至逃学、说谎、欺骗、偷窃、斗殴等；另一类是内向型的行为，即退缩型的，表现为沉默寡言、胆怯退缩、孤僻离群、神经过敏、烦躁不安、晚上做噩梦、说梦话、失眠等[①]。很明显，小苗就偏向于外向型、攻击型的问题行为。小苗这些不良行为绝不是无缘无故、也不是一朝一夕形成的，我们有必要分析一下成因。

(一)家庭生活的不幸

近几年，离婚率不断攀升，这就意味着越来越多的孩子生活在单亲家庭。有研究表明：离异家庭儿童会表现出诸多不良的行为。如他们的脾气更暴躁，易于说谎，而且同伴关系不良，存在欺骗等不良行为，其行为问题显著多于完整家庭儿童。同时父母离异还会影响儿童的人际信任，在他们成年后对人仍存在强烈的不信任感[②]。可以说，家庭生活的不幸是小苗问题行为的主要诱因。小苗三岁时，父母就离异，自此从没见过爸爸，丝毫没享受过父爱，他爸爸留给他的唯一印象就是举刀砍向他母亲的一幕，这种暴力行为给小苗的暴戾埋下了伏笔。小苗一直跟妈妈生活，除了妈妈，一个亲人都没有，看到别人爷爷疼、奶奶爱的，小苗心里非常失落，一点安全感也没有，这样才会出现一些反常行为。

(二)妈妈的关爱缺失

小苗很严重的一个心理障碍是属于分离性焦虑。所谓分离性焦虑，是指儿童在最依恋的人分离后表现出过度的焦虑，担心父母或者自己在分离后会受到伤害，感到失去依靠和安全感，从而产生恐惧和紧张的情绪[③]。鲍尔比通过观察婴儿和母亲分离后产生的焦虑，发现

---

① 唐红波.小学生常见心理问题及疏导[M].广州：暨南大学出版社，2005：14.
② 吴增强.班主任辅导心理实务[M].上海：华东师范大学出版社，2010：178.
③ 吴增强.班主任辅导心理实务[M].上海：华东师范大学出版社，2010：63-65.

分离焦虑经历三个界限分明的阶段：反抗阶段、失望阶段和超脱阶段。第一个阶段是反抗阶段，儿童会极力阻止分离，自发地采取各种手段试图与母亲亲近。第二个阶段是失望阶段，当与母亲亲近的愿望得不到满足时，儿童开始失望，反抗行为减少，反抗强度也降低，但是依恋情结依然存在。这时，儿童可能会将依恋行为指向一位"替代母亲"，但是儿童对"替代母亲"的依恋行为并不会削弱对自己母亲的依恋。第三个阶段是超脱阶段，此时儿童的依恋行为被抑制，但是依恋情结并未消失，适当迟缓之后，儿童的超脱反应立即为强烈的依恋行为所取代，并且在强度和频率方面都超过分离之前。有分离性焦虑的儿童会经常表现出对父母关注的过度需要[1]。很明显，小苗已经进入第三个阶段了。好妈妈胜过好老师，与小苗相依为命的妈妈并不是一个好妈妈，她以为给孩子吃、给孩子穿，就是最大的爱。身为单亲母亲的她，不但没有母兼父职，就连她作为母亲的职责，也没有尽到。孩子在单亲家庭中缺少安全感，又容易产生自卑心理，但她不会疏导孩子。她嫁到外地，孩子心里会更加患得患失，怕妈妈也会遗弃他，那唯一的依靠都没有了，但她一点都不顾及孩子的感受，还经常把她要嫁到外地的责任推给孩子，说是为了赚钱，为了孩子的生活，才做这样的决定，这样，孩子的心理负担更大了，安全感更加缺失了，甚至会让小苗建立起一种不良的价值观：婚姻如此功利。

  小苗妈妈明明知道，她嫁到外地后，把小苗一起带过去，让他重新享受家庭生活，会是最美满的结局，但偏偏她又不会处理与丈夫的关系。其实也不难想象，结婚也带着赚钱的目的，本身出发点就是错

---

[1] 吴增强．班主任辅导心理实务[M]．上海：华东师范大学出版社，2010：63-65．

误的，人家又怎会真心对待呢？就这样，她把自己推到一个两难的地步，去外地，他儿子会发狂，不停地制造各种事端，就是想别人打电话给他妈妈，让他妈妈回来。由于小苗发现这是证明妈妈在乎他的唯一方法，所以他不停地搞破坏，而且破坏程度一次比一次厉害，这样阿姨或老师又会觉得事态更严重，肯定得通知他妈妈这位唯一的监护人。但如果她总回来，丈夫又不高兴，特别是她现在怀孕了，到时又要生产，又要带孩子，肯定不能跑来跑去。这样的母亲，连自己都管不好，又怎能管好她儿子呢？但毋庸置疑，她始终是爱她儿子的，要不然怎么会放心不下他，为了他而委屈下嫁呢？但关键是不会爱。在孩子两三岁时，吃饱穿暖就行了，但随着年龄的增长，他的需求就不只是物质层面的，他会更注重精神层面的东西，而这些偏偏就是他母亲不能给予他的。

(三)教师的引导不得当

师者，传道授业解惑也。小苗的班主任，可能更注重的是"授业"，由于她长期担任高年级的教学，一直非常看重学生的学习成绩，加上她是在四年级才接手，对于小苗的成长背景了解不深入，忽略了小苗的心理和情感变化，没做到传道和解惑。其实，小苗妈妈和她孩子一样，都是极度缺少安全感，她知道班主任没有放弃小苗，所以比较信任她。但当班主任一次又一次地把小苗越来越失控的行为告诉她时，她又不愿意去面对，采取逃避的态度，甚至出现前一分钟把老师捧上天，后一分钟又摔下地的矛盾行为。究其原因，就是她自己无能为力，把老师当成救命稻草，期望老师能帮她管好孩子，但又怕孩子表现越来越差，老师会放弃他，所以一听到孩子任何不好的消息就会出现以上的行为。作为班主任，真的应该改变对小苗的教育方式与方法，不能再以"授业"作为重点，而应该加强"传道"和"解惑"。所谓"亲其师"才能"信其道"。班主任是小苗最信任的人，所以也应该是帮助小苗疏导心理障碍和改变不良行为的最重要的人。其他的科任老师，教育小苗的方法更不可取，一味地纵容、放任自流，只会让小苗破罐子破摔，无法无天。国有国法，班有班规，我们要培养的是一个社会人，如果他在社会上完全不适应，那我们的教育就是失败的。其他的科任老师，应该负起自己的责任，与班主任加强合作，形成合力，共同教育小苗。

(四)学校的德育方法单一

小苗的特殊，除了家庭的教育失当外，学校的教育也应该引起反思。一直以来，学校对于学生的评价总是以学业成绩为主，每学期的"三好学生"评选也是青睐名列前茅的孩子，这就让学习一直不突出的小苗只有仰望的份了。德育的内容也比较单一，缺乏针对性。例如，德育主题往往都是三月学雷锋、四月缅怀先烈、九月念师恩、十月爱国教育等，有的主题大而空，远离学生的生活实际和情感需要，根本引不起学生的共鸣。现在已进入网络信息时代，学生所获取到的信息、所面临的诱惑、所经历的变故，都远远地超过了以前的孩子。如果学校还只是按照传统德育内容来教育小苗，这明显是不足够的。在德育方式方法上，也是过于简单，只注重学生的道德认知，只注重传授，而忽略学生德育过程的主体性，忽视了学生的道德内化。试问，只具有道德认知而缺少道德情感、意志、信仰、行为，这样的德育又能有怎样的效果呢？"只依赖言教与宣导教育学生的教育，必然沦为道德教条，使人阳奉阴违，或使人只知压抑自己，无法内化为人的德性；只依赖反复背诵演练形成的知识，必然沦为虚假的知识，使人套上多重的桎梏，甚至吞噬践踏人的存在与价值。"[1]"在学生品德形成过程中，思想品德的内化尤其重要，它是指个体经过观察、认知、选择、认同、重构等活动，逐步将社会的思想、政治、道德观点转化为自己的观点、信仰的过程。"[2]品德的内化过程是一个缓慢的过程，我们不可能奢望孩子一两天就能拥有高尚的品德和良好的行为，只能在孩子的成长过程中逐步渗透、逐步引导、逐步完善。

二、特别的爱

针对现存的健康人格危机和德育危机，我们有何对治方法呢？笔者认为最好的方法就是实施爱的教育。爱就是最好的教育。著名教育学家裴斯泰洛齐对爱的教育是如此诠释的：第一层含义是指教育者基于历史使命感及对教育的热爱，对教育对象发展可能性的坚定信念，对教育对象表现出真诚的、全身心的、毫无保留的关心与热爱。第二层含义是指教育者在主动奉献后，获得可贵的成果，其受教育对象不仅改掉各种不良习气，学会自尊自爱，而且乐于助人，乃至造福人群，将爱的情感转移到他人身上，释放出爱[3]。这是多理想的状态啊，这跟北京实验二小提出的"以爱育爱"的办学理念是一致的，以老师的爱去培育学生的爱，当学生心中有爱以后，就会改变各种不良习气，形成良好的道德修养和健康的人格素养。那学校该如何推动爱的教育呢？以下结合小苗的例子来谈谈。

---

[1] 黄武雄.童年与解放[M].北京：首都师范大学出版社，2009：171-174.
[2] 范树成.德育过程论[D].长春：东北师范大学，2004：143.
[3] 杨汉麟，陈铮，杨佳.论斐斯泰洛齐爱的教育及其现实意义[J].天津师范大学学报(社会科学版)，2011：3.

校长如何营造育人文化

(一)呼吁家长恰当的爱

每一位父母都爱自己的孩子,但是否"爱得恰当"就至关重要了。小苗的妈妈很爱孩子,但爱得不恰当。小苗的很大问题是他妈妈造成的,妈妈的改嫁造成了他的失落感和不安全感。妈妈把改嫁的委屈强加到小苗身上,这让他产生难以承受的心理压力。为了发泄自己的情绪,引起妈妈的关注,他才变得性格暴戾,行为怪异。学校要加强与小苗妈妈的沟通,引导她用正确方法对待小苗,用适当方法表达爱,给孩子传递正能量。妈妈要多与孩子沟通,了解他心里真实的想法,蹲下身来听孩子倾诉,同时自己也推心置腹地与孩子交流,不抱怨、不赌气、不责怪、不回避。如对于小苗看到爸爸举刀的一幕,妈妈应该指出这是一种不好的行为,任何问题都不能借助暴力解决,做人要理性,要学会控制自己。如果失控,那后果会不堪设想,甚至会付出一辈子的代价。回到小苗向妈妈举刀那件事,不妨让他想想:如果悲剧真的发生了,那他的境况会如何呢?连自己最亲的人也离去了,剩下自己一人,这种状态是他自己想要的吗?答案绝对是否定的。她改嫁怀孕已成为事实了,那她应该改变自己的想法,真心实意地对待丈夫,让丈夫接受小苗,让小苗重新享受家庭生活,一家四口快乐地过日子。如果她继续对婚姻抱有如此功利的心态,难免会产生另一个悲剧,令她未出生的女儿重蹈小苗的覆辙。另一方面,也要重建小苗妈妈对学校的信任。从小苗妈妈最后投诉学校的行为来看,她已进入一个敏感期,感觉非常无助,才会变得"草木皆兵"。这就说明学校与老师跟她的沟通还不够,彼此还存在着一些误会,还不够充分信任。实际上家长和老师的目标都是一样的,都是希望孩子健康成长。但为什么经常会出现矛盾呢?就是信任不够,所以学校要放下身段,主动与小苗妈妈沟通，大家携起手来共同教育好小苗。

(二)呼吁教师真诚的爱

每个学生在成长过程中总会遇到不少的困惑和挫折，在当今社会，这些困惑和挫折会变得更加多样。那作为老师，如果能做到"以爱育爱"，一定会思考：我们该怎样与孩子沟通？该如何与孩子相处？该如何赢得孩子的信任？该如何帮助孩子解疑释惑？该如何引导孩子面对挫折？该如何促进孩子身心健康成长？特别是面对特殊学生层出不穷的问题时，我们该如何面对？如何解决？教育方法是否恰当、是否有针对性、是否有效？"教师的使命'解惑'不仅是解知识之惑、社会生活之惑，更重要的是解心理之惑、成长之惑。"[1]要完成这个使命，老师们必须要与时俱进，加强学习，提升自己的专业水平，不能再用自己的老眼光来看待特殊学生，也不能再用老办法来简单地对待特殊学生，应该深入挖掘病因，再对症下药，才能药到病除。对于小苗，校长要与教师共同分析小苗的问题，找到切入点，如小苗的心理障碍是属于分离性焦虑，如果在失望阶段，老师能当他的"替代母亲"，对他进行疏导、引导、指导，走进他的内心，给予他更多的关爱，让他有安全感和存在感，或者小苗就不会发展成现在这个样子。所以说，如果老师具备这样的理论知识，具备发现问题的眼光，具备解决实际问题的能力，尽早地进行干预和引导，就能把小苗的问题解决在萌芽状态，而不会恶化至此。对于小苗已形成的陋习和不良品德、不良行为，老师先不能有高要求，但也不能放任自流，应该循序渐进，采用适当的方法引导小苗建立正确的价值观、是非观，从而慢慢改变不良

---

[1] 吴增强. 班主任辅导心理实务[M]. 上海：华东师范大学出版社，2010：1.

行为。针对个体出现类似攻击性行为或不良情绪者，可以引导他采用"内观训练程序"来控制自己的情绪：

(1)如果你站着，就站得自然些，而不是侵犯的姿势。

(2)如果你坐着，就坐得舒服些，你的脚独自摆在地板上。

(3)自然地呼吸，不做任何事。

(4)让你的心回到你很生气的事情上，停在生气的情境中。

(5)你感觉到生气。用你的心体会生气的思想，让他们自然地流露，没有限制，停在愤怒。你的身体显示出生气的症状(如急促地呼吸)。

(6)现在，你的注意力转换到你脚底。

(7)慢慢地运动你的脚尖，感觉你的鞋盖在你的脚下。

(8)保持自然呼吸，集中到你的脚底，直到你感到平静。

(9)从脚底沉思 10-15 分钟。

(10)慢慢地，你从沉思中出来，安静地坐一会儿，再恢复你日常的活动①。

这样的干预和调控方法有很多，老师们可以针对小苗的分离焦虑情绪和攻击性行为来选取相应的方法，虽然不一定有效，但起码我们作为教育者尽力了，也无愧于自己的使命。

(三)呼吁学校对应的爱

因材施教，是教育中一个亘古不变的原则。在亚米契斯《爱的教育》中有这样一个动人的片段：校长先生领了一个陌生的小孩到教室里来。那是一个黑皮肤、浓发、大眼、浓眉的小孩。校长先生将这小孩交给先生，低声地说了一两句话就出去了。小孩用他黑而大的眼睛

---

① 吴增强. 班主任辅导心理实务[M]. 上海：华东师范大学出版社，2010：63-65.

看着室中一切，先生携了他的手向我们说："你们大家应该欢喜。今天有一个从五百英里以外的格拉勃利亚的莱奇阿地方来的意大利小孩进了这学校了。因为是远道来的，请你们要特别爱这同胞。他的故乡很有名，是意大利名人的产生地，又是产生强健的劳动者和勇敢的军人的地方，也是我国风景区之一。那里有森林、有山岳，住民都富于才能和勇气。请你们友爱地对待这小孩，使他忘记自己是离了故乡的，使他知道在意大利，无论到何处的学校里都是同胞。"[①]试想，一个离乡别井的小孩听到这样的一段话，心里会多么的温暖，这所学校就是他的家，这些同学就是他的亲人，而且校长先生在言语中还对他的家乡进行了赞美，让他的自豪感油然而生。同时，在校长先生的引领下，同学们也会倍加爱护新来的同学，这就是一种大爱精神，一种开放、接纳的态度。可见，校长先生的这种做法对于一个新加入的学生是多么的重要！具体情况具体对待，只要我们怀着一颗大爱之心，对特殊学生开展有针对性的教育，就会有明显的教育效果。例如，针对现在离婚率越来越高，单亲家庭的孩子越来越多的情况，我们可以借助母亲节的契机，开展"妈妈，我想对你说"的书信活动，让孩子向妈妈讲心里话，宣泄自己的情感。或者设置一些情景，让孩子自己去体验，从而纠正自己的心理偏差等。当然，对待这些单亲家庭的孩子，我们一定要保护好他的隐私，不要让他承受别人异样的眼光，以免增加心理压力。

对特殊学生做到因材施教，心理辅导老师也有一些优势，因为他们具有更专业的知识和技能。据了解，某些一线大城市个别小学专门

---

① 埃·德·亚米契斯. 爱的教育[M]. 夏丏尊，译. 北京：新世界出版社，2009：4.

聘请了心理学专业的"科班"毕业生担任班主任,并开设心理辅导课程。在发展条件受限的地区和学校,可能极少有专业的心理老师,但是有不少班主任曾经参加过心理辅导培训,我们也可以借助这些力量来帮助小苗。例如,我们可以针对小苗的分离性焦虑情绪进行调控,调控的内容包括引导学生直面自己,让他宣泄情绪,增加积极的体验,慢慢学会控制情绪。先是引导小苗认识到妈妈的离开会引发他的焦虑情绪,人会变得比较失落,缺乏安全感。接着做小苗的听众,让他充分宣泄,"并恰当表达自己的情绪,其中包括:向自己表达,让自己清楚目前的情绪状态以及它的来源;向他人表达,与他人沟通、交流,让他们认识并共享自己的情绪;向环境表达,不高兴时跑跑步、打打球,或者出去旅游、听音乐会,甚至摔东西,在无人处高喊、哭泣等,都会使不良情绪得到调适"[①]。然后要想方设法帮助小苗增加积极的情绪体验。其实很多事情都有积极和消极两个方面,关键是你如何看待这件事情。就好像小学语文《"精彩极了,糟糕透了"》一课,同一件事情,有人认为"精彩极了",有人认为"糟糕透了"。以小苗妈妈怀孕这件事为例,小苗会觉得"妈妈又有了新的孩子,这样就会不要我了,剩下我一个人更加孤苦了"。但也可以这样想,"妈妈又给我生了一个妹妹,多好啊,这样我又多了一个亲人,不用孤苦伶仃了"。如果小苗会从这样积极的一面去想,他的焦虑情绪肯定会减轻。最后我们还要引导小苗学会控制自己的情绪,学会自我放松,学会自我减压,学会疏导自己的情绪。

(四)呼吁社会全方位的爱

"这是心的呼唤,这是爱的奉献……幸福之花处处开遍,只要人

---

① 吴增强.班主任辅导心理实务[M].上海:华东师范大学出版社,2010:22.

人都献出一点爱，世界将变成美好的人间"，《爱的奉献》这首歌一直感动着很多人的心。对于问题学生，如果人人都献出一点爱，他们肯定会变得更加美好。学校教育的力量毕竟是有限的，何况我们现行绝大多数都是大班额教学。我们要借助和整合各方面的力量和资源，形成合力，加强对小苗的教育。例如，我们可以借助社区的力量，联手社区服务志愿者，对小苗进行家访、跟踪观察等，对小苗的不良情绪进行及时的疏导，对不良行为进行恰当的引导。同时，我们也应该发挥社区服务志愿者的桥梁作用，让他们作为家长与学校的第三方见证人，减少家长对学校的不信任感。如以上所提到的小苗妈妈对学校的投诉，如果有社区志愿者作为见证，那么学校就不会蒙上不白之冤。另外，我们还可以采用德育情境模式或体验模式，带学生到生活情境中去体验。如我们可以带小苗到少管所参观，让他看看少年犯们劳动、吃饭、住宿以及接受教育的场景，感受他们失去自由、失去幸福的痛苦，了解他们成为罪犯的原因，亲眼看到他们所付出的代价，这样身临其境，一定会给小苗敲醒警钟，如果再不转变，那等待他的很可能就是这种局面。

第二节　学生品德和心理发展的特点与规律及品行养成过程分析

不同年龄阶段的学生，其思想品德形成和健康心理发展具有不同的特点与规律，如在幼年时期，学生知觉、兴趣、道德、情感、美感等多为感性体验，但是都对学生的成长起着重要的作用[1]。相对于儿

---

[1] 曲剑锋. 心理因素对学生品德发展影响的研究[D]. 长春：东北师范大学，2005：25.

童以感性的形象思维为主，到了青少年阶段，他们的思维方式已经发生转变，由形象思维逐步过渡到抽象思维，思维的辩证性、独立性和批判性都有了显著的发展，而这些变化会直接影响学生的品德养成和心理发展。学生的品德形成不是一蹴而就的，而是循序渐进的一个生长过程。我们要陪伴学生一起成长，用发展的眼光来看待他们，做麦田的守候者，静待花开的声音。

一、学生品德和心理发展的特点与规律

在学生的思想品德形成和健康心理发展过程中，是存在一些关键期的。林崇德认为："包括品德在内，每一个心理过程或个性心理特征都要经过由量变引起的几次质变与飞跃，并表现出一定的年龄特征，这种年龄特征的形式，叫关键年龄。"[1]陈旭、曾欣然等也认为："所谓品德发展关键期，是指某种品德心理品质、品德结构功能、品德行为习惯出现转折或飞跃时期，或者说，良好的品德特质最容易形成和培养的时期。"[2]

表6-1　小学生品德心理活动整体运行关键期的相关研究

"五爱"	研究者	研究方法	关键期
心中有祖国	曾欣然，等	品德情境模拟测查	小四、小六年级
心中有父母	曾欣然，等	品德情境模拟测查	小五上期和小六下期
心中有老师	曾欣然，等	品德情境模拟测查	小五上期
心中有同学	陈旭，等	品德情境模拟测查	小四上期
爱人民	曾欣然，等	品德情境模拟测查	小四年级

---

[1] 林崇德．品德发展心理学[M]．上海：上海教育出版社，1989：125．
[2] 陈旭，曾欣然．现代品德情境测评与德育实验研究[M]．重庆：西南师范大学出版社，2000：86-89．

续表

"五爱"	研究者	研究方法	关键期
恨坏人	曾欣然，等	品德情境模拟测查	小五上期
爱劳动	曾欣然，等	品德情境模拟测查	小四、小五之间及小六与初一之间
爱科学	曾欣然，等	品德情境模拟测查	小五、小六年级，尤以小五为关键
纪律观念	罗志惠，等	品德情境模拟测查	小二和小四左右

资料来源：陈旭，曾欣然. 现代品德情境测评与德育实验研究[M]. 重庆：西南师范大学出版社，2000：86-89.

表6-1呈现了小学阶段学生一些品行品德形成和心理发展的关键期。在关键期进行相应的品行培养有事半功倍的效果。以爱劳动为例，如果家长或者老师从小就要求孩子自己的事情自己做，在家里做做家务，在班上搞搞卫生，学会自理、自立、自强，让他们认识到劳动最光荣，劳动可以创造成功。当形成这种道德认知后，到了四年级以后就很容易转化为道德行为，变得热爱劳动，并能享受到劳动带来的成果和快乐。但并不是所有四年级的同学都能做到，在现实中，仍有不少同学是过着衣来伸手、饭来张口的小皇帝生活，劳动离他们很遥远，没有劳动意识，何来劳动行为呢？另外，现在的社会正处于转型时期，信息万变，价值多元，甚至出现不少价值迷茫、价值冲突的现象，受其冲击，这时期学生思想品德形成和心理发展更会呈现出各种不同的差异。所以，在育人过程中，必须要做到承认差异、尊重差异，因材施教。

二、学生品行养成过程分析

南北朝时期的教育家颜之推在《颜氏家训》中提到不同年龄阶段学生思想与品行的养成过程时认为："在幼儿期，当及婴稚，识人颜色，知人喜怒，便加教诲，使为则为，使止则止，比及数岁，可省笞罚。"这个时期的孩子能够察言观色，教育者要开始认真加以教诲，否则就会错失教育的良机。其次，在少儿期，他认为孩子在这一时期精神集中，可塑性强，教育效果好，因此不可错过少儿时期这个最佳教育时机，即"人生小幼，精神专利，长成以后，思虑散逸，固须早教，勿失机也"。最后，在少年期，他认为："人在年少，神情未定，所与款狎，熏渍陶染，言笑举动，无心于学，潜移暗化，自然似之。"——学生在这个时期"神情未定"，外部环境对其品德形成至关重要，因此强调应利用学生的心理特点为其创设一个好的环境进行"潜移默化"[①]。

某市中小学针对不同年龄阶段学生思想与品行养成过程的特点，设置了各学段的德育重点，对我们按年龄阶段身心发展规律进行品行培养提供了参考，小学阶段的重点是习惯养成、诚实礼仪教育等，初中阶段的重点是意志品质、身心健康教育等，高中阶段的重点是理想信念、公民素养教育等，并提出三个学段关键要素的侧重点(详见表6-2)。

表6-2　小学、初中、高中三学段德育侧重及各学段关键德育要素解构

学段	学段重点	关键德目要素	备注
小学	爱的情感、文明有礼的习惯、安全自护的意识、诚实守纪的品质、乐学向上的志趣	"五爱"、举止规范（文明、文雅）、习惯良好、礼貌待人、善于交往、遵章守纪、安全自护、保护环境、承担责任、明辨是非、开朗、诚信、友善、兴趣、乐学、上进	共16个关键德育要素
初中	爱国爱民、举止文明、遵守规则、勇于负责、自制耐挫、立志怡情	"五爱"、文雅、文明、规则、责任、生命、环保、自制能力、坚强意志、诚信品质、节俭习惯、博雅情趣、美好理想（远大志向）	共13个关键德育要素

---

① 何珊. 德育时机论[D]. 石家庄：河北师范大学，2011：9.

续表

学段	学段重点	关键德目要素	备注
高中	爱国爱家的人文情怀、文明雅行的生活方式、敢于担当的公民意识、乐观向上的个性品质、追求卓越的理想情操	"五爱"、文明礼仪、习惯养成、低碳生活、珍爱生命、担当责任、遵守规则、珍惜权利、学会创新、良好个性、交往合作、诚实守信、高雅情趣、崇高理想	共14个关键德育要素

资料来源：王一凡.武汉市中小学有效德育的探索与实践[J].中小学德育，2013(10)：27.

有了如此清晰的德育目标，关键是如何让这些目标达成，这就要求学校开展有针对性的德育课程和活动，让学生通过课程和活动养成良好的品行。如中山市××小学在培养学生的集体观念时就根据学生年龄特点设计了有针对性的德育目标和主题内容。以小学儿童集体观念为例[①]：(1)从7岁起，集体意识已经开始出现，但是7岁儿童只是初步具有把为集体和为个人的行为动机分化出来的能力；(2)集体观念的形成具有明显的年龄差异，选择为集体的行为动机的判断人数比例逐年增加，大约在9岁前后出现重大变化；(3)各年龄的大多数儿童在执行集体委托和维护集体利益的行为方面，选择关于为集体的行为动机的判断均占绝对优势。因应学生的集体观念养成特点，××小学设计了《对集体负责》的主题内容(详见表6-3)。

[①] 人民教育出版社课程与教学研究所.小学儿童品德发展[EB/OL].http://www.pep.com.cn/xgjy/xlyj/xlshuku/xlsk1/115/xlxyj/201011/t20101103_945092.html，2010-11-03.

表 6-3　西厂小学各年级《对集体负责》的主题内容

年级	上学期主题	下学期主题
一年级	当好值日生	集体的事大家做
二年级	爱护公物，从我做起	我是班级小主人
三年级	团结合作力量大	多为班级做好事
四年级	班荣我荣，班耻我耻	共创班级荣誉
五年级	创良好班风，对集体负责	西厂是我家
六年级	男女同学之间的交往	一起走过的日子

资料来源：中山教育信息网．广东省中山市石岐区西厂小学德育校本课程[EB/OL]．http://topic.zsedu.net/zt/p07.html，2013-12-1．

第三节　学生思想与品行的教育方法

一、遵循发展规律

学生的思想品德形成和健康心理发展具有不同的特点与规律，我们在开展德育活动时要遵循规律，抓住学生品德形成的关键期开展有针对性的德育。如广州市开发区第一小学提出全程育人的理念，对小学生的成长时空进行总体设计，确定每个年段德育工作重点内容：一二年级重点进行在校一日常规教育，三四年级重点进行感恩教育和社会公德教育，五六年级重点进行心理健康教育和励志教育，为学生的终身可持续发展奠定良好的基础①。可以看出，这样的德育内容安排是符合德育成长规律的，因为如上所述，在幼年时期，学生道德情感多为感性体验，只有到了少年时期，也就是三四年级才慢慢开始形成

---

① 郭云海，徐德兵．和谐联动育英才，整体育人铸品牌——广州开发区第一小学"和谐教育"理念下的德育创新[J]．中小学德育，2012(5)：79-81．

价值观、是非观。

案例分享

儿童生长发育的教育忽视

记得那一年我在任教六年级的时候发生这样的一件事情。有一天，小A的家长哭着打电话向我请假，说她儿子的小鸡鸡发炎了，肿得很厉害，去看医生，医生的话把她吓坏了，说要拍片查清楚，如果消不了炎的话，有可能坏死了。为什么会造成这样严重的后果呢？原来是班上的男生互相抓下体，把这当成一种游戏，参与的男生接近10个人，下课的时候，他们就经常在课室或洗手间玩这个游戏，你抓我的我抓你的，觉得很好玩。小A就是被几个同学抓过后就发炎了。一了解到这个情况，我们觉得很惊讶，真的没想到，就在我们的眼皮底下，这样不良的行为竟然天天上演着。我们马上召集男生来询问，我们发现，在他们的眼里，根本不存在色情的意识，只是觉得很好奇，因为有的孩子发育了，有的还没有，他们觉得有差异，好奇心作怪，就互相之间抓起来。有的觉得很好玩，完全没想过后果，也不知后果会如此严重，就变成了一种游戏。有的甚至自己在家时也摸，因为他们觉得偶尔有舒服的感觉。小A也坦承，他自己也会经常摸，可能用力过度了，才导致发炎。幸好通过治疗，小A康复了，我们才放下心头大石，要不然，就因为我们教育的疏忽，而毁了小A的一生，那真的是太愧疚了。真的，如果不是发生小A的事情，我们也根本没想过会发生这种事情，看来我们对学生的身心发展还是缺少一种预见。心理医生指出：大多数儿童在生长发育过程中均会出现或轻或重的"自慰"现象，这是很正常的。对于他们来说，这只是一种纯粹的感官刺激活动，可能就是由于好奇或觉得好玩、舒服才发生这种行为。对此，我们不用大惊失色，不能用不道德或羞耻的标准来评价他们，更不能对孩子粗暴打骂以及强行制止。这些做法不会减轻这种行为，相反可能使他们更加焦虑、更加频繁。万一孩子因此产生负罪感，出现自卑、焦虑心理，对其一生都会有不利的影响。

（资料来源：笔者的教学经历）

二、走进学生内心

在马年的中央电视台春节联欢晚会上，一首《时间都去哪儿了》的歌曲感动了千万人，那真挚而平实的歌词写进了观众的内心，引起观众的共鸣。这首歌的歌词是这样的：

门前老树长新芽，院里枯木又开花，半生存了好多话，藏进了满头白发。记忆中的小脚丫，肉嘟嘟的小嘴巴，一生把爱交给他，只为那一声爸妈。时间都去哪儿了，还没好好感受年轻就老了，生儿养女一辈子，满脑子都是孩子哭了笑了……

在歌手自弹自唱的同时，背景配上了网络名人大萌子的"30年父女合影"，30张照片凝聚30年父女情。看着牙牙学语的小萌子慢慢变成亭亭玉立的大萌子，也看着英俊挺拔的萌爸慢慢变成夹杂白发、脸露皱纹的中老年男人，我们在感叹岁月流逝的同时，可能感受最深的就是浓浓的亲情，那如山的父爱，那舐犊情深的恩情，让很多人留下了感动的泪水。人都是感性的动物，学校开展德育活动也要设法走进学生的内心，引发学生的认同和共鸣，才能取得事半功倍的效果。"从德育对学生思想品德发生的作用来分析，德育模式可以分为内发型和外铄型。其中，外铄型的一个代表是传递—接受模式，认为学生的大脑犹如盛装美德的袋子，德育的目的是通过教师传授，把社会上大多数人认同的诸如诚实、责任、友谊、坚强等一系列'美德'装进学生的'袋子'中，并根据这些知识去判断什么是道德的，什么是不道德的，进而采取相应的道德行动。但无数的实践表明，知识并不等于思想品德，特别是通过说教、灌输和死记硬背而掌握的知识更不等于品德。所以我们主张内发型的德育模式，它强调学生在德育过程中的主体地位，主张教育者通过启发、引导，促进学生内心的价值观和良好品行的释放、流露，理解学生、尊重学生的取向和需求，德育过程的安排、内容的选择都必须服从于学生的内心需要，触动学生的心灵。"[1]

三、注重情感体验

在德育过程中，古人一直强调知、情、意、行的统一。其中，"情"指的是情感体验，在现代的德育趋势中，也越来越注重道德情感体验。因为"情"既是"知"与"意"转化的桥梁，又是"行"的动力。如以培养道德情感为主旨的体谅模式的创立者、英国学校德育专家麦克菲尔（McPhail）对德育中那些过于理性的方法提出批评，认为它们损害了人性的最好情感，主张满足人类的爱与被爱。基尔申鲍姆（Kirschenbaum）也提出通过感受与沟通增强情感体验的观点，他认为，"感受包括：珍视、爱护，有良好的自我感受，意识到自身的情感。沟通包括移情，即倾听、理解他人选择的心境"[2]。学校在开展德育活动时，要注意激发学生的真情实感，引导学生追求人世间的真善美，

---

[1] 范树成. 德育过程论[D]. 长春：东北师范大学，2004：6-171.
[2] 范树成. 德育过程论[D]. 长春：东北师范大学，2004：196.

并从中得到快乐感、成功感、幸福感。如要培养学生"心中有父母"的品德，可选用有关亲情的故事素材，让学生走进故事情境，进行角色，这样特别能让学生动情、用情，产生积极的情感体验。例如，发生在汶川地震的一个故事《来自天堂的短信》就是一个很好的素材。

案例分享

来自天堂的短信

地震后的第二天，搜救队队员在北川县的废墟中看见了她：她一动不动卧在废墟中。透过那一堆钢筋水泥的间隙，人们可以看到她倒下的姿势，双膝跪着，整个上身向前匍匐，双手扶着地支撑着身体，有些像古人行跪拜礼，只是身体被压得变形了，看上去惨不忍睹。

救援人员确认她已经死亡，但救援队队长却在她身下发现："有个孩子，还活着！"废墟被清理开，在她身下出现了一个红色带黄花的小被子，里面包裹着一个大概三四个月大的婴儿。因为母亲的庇护，他毫发未伤，抱出来的时候，还安静地睡着。随行的医生解开小被子准备做些检查时，发现一部手机塞在被子里，手机屏幕上是一条写好的短信："亲爱的宝贝，如果你能活着，一定要记住我爱你！"看惯了生离死别的医生落泪了，手机在人群中默默传递着，每个看到短信的人都在低声地啜泣。

资料来源：高原．汶川地震中的"短信妈妈"[EB/OL]．http：//health.sohu.com/20100428/n271807330.shtml，2010-4-8．

看到汶川地震母亲舍命救孩子这么一个感人的事实，不要说一个孩子，就是看惯了人情世故的成人也会落泪。这样的画面不再是冷冰冰的道德说教，也不再是条条框框的道德教条，而是活生生的爱的感染、爱的传递。相信所有的孩子，包括曾经向妈妈举刀的小苗看完也会有所触动的，这就是无私的母爱。

四、师生双向互动

教育是人与人之间心灵的交流、思想的碰撞、行为的熏陶。受教育者的思想品德是在教育者的价值引导和受教育者的自主建构中形成和发展起来的[1]。传递—接受的德育模式，强调的只是教育者的价值引导，只关注"教师→学生"这样一个授与受的关系，忽略了学生的自主建构。在德育过程中，需要加强师生之间的双向互动。"德育对话"就是德育过程中较为有效的一种互动机制。"德育对话不只是你来我往的言谈、一问一答的形式，更关键的是这种言谈和问答是否具有双方互动的实质，主体双方是否具有平等的地位，是否敞开心扉，倾听和接纳对方。按照雅斯贝尔斯（Jaspers）的说法，对话是真理的敞亮和思想本身的实现。"[2]教师要蹲下身来，真诚地与学生交朋友，聆听学生的心声，动之以情，晓之以理，做到春风化雨、润物无声。同时，老师要充分发挥自己的榜样作用，以身作则，用自己的正确价值观引导学生，用高尚的情操熏陶学生，用美好的心灵净化学生，用良好的行为引领学生，做到师生共同成长。

五、与生活接轨

"生活是道德得以生长的土壤，离开生活，道德是无法进行无土

---

[1] 范树成. 德育过程论[D]. 长春：东北师范大学，2004：25.
[2] 范树成. 德育过程论[D]. 长春：东北师范大学，2004：136.

栽培的。"①习近平总书记也指出：一种价值观要真正发挥作用，必须融入社会生活，让人们在实践中感知它、领悟它。②德育活动必须要与生活接轨。我们可以从实际生活中选择有教育价值的德育素材，可以是当前社会的热点问题、突发事件、道德情景等，组织学生讨论交流，形成正确的道德判断。如对于助人为乐行为的看法，我们可以提供"小悦悦事件"和"托举哥故事"，让学生来谈谈自己的看法，与学生共同讨论如下问题：看到别人受到伤害，是救还是不救？是热心帮助还是冷漠以对？助人为乐精神是对还是傻？这样鲜活的例子极易引发学生的道德情感和思考，试想，如果小悦悦或琪琪是自己的亲人，那你会做何选择呢？你还会眼睁睁地看着她躺在地上吗？

案例分享

小悦悦事件

2011年10月13日下午5点30分，广东佛山2岁女童小悦悦在过马路时不慎被一辆面包车撞倒并两度碾压，随后肇事车辆逃逸，随后开来的另一辆车辆直接从已经被碾压过的女童身上再次开了过去，七分钟内在女童身边经过的十八个路人，都对此冷眼漠视，只有最后一名拾荒阿姨陈贤妹上前施以援手，但最终小悦悦还是于21日凌时32分离世。此事件由此引发国民对于"冷漠"的广泛热议。

资料来源：这一天，他们令佛山蒙羞[N]. 佛山日报，2011-10-17：封面版.

---

① 高德胜. 生活德育：境遇、主题与未来[J]. 教育研究与实验，2012(3)：5-10.
② 习近平. 使社会主义核心价值观的影响像空气一样无所不在. 中共中央政治局第十三次集体学习时讲话[EB/OL]. http://news.163.com/14/0226/01/9LVMABQE00014Q4P.html，2014-02-24.

托举哥

6月3日，广州4岁女童琪琪悬挂在4楼阳台，一名男子徒手爬上3楼防盗窗，足足将女童托举了十余分钟。经过众街坊合力营救，女童最后安全着陆，而他却低头走出小区，消失于车水马龙中。经过几天寻找，6月10日，这名救人男子终于出现。他被称为"黄衣男"，也有人叫他"托举哥"，更有网友称其是"最美路人"。他就是从湖北孝感老家来广州找工作的23岁男子周冲。

资料来源：邹卫."托举哥"露面被称"最美路人"[N].中国青年报，2012-06-12：01 版.

六、整合各方面力量

家庭、学校、社区、社会在学生的品德形成过程中均起着不可或缺的作用。父母是孩子的第一任老师，学校是最重要的教育和培养基地，社区的宣传和服务工作也极为重要，社会的价值取向也会对孩子产生很大的影响。在德育过程中，我们要整合各方面的力量，携手并进，形成合力，促进孩子良好品德和行为的养成。在当今的网络信息时代，媒体的力量很发达，我们也应该从众多的信息中寻找出正能量的东西，去鼓舞孩子、激励孩子、引导孩子。例如，现在很多学生都喜欢追星，其实很多明星都有其独特的魅力，像周杰伦，他写的很多歌都含有丰富的情感因素，如《外婆》一曲，歌词直指当今社会亲情的缺失，引起人的深思。"大人们以为出门之前，桌上放六百就算是孝敬，一天到晚拼了命，赚钱少了关怀有什么意义。外婆她的期待，慢慢变成无奈，大人们始终不明白，她要的是陪伴，而不是六百块。比你给的还简单，外婆她的无奈，无法变成期待，只有爱才能够明白……"偶像的力量不可估量，我们应该发挥他们的榜样作用，给孩子传递正面的东西，让孩子在追星的过程中，在明星们的音乐、舞蹈、影视作品中去感受真善美，养成高尚的情操。

七、完善评价制度

近几年，学校对学生的德育评价引起了很多的争议，如"绿领巾事件"和"差生伺候优生吃饭事件"，这都引起了社会大众对学校德育评价的关注和思考。对此，全国少先队优秀辅导员、北京史家小学德育特级教师孙蒲远有这样的看法：

"我无从知道校方是根据什么条件给这些孩子打的分，是学习成绩？是道德品行？但是无论什么，都不能把孩子分成三六九等，他们都应该在教育者的鼓励和引导下发扬自己的优点，克服缺点，在成长和发展过程中逐渐成熟起来。我们主张孩子要在体验中受教育，而这样的活动，孩子们的体验是什么呢？我是'优生'，我可以吃香的、喝辣的；你是'差生'，就该在一旁站着'伺候'我。画面中高昂着头的那位'下士'的眼神好像在告诉我们：'谁说我长大一定不如我'伺候'的这位'上士'！'此时，又有谁能真正了解此举给这些孩子心灵中带来的不良影响和所造成的创伤呢！在我眼中永远没有'差生'，我常常在学生面前说：'我们班没有一个差生，大家各有优点和缺点，都要发扬优点，克服缺点，要互相帮助。'这样做，既培养了孩子们的自尊心和自信心，也为他们今后的做人和发展奠定了基础。对于大家选举出来的班队干部，我强调他们是同学们的勤务员，强调为大家服务，绝对不可以高高在上、搞特殊化。作为一个老教师，我看到这种现象，感受到的不仅是意外，还有难受。作为教育工作者，我们要创造条件让孩子体验到成功的喜悦，以增强每个孩子的自信心和自尊心。开展教育活动，必须遵循以人为本的科学教育理念。对学生进行任何奖惩，都是一种导向，'奖'是明确告诉孩子什么是对的，引导孩子往积极方面努力；'惩'是明确告诉孩子不可以做什么。'差生伺候优生吃饭'，给我们教育工作者和广大读者提供了许多让人思绪不平的信息……"①

一直以来，小学德育评价体系主要是通过对个体道德教育塑造成功的典范进行鼓励和奖励的激励机制，它通过对个体道德行为的社会认可，激励整个社会成员的道德作为，从而取得道德教育成果，是以点带面的教育评价体系。当然，这种单一的注重荣誉的评价体系在小学德育教育工作中有其积极的现实意义。"它的主要优点是：培养学生对社会道德的强烈认同，在意识领域树立积极的榜样和楷模，达到以点带面的效果，使受表扬和鼓励的教育个体产生再接再厉、当好表率的心态，使其他受教育者产生积极的道德认同。但是，这种单一的注重荣誉的德育评价也有许多不足之处：道德感从道德行为中剥离，它们再也不是紧密联系在一起了；道德的行为也不是真正的道德，而是成为获得荣誉或得到教师和长辈喜欢的工具。"②

评价的目的不是为了刁难学生，而是为了学生的发展！所以，我们要改变这种单一的评价体系，使评价更具有全面性、过程性、发展性。全面性就是指对学生必须具备和自觉遵守的道德标准的全面评价。过程性就是指要关注学生品德的形成过程，不能只关注终结性评价，应该尤为看重形成性评价。发展性就是指要用发展的眼光来看待孩子，因为孩子就是在不断犯错的过程中成长的，老师要允许学生犯

---

① 孙蒲远.在我眼中永远没有"差生"[J].中国教育报，2005-8-1：8.
② 包松林.完善评价体系，增强德育实效[N].江苏教育报，2012-5-17：03版.

错，用宽容、博大的胸怀去对待学生。

夏丏尊先生在翻译《爱的教育》时说过这样一段话："教育之间没有情感，没有爱，如同池塘没有水一样，没有水，就不成其池塘，没有爱就没有教育。"[①]校长担负着促进学生健康成长的重任，在开放的社会环境中，越来越多特别的学生出现，他们缘何特别？他们需要怎样特别的爱呢？我们该如何给予呢？这需要校长们遵循教育的规律，践行爱的教育，营造和谐的育人文化，创新德育工作的内容、形式、途径、手段，使我们的孩子获得健康、快乐、幸福、自由的人生。

案例分享

习惯养成教育的金钥匙

"如果您在这一天中有1—2个习惯没有做好，您的磁牌将降到黄色区域；如果3—5个习惯没有做好，磁牌将降到红色区域；如果5个以上习惯没有做好，您的磁牌将降到黑色区域；如果您做好了，磁牌随时都可以上升……"这是山东省青州市××小学一年级的"习惯养成金钥匙评价板"上的"游戏规则"。展板的左半边为一个倒金字塔，由上而下分为4种颜色的4个区域，每天开始时所有的磁牌都在最上面；右半边是一个放射状的环形图案，由"整洁、自律、尊重、尽责"4个核心习惯依次细化出若干小目标习惯，最外圈是班级个性化的拓展习惯。

"自从研发使用了这个既严肃又好玩，操作简便的游戏性评价板，

---

① 爱的教育．百度百科[EB/OL]．http：//baike．baidu．com/subview/71483/5246034．html，2014-08-14．

我校的习惯养成教育就有了即时评价、过程性评价的抓手和金钥匙。"××小学副校长杨金芝说道。

青州市教研室主任史振平说："小学阶段是学生习惯养成的关键阶段，但目前一些学校和老师对小学生习惯养成教育的目标不明确，缺乏有效的实施策略，相关部门对习惯养成教育的管理、评价和指导跟不上，影响了小学生习惯养成和素质教育的深入推进。"

针对这一问题，青州市教研室自2006年起利用3年时间，开展了山东省"十一五"教育规划重点课题"小学各学科教学中学生良好习惯培养策略研究"。2011年9月，青州市教育局又印发了《关于加强小学生习惯养成教育工作的意见》，把小学生习惯养成这项一些人认为"可有可无的软任务"真正变成小学教育的硬指标。

经过深入调研，青州市将习惯养成教育目标确定为学习习惯和行为习惯两大类，每类各细化成十条，如课前准备、认真预习的学习习惯，举止文明、诚实守信的行为习惯等，俗称"双十条"。然后根据学生的年龄特点，将"双十条"习惯养成教育目标再细化为不同年级具体的序列化的小目标，推行"行为习惯养成教育小目标训练养成法"，提高了习惯养成教育的针对性、可操作性和实效性。在此基础上，青州市依据培养目标和老师们实施习惯养成教育过程中遇到的困难和难题，在全市公开征集"小学生习惯养成教育难题及破解难题的金点子案例"，目前已征集了第一批76个金点子案例，经评选后在全市推广借鉴。

农村学校何官镇××小学的"农村孩子如何改掉乱花钱的习惯"就是首次征集的金点子之一。该校教师孙老师说，不少小学生经常向家长要零花钱，有随便花钱、吃零食等不良习惯，让家长非常苦恼。针对这一问题，该校对小学生零花钱使用状况进行了一次系统调查，发现在学生平均每人每月的25元零花钱中，有一半用来吃零食，近1/3用来买玩具，只有3块多钱用来买学习用品。于是，该校开展了"我当理财小主人"专项教育活动，教孩子们从小学理财，用"买本子、献爱心、表孝心、搞投资、买书报、去旅游"六招引导学生合理花钱，减轻了家庭经济负担，培养了学生合理使用零花钱的良好习惯。

青州市的一所寄宿制小学制订了良好的行为习惯、学习习惯和生活习惯三大类共362项小目标，学校还实行"习惯养成导师制"，学校领导及全体教职工每人结对子，具体指导5个学生培养良好行为习惯，纠正不良习惯。该校还建立了学校、班级、小组、个人、家长共同参与的习惯养成评价体系，对学生小组进行捆绑评价。

青州市还加强小学生习惯养成的引导和督查工作，将新学期开始时的3月和9月定为"习惯养成教育规范月"，并组织学校开展学生习惯养成教育专题家长会，集中强化、家校合力培养小学生良好习惯，将小学生习惯养成教育纳入对学校的综合督导考核之中，有效推动了小学生习惯养成教育的落实。西苑小学一年级学生家长程和莲高兴地说："经过一年时间的习惯养成教育，孩子现在不但能控制自己看电视、玩电脑的时间，还通过收集旧报纸、易拉罐等买了一本自己喜欢的书，形成了很多良好的习惯。"

资料来源：魏海政．青州习惯养成教育有金钥匙[N]．中国教育报，2012-07-24：02版．

第七章　形象、风格、境界
——学校环境文化建设的思与行

专业标准

"营造育人文化"第十七条标准：绿化、美化校园环境，精心营造人文氛围，建设优良的校风、教风、学风，设计体现学校特点和教育理念的校训、校歌、校徽、校标。

标准解读

学校环境的内涵十分丰富，外延也很宽泛。按照不同的分类标准，既可以把学校环境分为教育环境和管理环境，又可以分为硬环境和软环境，还可以分为学校物质环境和学校精神环境。为了文化建设的切实需要，这里的学校环境主要指学校物质环境和学校精神环境。学校物质环境是学校内看得见、摸得着的物化的文化形态，是学校文化的外壳，奠定了学校文化存在和发展的物质基础，包括学校建筑、校园景观、文化设施等方面。学校的校容、校貌等外在形象是把学校文化形象传播给社会公众的外显性视觉对象。不过，绿化美化校园环境必须在学校文化"内核"即精神文化的指引下。学校精神环境是学校在长期的发展过程中逐渐形成的共同的价值取向和心理诉求，体现在全校师生的思维方式、行为方式和生活方式之中。学校精神环境既是学生健康生活的基础，又是对学生进行教育的重要资源或手段。学校精神环境建设主要包括校风建设、师生关系、课余活动以及生活秩序等方面的内容，这些内容均要体现出学校文化的内涵。建设优良的校风、教风、学风，设计体现学校特点和教育理念的校训、校歌、校徽和校标，是学校内在底蕴的体现和渗透，有利于彰显学校的特色和魅力，同时也是学校生命力和竞争力的凝练。

相关阅读

国内中小学校园环境建设存在的问题（有删减）

国内中小学校园环境的建设经历了从创立到定型化、普遍化，再到新型校园陆续创建这样的发展过程。旧校舍在建筑形态上大多千篇一律，缺乏从学生身心发展角度进行的环境设计，也缺乏地方特色以及文化内涵。还有些设计存在诸多问题，如校园景观不协调、建筑风格（颜色、造型）单一；雕塑位置不突出，缺乏视觉上的影响力；校园绿化系统不完善；空间场所的布置缺乏人文精神的体现等。

总体上看，目前国内校园环境设计的研究重点大多集中于校园的功能设计，而从自然环境特征、学生心理因素及与环境互动、地域文化以及环境教育因素的角度来说，强调校园环境设计的教育寓意性研究较少，也未进行系统性的深入研究。

资料来源：林刚.中小学校园环境的教育寓意性设计探究[J].教育研究，2013(3)：42.

近年来，国内校园环境建设越来越受到中小学的重视，关于这个领域的研究也呈现出了日益增多并不断细化的态势。但总体来看，目前还存在着几个比较突出的问题：首先是从认识上来看，常常只局限于校园环境的物质层面或表面形式，没有很好地发挥环境建设的育人功能；其次是从系统性来看，缺乏整体的思考和设计，满足于零敲碎打；最后，在校园环境建设过程中，多是从成人的视角出发，学生的主体地位严重欠缺。

第一节 绿化美化校园环境，精心营造人文氛围

加强学校的绿化美化和校园文化建设，是全面育人不可或缺的重要环节，对于充分展现学校教育理念和办学特色、促进素质教育全面实施具有重要意义。创造优美雅致、健康整洁的校园，能陶冶学生的道德情操、规范学生的行为习惯、激发师生工作学习的热情、促进学校的精神文明建设，以及加快素质教育的实施步伐等。因此，国内大多数中小学学校都在按照要求保证校园绿化面积，因校制宜地加强校园绿化美化，营造良好的教书育人环境，打造人与自然和谐发展的绿色生态校园。

一、校园环境建设必须以学校的核心文化为统领

校园环境是学校物质文化的重要表现形式，它与学校的精神文化、制度文化、行为文化等一脉相承，密不可分。校园环境建设不是一个孤立的过程，它是整个学校文化建设的基础和载体，它必须承载着学校的文化内核，必须与学校的其他文化水乳交融。因此，学校要以校园环境文化建设作为突破口，对教育理念、行为习惯和视觉表达

等方面的因素进行统筹设计和策划，努力凸显自己的品牌和个性。学校环境文化建设，需要以学校的核心文化为统领，进行整体的思考和设计。学校的每一个景观、每一面墙壁、每一处场所，都应是学校核心理念的诠释和呈现。

在学校的环境文化建设当中，不同的学校以不同的核心文化为统领，可以营造出不同的环境文化主题，使校园的绿化和美化工作更具鲜明特色，更有人文氛围。真正有生命力的校园环境文化是与学校的历史、现状和特色水乳交融的，是深深地植根于本校实际而富有灵魂和气息的，也是其他学校所无法复制的。

案例分享

让环境浸润童心

××附小的童心教育做到了"让环境浸润童心"。名人题词墙、荣誉墙原来是展示学校的最佳窗口，后来，学校从"童心教育"的角度出发，更换了这两面墙的内容：校门东侧的名人题词改为温馨问候"孩子们，你们好"，昭示着学校每天都敞开胸怀，迎接孩子们走进知识殿堂；"孩子们，祝你们一路平安"，既是每天响在孩子们耳畔的关怀，更是对孩子们离开学校的祝福。校门西侧的荣誉墙改为"全校学生笑脸墙"。在这面墙上，一本打开的书中跃然飞出一只展翅翱翔的和平鸽，同学们微笑的照片镶嵌在鸽子的图案中。学校五栋大楼的楼名和颜色都是通过班级讨论、师生投票，结合学校愿景而确定的，这五栋楼的楼名分别是"童心楼""童趣楼""童苑楼""童园楼""童雅楼"。这些名称契合了学校的办学理念，更体现了浓厚的人文关怀。五栋大楼的楼名成为最让人喜爱的"童心作品"。五栋楼的颜色选了三种主色和一种衔接色。棕色大楼象征着学校是肥沃的土壤；绿色大楼显示着生命的活力，代表着健康、向上、创新；橙色大楼意味着收获和喜悦。衔接色是黄色，代表着爱和责任。

资料来源：宋继东."童心教育"促进学生幸福生长[J].中小学管理，2010(2)：51-53.

二、要注重对校园环境文化育人功能的挖掘

学校需要投入一定比例的经费，按国家规定的标准完成基本的物质配备。不仅如此，学校还需要根据地区特点和学校理念进行适当的美化和绿化，为学生成长提供一个育人的环境。如果只把校园环境建设作为学校的"门面"来抓，使得所说的环境建设，只停留在表面的花花草草或者雕廊画墙，那么这样的学校环境文化只能是缺乏特色、千篇一律、流于形式，最终陷入急功近利的窠臼。

学校的物质基础是实现教育过程必不可少的条件，同时它又是对学生精神世界施加影响的手段，是培养他们观点、信念和良好习惯的途径。只要用心，学校的每一面墙壁、每一处角落、每一个细节都可以充分挖掘育人功能。如在苏霍姆林斯基所创建的帕夫雷什中学里，每座教学楼以及楼里每一层的陈设布置，都是同该年龄儿童的精神生活和情趣相适应的，如在一二年级教学楼的走廊里，有图片展览橱窗吸引孩子(图片是定期更换的)，那些图片的含义即使不加说明也是能够被理解的，适合刚入学的孩子们，如介绍孩子身边环境的"图片世界"等。"孩子在他周围——在学校走廊的墙壁上、在教室里、在活动室里——经常看到的一切，对于精神面貌的形成具有重大的意义。这里的任何东西都不应当是随便安排的。孩子周围的环境应当对他有所

诱导，有所启示。我们竭力使孩子所看到的每幅画，读到的每句话，都能启发他去联系自己和同学。"①再如，帕夫雷什中学有专门的家长活动角，在那里陈列的是介绍孩子的劳动、学习和创作的各种展品。每位家长都可以在那里看到显示自己子女某种优点的东西：做得很好的书面作业，学生自己动手制作的模型或工具，练习簿、图表、绘画等。老师还可以在活动角与家长进行单独谈话。这样的环境设置，无论是对学校教育、家庭教育，还是对学生本身，都有着独特而强大的教育功能。因此，苏霍姆林斯基给了我们这样的告诫："教育艺术在于，不仅要使人的关系、成人的榜样和言语以及集体里精心保持的种种传统能教育人，而且也要使器物——物质和精神财富——都能起到教育作用。依我们看，用环境，用学生自己创造的周围情景，用丰富集体精神生活的一切东西进行教育，这是教育过程中最微妙的领域之一。"②可见，作为校长，一定要力求使校园环境成为物化的活教材，成为学生身边耳濡目染的教育资源，打造自己学校系统而又富有成效的环境文化教育体系，既有独特的学校文化内涵，又有致力于学生终身发展的深远意义。

案例分享

极具创意效果的 Rain 花园

西方国家一些学校的校园环境设计中注重生态环境营造的案例，

---

① [苏]B. A. 苏霍姆林斯基. 帕夫雷什中学[M]. 赵玮，王义高，蔡兴文，纪强，译. 北京：教育科学出版社，1983：135.

② [苏]B. A. 苏霍姆林斯基. 帕夫雷什中学[M]. 赵玮，王义高，蔡兴文，纪强，译. 北京：教育科学出版社，1983：105.

将注重生态的价值观物化为特定的校园环境,能够给我们提供有益的启迪。例如,2007年美国景观设计师协会(ASLA)将设计荣誉奖(ASLA General Design Honor Award,2007)颁给美国俄勒冈州波特兰市 Mount Tabor 中学 Rain 花园校园环境设计。该项目的设计理念融合艺术、教育与生态功能等概念,将校园内一个原本未合理利用的停车场改造成了极具创意效果的 Rain 花园。该设计将学校变成了一个颇受欢迎的生态"绿色空间",并且以细致入微的教育理念潜移默化注入学生的情感之中,较好地培养了学生们对自然的关注与热爱,巧妙而合理地体现了校园环境的教育意义。

资料来源:林刚. 中小学校园环境的教育寓意性设计探究[J]. 教育研究,2013(3):43.

概括地说,对校园环境文化育人功能的挖掘是指学校在校园环境建设过程当中,依据一定的现代教育理念及对学生身心发展所寄予的特定期许,"重视环境整体设计对于学生可能产生的积极心理影响,同时在环境景观及设施建设中注入相应的积极向上的教育含义,从而让校园环境中的各种物质载体在某种程度上能够通过间接的感染和影响,激发学生的情感,并向学生传递健康的价值观"[1]。学生每天生活在这样的校园当中,耳濡目染,不知不觉就受到了浸润,获得了启示,从而受到教育。

三、校园环境文化建设需要充分发挥人的主体性

学校文化管理的主体是校长、教师和学生,他们都是学校文化的

---

[1] 林刚. 中小学校园环境的教育寓意性设计探究[J]. 教育研究,2013(3):41-42.

能动创建者，学校文化管理需要他们共同参与、各司其职，齐心协力贡献智慧和力量。在校园环境的规划、设计和实施过程中都要坚持以人为本的理念，理顺人与环境的关系，确立人的主体性，充分体现对人的尊重、关心、理解。校长的主要职责是通过文化驱动学校发生变化，把办学思想和理念转化为教师的共同追求，构建适合人发展的环境。教师是学校文化建设的主体，对学校文化建设进程起着积极推动或消极阻碍的作用。作为校长，要努力让教师参与并接纳学校愿景，领会自己在完成愿景中的角色，在执行愿景中做出贡献，并且相互合作。要鼓励教师肩负领导责任，充分发挥自主性。除了教师要积极发挥主体作用之外，学生对校园环境建设的参与更是有着不可替代的作用，我们判断一所学校的文化是否鲜活，其中的一个重要指标就是学生参与创建学校文化的程度。这种参与，除了在物质环境建设方面可以积极听取学生意见之外，在学校的精神环境建设方面也可以充分发挥学生的主体作用。学校文化建设由师生共同参与，可以使学校的校园环境文化更加贴近师生的生活，增强师生对校园精神的认同感和自豪感，从而增强凝聚力和向心力。

第二节 建设优良的校风、教风和学风

校风、教风、学风是一所学校办学经验的结晶，是全体师生共同遵循的思想信念和行为准则，也是最为宝贵的办学传统和办学财富。建设优良的校风、教风和学风，是学校精神环境建设的核心工作。

一、校风的含义、作用及其建设

(一)什么是校风

校风是指一所学校师生所呈现出的精神面貌和行为习惯，是一所

学校的群体风尚。校风决定着学校的品质和特色，是学校提升软实力的主要体现。一所学校的优良校风对学校每个成员的思想品德、行为表现、工作作风、学习态度都将产生潜移默化的影响，起到美化心灵的作用。因此，优良的校风对保证学校深化教育改革，全面实施素质教育，提高教育质量与办学效益具有极其重要的作用。当我们走进一所学校的时候，首先感觉到的就是一种氛围。它可能不是具体的什么东西，更不易用什么量化指数进行评估，但从这种氛围中我们能感觉到一种独特性格的存在，这就是"校风"。每所学校都有自己的校风。从品质上说，校风有优劣之别，我们经常可以听到这样的描述："这所学校校风很好""那所学校校风很差"；从程度来看，有一些学校的校风只停留在词语提炼和口号上墙的浅层次操作上，而另一些学校真正能从理论上加以阐述和宣讲，能在实践上加以统一和规范。事实上，学校的校舍建筑、教学装备等物质硬件建设在有经济投入的情况下是比较容易搞好的，而真正代表学校形象和风貌的校风建设却不是一朝一夕能够奏效的，它需要在大量实践基础上进行理论的概括提炼和升华，也需要心理行为形成过程中的沉淀积累和内化。好的校风能激发和凝聚学校成员的内在动力，催人奋进。"古今中外，凡成功的学校，从世界知名大学到哪怕是一所小学校，良好的校风始终是保持其为教育高地的实质内涵，是引领其在不断延续和创新过程中不断发展的源泉，始终是其治校的关键。"[1]

(二)校风的作用

校风作为一种深层次的精神文化，决定着一所学校的品质和特

---

[1] 郝喜刚."校风"的抉择是治校的关键[J].语文学刊，2011(19)：167-168.

色，影响着每个成员的品德、行为和态度，使人无时无刻不真切地感受到它的存在及由它所透射出来的那种独特的感染力和凝聚力。具体来说，校风的作用突出表现在以下三个方面。

1. 凝心聚力

校风能够在群体成员间形成价值认同，明确共同的追求方向，形成强烈的集体荣誉感和学校凝聚力。对于一所学校来说，物质易而精神难。拥有了校风精神，便拥有了无坚不摧的力量。它可以凝聚人心，它可以积聚力量，产生一种信念，从而引领着大家向着共同的目标或方向努力，这就是校风的巨大作用。

2. 指导行为

校风能够影响和规范师生的言行举止和处世方式，它以其潜在的规范和原则支配着群体成员的行为，在同化、暗示、顺从、模仿等心理机制中，以一种无形的力量对每个成员产生影响。一进入校园，人们便能从师生的精神面貌和行为表现中感受到这所学校校风的独特存在。无论这所学校的校风是清晰而明确的，还是模糊而隐蔽的，它都以自己不可抗拒的存在影响着师生的行为，形成了学校独特的精神风貌。

3. 形成个性

一所学校的校风赋予学校以独特的个性和魅力，对学生的发展影响深远，"学生会把在学校形成的良好行为习惯、性格品质长期保持并带到以后的生活和工作中去，甚至无论在人生哪段历程中，都可能保留着当年校风的深刻痕迹和美好回忆"①。而且，每所学校的校风都

---

① 付彦秋. 关于校风建设的思考[J]. 辽宁教育行政学院学报，2005(4)：139-140.

是在其办学过程中长期积淀的结果，有其生长发育的独特土壤，具有鲜明的个性色彩。

（三）如何建设校风

良好的校风来自于传承和创新两大部分，所谓传承是沿袭学校既往精神中的精华，而创新是指结合当前实际和时代特征的合理发展。要建设优良的校风，学校可以着重从以下几个方面来着手。

1. 要有明确的办学理念和育人目标

明确的办学理念和育人目标，是一所学校成熟度和内涵的写照。在它们的指引下，学校才能够将教育实践过程中创造和积淀出来的文化传统、行为习惯进行集中而有序地梳理，才能形成学校的内核和灵魂，形成个性鲜明的校风。

2. 要有学校精神的传承和发展

真正代表学校形象和风貌的校风建设不是一朝一夕能够奏效的，它需要在大量实践基础上进行理论的概括、提炼和升华，也需要心理行为形成过程中的沉淀、积累和内化。例如，四川省成都市石室中学，深受文翁石室两千多年优良文化的影响，逐步形成了宝贵的文化传统，概括为：爱国、开创、刻苦、严格。如今，学校在继承中又注入了现代化的教育思想，形成了鲜明的办学特色，成为具有一所"开放、实验、示范"特点的学校，赢得了良好的社会声誉[1]。

3. 要有师生的认同和共同参与

学校师生是校园文化建设的主体，大家共同创造一种文化，同时又为这种文化所浸润。因此，校风建设离不开师生的认同和共同参

---

[1] 阎德明. 现代学校管理学[M]. 北京：人民教育出版社，1999：187.

与。学校在校风建设过程当中,要能够逐步使学校精神成为全体成员的意识和行为,成为大家共同的目标、要求和行为准则。只有各个方面围绕着一个共同目标去努力奋斗,才有可能营造出一种良好的校风。

4. 要有规章制度的充分保障

理想的校风建设阶段是学校成员均能自觉地内化于心而外显于形,但这常常需要一个漫长而艰巨的过程。在校风建设的前期阶段,离不开具体的规章制度,离不开明确的行为规范。在提高大家思想认识的基础上,必须按照行为养成的规律,制订相应的制度性措施和纪律性要求,否则,良好的校风建设就会成为"水中月""镜中花",难于落到实处。

案例分享

南开校风建设揭秘(有删减)

南开是民国时期一所著名的私立学校,它主要包括南开大学、南开中学、南开女中、南开小学和重庆南开中学。南开学校一贯以校风良好著称。梁启超先生曾说:"贵校校风之佳,不仅国内周知,即外人来参观者,亦莫不称许。家长送其子女来南开读书都说,'得入南开,便可放心'。"张伯苓校长认为:"个人应具固有之人格,学校亦当有独立之校风。""校风为学校之灵魂。"校风是一所学校传统风尚和特色的体现,是一种立体化、全方位的教育氛围,它具有巨大的凝聚力和驱动力。

(一)严格校规校纪

校风建设,非一日之功。校风不可能自然而然形成,它一开始需要强有力的规章制度和组织纪律做保证。在一定程度上，良好的校风是规章制度规范、约束和引导的结果。早在民国初年，南开就形成了一套完整的校规校纪。它包括教学和生活管理两方面，如讲室规则、操场规则、寝室规则、调养室规则、书报室规则、食堂规则、饮茶室规则、沐浴室规则和接待室规则等。各项规章制度明确具体，详细规定了学生该做什么，不该做什么。

(二)注重文明习惯养成

好的文明行为习惯是一个有教养的人的文化修养和精神内涵的标志或表现。张伯苓校长认为："一好习惯，即将来之一好人格，一有用之学生。"在当时旧中国的社会条件下，多种陋习浸淫青少年。因此，南开校风建设把学生的文明素养摆在突出位置，特别注重学生良好行为习惯的养成。张校长强调"勿以善小而不为，勿以恶小而为之"。文明习惯的培养注重从小处着眼、小事入手，具体细致，力求实效。就拿卫生习惯培养来说，学校提倡"节饮食、慎起居、勤运动和均劳逸"，专门编制了《学校卫生习惯自省表》，并拟订了《学生每日生活的正规》，早晨起床到晚上就寝，一天的生活、学习、饮食、运动、娱乐等都制订出规范条例，以供学生参照执行。

(三)校长教师以身作则

一所学校里，教职员工的精神面貌、行为举止对学生产生重要的影响。张伯苓校长说，要广造变革社会的新青年，"决不是书本上说行就行的，非得以身作则，用精神感动不可"。他要求全校教职工："正人者，必先正己。要教育学生，必先教育自己。"他还用孔子"其身正，不令而行；其身不正，虽令不行"的话，说明身教重于言教的道理。学校特别强调师德的重要性，崇尚教师的自尊自爱，要求教师把为人师表视为天职和约束自己的至高无上的法度。号召教师处处以身作则，谈吐、衣着、外表、人品、风度等，都要成为学生的表率。要求学生做到的，教师必须做到。张校长不仅严格要求教职工，还严格要求自己，自律甚严。为了言传身教，酷爱听戏的他从不在天津戏院听戏。就是和他颇有交情的京戏名角在天津表演，他也决不前去捧场，而宁愿大老远地跑到北京去听他们唱戏。原因很简单，他就是希望通过自己的一言一行来影响学生，真可谓是煞费苦心。许多人在回忆张校长时都谈到两件小事：一是他不许学生吸烟，但自己却吸旱烟，当学生指出时，他将烟袋一折两断，从此不再吸烟；二是他年轻时留着胡子，为了给学生做表率，他的胡子越来越少，最后干脆全部剃掉。

(四)弘扬学校精神

学校精神是校风的精髓。在培养校风的初始阶段，张伯苓校长就注意到精神建设的作用。他说："无论何事，无精神亦必归失败。""中国近来之巨患不在有形之物质问题，乃在无形之精神问题"，"精神聚，虽亡，非真亡；精神涣，不亡，亦必抵于亡"。张校长对学生说，物质是精神造的，只要精神专注，样样事都可以成功。建一所学校，精神难而物质易。当天津南开中学被日本人炸毁后，他大声疾呼："南开被毁，精神未死。"为了把南开精神贯彻于师生的言行，学校还编写了校歌。南开校歌歌词的第一句就是："渤海之滨，白河之津，巍巍我南开精神"。并且"于聚会之时，千人合唱，以期神会而铸成南开真精神"。正是依靠这种精神，张伯苓团结和凝聚广大师生员工，同心同德，艰苦奋斗，铸造了南开的辉煌。"南开精神"流淌在师生员工的血脉中，体现了学校整体的精神面貌，成为学校生存和发展的原动力。

(五)注重环境熏陶

校风建设需要营造文明、整洁和优美的校园环境。优美的环境可以陶冶学生的性情，养成良好的品格。在重庆南开中学，端庄的"范孙楼"、肃穆的"芝琴馆"、雍容的"午晴堂"、秀丽的"受彤楼"、幽雅的"忠恕图书馆"，以及广阔的运动场、美丽的"莫愁湖"等，深深地留在学生的脑海里。在这里，春天群花开放而幽香，夏天佳木葱郁而繁荫，秋天风霜高洁而气爽，冬天梅林花开而独俏，它们使学生铭记难忘。学校的物质环境是对学生精神世界施加影响的手段。

综上，南开学校的校风建设既强调学校的作用，又重视家庭和社会的影响；既强调纪律强化，又重视人格感化；既强调物质环境，又重视精神建设；既强调个人习惯，又重视集体意识；既强调制度约束，又重视自觉自立。

资料来源：项红专. 南开校风建设揭秘[J]. 中国德育，2009(1)：48-51.

二、教风的含义、作用及其建设

教风是校风的重要组成部分，是教师集体所具有并表现出来的带有特色的教学作风[①]。它是学校全体教师在共同的目标和统一认识的基础上，经过长期努力逐渐培养而形成的，反映了教师集体的精神风貌与工作风貌，是教师整体素质高低的体现。教风的优劣直接影响着学风的表现，这种影响既直接又深远。可以说，优良的教风是优良学风的先导，因此，抓校风建设必须要抓好教风建设。

---

① 余敏. 校风建设与校园文化[J]. 北京工业职业技术学院学报，2010(3)：69-71.

教风建设的过程实质上是以促进教师专业化发展为核心的学校文化建设。要做好教风建设必须抓住以下几个关键。

首先是对教师专业知识和专业态度的要求。"师者，所以传道、受业、解惑也。"如果没有渊博的知识，没有认真的教学态度，没有精湛的教学艺术，教师便很难较好地引领学生的成长，并对学生产生积极的影响。同时，这种对专业素养和专业态度的要求，还需要教师不断加强学习，与时俱进，随着时代发展的要求不断丰富自己的内涵。

其次是师德方面的要求。教师要以高尚的情操引领学生的全面发展。作为与学生朝夕相处的教师，他的人生观、价值观，敬业态度、处世方式，甚至服饰外貌都对学生的思想品德发生影响，对学生起着潜移默化的示范作用。学生们最敬重的是师德高尚的教师，他们会在耳濡目染中不断模仿和内化教师的行为，养成良好的行为习惯。从这个意义上来说，高尚的师德是良好教风和学风的基础。

最后是良好师生关系的要求。"亲其师，信其道。"人们常说，好的关系胜过一切教育，确实如此。融洽的师生关系是教学的聚力场和润滑剂，它能使教师对学生发生积极的影响，帮助学生养成良好的习惯，为学生的持续发展注入不竭的动力。

案例分享

情系专业　敬畏童心
——上海市黄浦区××小学教风建设

上海市黄浦区××小学注重从教风入手，帮助广大教师形成教育思想共识。学校原有的教风"敬业爱生，勤学善教"曾激励着教师立足岗位，辛勤耕耘。但随着教育转型期的到来，教师的理念也应与时俱进。只有具有专业自觉和较高专业素养的教师才能受到学生的喜爱，才能赢得社会的尊重。通过教代会，学校修改和确立了具有时代特征的新教风——"情系专业、敬畏童心"。"童心"是指儿童纯朴、天真的本性，代表纯洁、美好。童心是短暂的，"敬畏童心"体现了对人性的尊重与呵护。"情系专业"是一种追求，要求教师要基于"敬畏童心"，立足于学生的身心和成长规律去谋求自己的专业发展。学校正是以修订教风为契机，从思想上转变教师观念，以教师对"教风"的认同来促进自身教学行为的转变，融洽师生关系，提高教学艺术，成就师生的共同发展。

为了让思想化为行动，让新的教风化为教师的自觉行为，学校在教代会上"解读"教风，鼓励大家各抒己见；学校邀请德育专家开设"新型师生关系"的讲座；还组织优秀教师与大家分享实践经验。通过一系列的学习与交流，教师的教学行为在新"思想"的引领下，悄悄地发生着变化。为进一步推进新教风的落实，及时鼓励教师们"情系专业、敬畏童心"，学校还利用网络优势，设立了"优行点击"栏目，旨在发现身边教师的积极行为，及时上传校园网，对勤于专业学习、体现良好师德素养的行为加以表扬。它不仅生动地诠释了教师"情系专业、敬畏童心"的新教风，而且及时弘扬了校园的文明风尚，使每位教师成为有"思想"的好教师。

资料来源：卢雨. 成长的阳光——现代城区小学人文传统教育的实践研究[M]. 上海：上海教育出版社，2013：174-175.

三、学风的含义、作用及其建设

学风是指一所学校相对稳定的治学精神和治学态度。它的形成需要一定的时间积淀，需要一个持续探索的过程，但一经形成，便会成为一种巨大的、无形的精神力量，对群体中的每个成员起到引导和制约的作用。一个学校的学风是校风最明显的体现，也是校风建设的归宿，因此，学风建设的好坏，现在已成为衡量一所学校校风和教育水平的重要指标。培养良好的学风，对学生本身而言，是教育的重要目的之一；而对学校整体，则是一种有力的教育手段。一种良好的学风形成之后，可以使学生获得一种终身受用的不断进取的精神力量，可以使学生掌握探求知识、发展能力的正确途径。这是一种十分宝贵的财富，为学生今后的学习、研究奠定了坚实而牢靠的基础。

  一个学校的学风优劣能够通过该校学生的理想志向、学习动机、学习态度、学习方法以及学习习惯等诸多方面表现出来。要加强学风建设，一方面，要"治标"，即以健全制度、规范管理等举措来约束学生的行为；另一方面，更要"治本"，即引导学生树立正确的人生观、价值观和世界观，帮助学生养成科学的学习方法和严谨的学习态度。理想的学风应该是一种生动活泼的学风，这种活泼性的形成要求学校必须在培养方向清晰的前提下，注意采取灵活多样的培养途径，关心学生多方面的兴趣和才能，给学生的个性发展以充分的空间。这还需要在教学中建立新型的师生关系："在教与学的双向交流中，与学生建立相互尊重的现代师生关系，以优良的教风带动学风，形成师生互动、教学相长的局面。"[①]这种新型的师生关系，要求教师在教学过程中充分发挥学生的主体作用，引导学生学会自我管理、自我服务、自我教育和自我约束。在教学过程中，特别要把学生看作学习的主人，

---

① 冒荣. 关于学风问题的几点思考[J]. 教育研究，2000(1)：33-38.

激发学生的求知欲、好奇心和学习兴趣，使学生发挥主动精神，成为积极的学习者。如广州市天河区××小学，在"充分相信学生，高度尊重学生，全面发展学生"的育人理念指导下，以学生的发展为本，尊重学生的生命价值，积极引导学生的发展，形成了"乐参与、勤思考、勇超越"的学风。学生具有强烈的自主意识，积极参与教育教学工作，勇于挑战自己、超越自己。这样的学风挖掘了学生的潜力，培养了学生的勇气，奠定了学生的信心，张扬了学生的个性，让他们养成了良好的自主学习意识与习惯，奠定了可持续发展的良好基础。学风建设是一个持续而长期的过程，每届学生既受现有学风的影响，也开创着一代新学风的先河，一届届学生在学风的浸润下学习、毕业，走向社会后，其行为方式和群体影响又成为社会对一个学校校风的评价点，所以学风建设须常抓不懈。

第三节 设计体现学校特点的校训、校歌和校徽

一、关于校训

校训指的是在学校核心办学思想指导下，用简明扼要词句表述的、学校全体师生都应共同遵守的训导性规范。一言以蔽之，校训即是一所学校的训辞[①]。可以说，校训是学校精神文化的精髓所在，是学校办学理念的高度浓缩，是学校赖以生存和发展的精神支柱，是一种无声的力量支撑。校训作为学校稳定的、为学校成员所高度认同的价值观、信念和追求，可以起到滋润心田、净化思想和提高精神境界的作用。特别是在中小学，校训对学生的影响更为深远，它的作用甚

---

① 李继星. 如何制定与执行中小学校训[J]. 中国德育，2012(12)：14-16.

至比大学时期的校训更大。我们经常可以听到老校友在回忆自己的中小学母校时往往把自己学校的校训视为心灵故乡而充满了热爱和怀念。在当今教育界，文化立校已成为时代的最强音，校训更是顺理成章地成了学校文化建设的重心。

案例分享

我们该给学生怎样的校训（有删减）

《光明日报》近日报道，一项针对国内256所大学的调查显示，有192所学校的校训都是"四词八字"的口号式，还有个别大学校训甚至完全相同，高校校训同质化、标语化现象严重。调查还显示，六成学生对校训"不感冒"，甚至有的在校老师工作七年竟不知校训是什么。

大学的校训尚且如此，一些中小学的校训就更不用提了。类似这样几乎放之四海而皆准、置之各校而不错的校训，真的能够影响学生的内心，引领学生的健康成长，成为学生积极向上的动力之源吗？这样的校训能为学生所铭记于心吗？这恐怕要打上一个大大的问号。那么，我们到底该给学生怎样的校训呢？

校训应该是学校文化的核心和灵魂。哈佛大学的校训是"让真理与你为友"，学校遵循校训宗旨，先后为美国培养了6位总统以及一大批法官、内阁官员和国会领袖。我们国家高等学府清华大学的校训"自强不息，厚德载物"，它告诉我们，作为一个高尚的人，在气节、操守、品德、治学等方面都应不屈不挠、战胜自我、永远向上，力争在事业与品行两个方面都达到最高境界，这样的校训也因此激励了一代又一代清华学子的成长。可见，一流的学校一定要有一流的办学理念、一流的校训。只有这样，才能形成学校的精神砥柱，将所有教师、学子们紧紧地凝聚在一起，创造出非凡的成绩。

遗憾的是，当前我们一些中小学校的校训建设却十分薄弱。有的学校干脆没有校训，有的学校虽然有校训，但大多是从网上下载或者是匆忙上马、草率拟订的，再或者就是套用"求实""创新""团结"等之类的什么时候都不会出现错误的通用式校训，造成学校校训陈词滥调、千人一面的现象。同时，即使这样，一些学校的校训还动辄换来换去。这类的校训当然无法深深激发和唤起师生的归属感和认同感，无法让每一个学生在内心深处接受和铭记。

校训作为学校文明的标识，体现的是对人的关注与期许，它拥有着极大的感染力量。一所没有校训文化的学校，是一个没有灵魂的学校。但愿每一所学校都能够重视校训文化的建设，让那些内涵丰富、个性鲜明、生动活泼、符合青少年成长规律的经典、精彩的校训能够出现在每一所学校，滋养每一个青少年学生的健康成长。

资料来源：介红玉，姬秀娟. 我们该给学生怎样的校训[J]. 中小学校长，2013(5)：25.

关于如何设计校训，李继星在其《如何制定与执行中小学校训》一文中指出了当前中小学校训在制定和执行过程中存在着以下九个方面的问题：①校训与学校的办学核心理念或校风、教风、学风、学校精神等混为一谈；②在表述方面过于注重形式，很多都是"四词八字"；③从内容来看过于"政治化"，且雷同现象严重；④远离学生，对于多数学生来说难以理解或不能认同；⑤难于落实，不能转化成教职工和学生的言行规范；⑥将校长对于校训的主张等同于校训；⑦忽略教师，只适应于学生一方，没有考虑到教师等学校成员的情况；⑧缺乏生命力，过于频繁地修改校训；⑨流于口号，不重视宣传和执行工作①。

以上这些问题目前还广泛地存在于我们所见到的各类学校校训中。为了避免出现这类情况，学校在设计校训过程中可以遵循如下的基本路径和办法②：①传承创新。系统梳理学校的发展历史与现实状况，对学校正面的、积极的经验加以传承，对学校发展过程中的教训和问题加以反思和解决，在此基础上精心提炼出可以供一代代师生不断相传的"文脉"即校训。②因地制宜。全面科学地分析学校目前和将来的环境与条件，结合学校的领导风格、师生特点、课程设置和社区资源等实际情况，以及学校的中长期发展规划、社会对学校发展的期待与要求等，因地制宜地制定适合本校特点的校训。这样的校训才能扎根于学校，才能具有长久的生命力。③紧扣核心。校训的制定一定要在学校的办学核心理念指导下进行，服务于学校的办学目标和学生培养目标，能够准确地体现出对于教职工和学生的基本要求。④借鉴其他。在校训的制定和提炼过程中，可以广泛研究、借鉴其他中小学甚至大学、幼儿园的校训（园训），另外一些高知识、高技术密集公司的"企业训辞"往往也能给学校校训的提出和提炼带来重要的启示。特别是一些办学历史悠久、文化积淀深厚、办学特色鲜明、社会美誉度高的学校校训更能提供很好的借鉴。⑤专家引领。校训制定有其基本的规范、原则、方法和技术，邀请研究学校文化、学校管理的专家或同行给予必要的指导，可以使学校在校训的制定过程当中有更高的起点和更宽广的视野，但要防止简单嫁接或过于理论化、学术化等问题。⑥适度超前。好的校训一定是适度超前，处于学校"最近发展区"

---

① 李继星. 如何制定与执行中小学校训[J]. 中国德育，2012(12)：14-16.
② 李继星. 如何制定与执行中小学校训[J]. 中国德育，2012(12)：14-16.

的校训，能对学校产生推动作用，并且是师生经过努力可以基本实现的校训。如果校训只是适应学生和教职工目前的状况，缺乏超前性，则对教职工和学生无法产生推动力；如果校训过于"先进"，超前太多，则多数学生和教职工都难以将其转化成实践，这样不具备实现条件的校训也不是好的校训。⑦文质兼美。校训的表述要深刻、简明、生动。具体来说，它应当高度概括、言简意赅，它应当既有包容性又有发展性，它应当有鲜明的本校文化特色，它应当语言优美、朗朗上口。⑧广泛研讨。在设计校训的过程中，对正文和释义可以有多套方案，经学校领导班子讨论基本认可后，交全校教职工讨论并征集学生意见，最好还能以适当的方式征求社区人士、学生家长代表以及上级领导的意见。通过上下相结合，开展广泛研讨、深入论证，把好的建议集中起来，形成体现学校特点的校训。

二、关于校歌

学校的标识，包括学校的校徽、校标、校旗、校歌、校服以及学校纪念品等。学校标识是学校精神文化的体现之一，在某种程度上代表着学校的形象和名誉，它能够产生一种强大的凝聚力和文化魅力，给人以精神上的鼓舞和激励。每当学校举行集体活动时，高举校旗，佩戴校徽，齐唱校歌，这不仅是一种外在形式，更能对全体师生产生一种感召力，产生一种使人团结一致、奋发向上的力量。作为毕业了的学子，走出校园，身处异域，一朝见到了胸佩校标的母校校友，或是收到了一件带有母校标志的物品，那种莫名的亲切感、归属感油然而生。学校标识，已经不只是学校名称的一个"代名词"，更是校园精神文化的载体和象征。

校歌，作为学校标识的重要形式，能够很好地表达学校精神文化的内涵，"它是将校训和校风的内容用旋律、和声、节奏表达出来，使之形象化、艺术化，更易走进师生生活的具有一定美感的表现形式"[①]。作为校训和校风的重要载体，校歌唱出的不仅仅是真情和旋律，还必定会在真情的歌唱中延续真实的行动，这同时也是学校培养目标的落实和延续。在校歌产生的过程中，从文学的角度看，校歌的歌词必须具备四个要素："情、景、理、志"，这是四个基本要求。这四个字中，"情和志"为核心，"景和理"为重要组成部分。除了体现学校的核心内涵之外，歌词的作者还要有一定的音乐基础，校歌的旋律、和声、节奏应该充满着富有朝气的情感，有感染人的力量，有激励人的作用。如美国的斯坦福大学校歌《我们欢呼，我们歌唱，斯坦福》："山峦绵延，气象万千，从山脚到山顶，不断延展。徐徐落下的太阳，给大地披上艳丽的赤蔽。余晖慢慢褪去，我们聚集在这儿放声歌唱，欢呼你、我们的母校，从山脚下到海湾，银铃般的歌声响彻云呀。欢呼你、我们的母校，悠扬的歌声传遍四方。欢呼，斯坦福，欢呼；歌唱，斯坦福，歌唱。"[②]

[①] 侯怀银，杨辉. 校风解读[J]. 教育科学研究，2007(10)：13.
[②] 李名方. 校歌，学校品牌的有声旗帜——校歌创作漫议[J]. 人民音乐，2012(1)：87-89.

案例分享

穗港澳培正学校的校歌

1. 校歌歌词

培正培正何光荣，教育生涯惨淡营，

培后进兮其素志，正轨道兮树风声，

万千气象方蓬勃，鼓铸群才备请缨，

爱我培正谟谋远，永为真理之干城，

永为真理之干城。

2. 校歌释意

"培正培正何光荣，教育生涯惨淡营"，是让后辈不忘前辈创业艰辛。校歌创作于20世纪20年代。培正从67个银圆开办，历经1905年停办和1915年陷入经济困境。经过培正先贤不懈努力，集腋成裘，得以渡过难关。

"培后进兮其素志，正轨道兮树风声"，说出培正办学宗旨和教育目标，"素"指坚定。

"万千气象方蓬勃，鼓铸群才备请缨"，以喻培正教育事业渐入佳境，校誉日隆。"鼓铸"原指提炼铁矿需倒入熔炉，加炭鼓风，产生高温，将矿砂还原成液体，除去杂质，才能铸成钢铁。以喻学子成才。"请缨"的意思是指学子学成后，主动请求任务以报效国家、社会。

"爱我培正谟谋远，永为真理之干城，永为真理之干城"，激励培正人爱国爱校，有远大的计划和远大的眼光。培正学子要作真理之盾牌，永远保卫真理。"干城"为盾牌的别名。

资料来源：红蓝传统. 广州培正中学网［EB/OL］. http://www.pzms.com/show.aspx?id=2779&cid=3，2010-5-16.

三、关于校徽校标

校徽校标作为校园文化的重要内容，反映学校的教育理念和办学特色，在激励学生成长、沟通师生情感、凝聚学校精神等方面发挥着重要作用。它是将学校的理念精神以具体的图形、图案形式表达出来的视觉符号，是学校视觉形象识别系统的重要要素之一。校徽校标作为一个成功的学校标志，不仅能让公众很容易接受并牢记，而且它的正确运用有利于树立良好的学校形象，给人留下深刻的印象。校徽校标设计要体现出自己学校的独特性。

每所学校都有自己的办学风格，都有独特的历史和现状，都有不同的教师、学生和家长群体，都有自己的课程特色和优势资源，都有不同的社区资源和周边环境资源。如何将这些与其他学校不同的元素融入校徽校标的设计中，体现学校鲜明的个性，是学校在设计校徽校标时要考虑的重要命题。另外，同其他信息传播形式相比，校徽校标虽是"小品"，但其身价却不可低估，它联系着社会的方方面面，它联系着社会价值观念、经济脉络、政治路线、文化定位等各个领域。因此，在校徽校标设计时还要满足以下要求：①定位准确；②形象典型；③形式灵活；④表现恰当；⑤色彩鲜明；⑥ 8.制作严谨。

案例分享

1. 史家小学标志外形是呵护双手的纵切面，一方面，体现了小学教育中的关爱本质；另一方面，也塑造了奖杯的形象，暗喻史小在小学教育中所取得的丰厚成绩。

2. 深蓝色的盾形地图，体现了教育事业的庄重与严谨，与呵护双手的黄色搭配，稳重中又彰显了史小的活泼与开放。

史家小学的校徽校标

3. 标志的核心由两部分组成，其中汉字部分由"史""小"组合而成，借助图形化的表现手法，演化成为具有独特个性的美观的品牌符号。同时，在设计过程中，运用中国传统书法中的篆体书写方式。"史""小"组合后具有"家"字的意象，寓意史小、家长、小朋友三者之间的和谐关系，充分展示了史家小学"和谐"的教学理念。

4. 标志的核心部分中的图，是由三颗心组成，形象地体现了"家"字所蕴含的教学理念，三颗心分别代表了孩子、家长、老师，在对孩子的教育过程中，老师与家长相互理解、支持、配合，就像赋予孩子的两片羽翼，呵护、关爱、支持孩子健康成长，在史家小学这个良好的平台上放飞理想，放飞明天。

资料来源：史家小学学校校徽设计图片．Logo11 设计网[EB/OL]．http：//www.logo11.cn/a/LOGOxinshang/20140603/17831.html，2014-6-3.

第八章　那些年，我们一起走过的成长瞬间
——学校活动与仪式文化建设

专业标准

"营造育人文化"第十八条标准：精心设计和组织艺术节、科技节等校园文化活动，充分利用好重大节庆日、传统节日等有特殊意义的日子以及学校组织特有的仪式，开展主题教育活动。

标准解读

校园文化活动的内涵十分丰富，从校园常规教育教学行为、中华民族传统节日、社会各类纪念日、学校办学的特色传统来说，可以归纳为校园节日、中华民族传统节日、开学典礼、毕业典礼、校庆等主要活动形式。校园文化活动的策划要体现教育性、人文性、科学性、创新性、时代性与趣味性；应注重与教学活动相结合，在广泛的学科课程中挖掘主题，让校园节日寓教于乐，玩中学，学中玩。

校园文化活动既体现校园文化底蕴，同时也展示着校长的教育理念。一位优秀的校长要具有创新精神和实践能力，为校园文化准确定位，做好校园文化活动的顶层设计和引导。从学校发展和管理的角度出发，校长需充分调动党支部、共青团、少先队、班主任队伍、思想品德学科、综合实践活动学科、总务后勤、教导处、家长委员会等相关职能部门的力量，发挥它们的作用，形成全方位的科学管理体系。通过教师和学生对活动的充分策划及参与，促使校园节日真正成为师生的节日。

案例分享

校庆穿单衣，谁在摧残祖国的花朵？

11月30日网上盛传《小学举行校庆，学生寒风中瑟瑟发抖》这篇文章。文中说，11月29日上午8时30分，××小学举行校庆。几百名学生衣着单薄在寒风中等待上台表演。福建省气象台11月28日12时33分发布霜冻蓝色信号。受强冷空气影响，11月29日早晨各地气温将创2013年新低，泉州11月29日最低温度仅有8℃。看罢新闻，笔者心里也不觉出现一丝凉意：校庆穿单衣，是谁在摧残祖国的花朵？

首先，当前形势下还有大张旗鼓地搞校庆的必要吗？以往，各地大中小学校，都在争先恐后地搞校庆，五年一小庆，十年一大庆，为的是宣传校领导的丰功伟绩，为的是拉赞助收红包。而如今，全国都在提倡节俭，反对铺张浪费，一个小学校搞个小型的校庆本也无可厚非，但××小学却是兴师动众，动辄几百人表演，这不是顶风违纪吗？如果说校长水平低、见识短，那么报告打到教育局，竟然也有人审批，真是不可思议。

其次，是谁在肆意调课？11月29日是星期五，正是学生上课时间，为什么说不上就不上了呢？我们一直在提倡要减轻学生的课业负担，规范化办学，而××小学为了校庆，几百个学生当演员，平时要停课，加班加点反复排练，如今周五一天又不得上课，小孩子的损失有多大？况且，组织校庆，组织排练，得有多少干部和老师要为此东奔西跑？得牵扯他们多大的精力？最终，受影响的还是学生。

最后，庆祝活动应该是喜气洋洋，而小学生在寒风中冻得瑟瑟发抖，苦不堪言，是不是与校庆的初衷南辕北辙？中小学生是祖国的花朵，说起来好听，而攸关学校排场和领导面子时，这些花朵就成了摆设和装饰，关键时刻还会被舍弃。不是吗？大家还记得10月30日的报道《××小学深秋夏装露天表演》吗？10月28日，××小学为迎接检查，要求小学生在深秋季节穿短袖短裤的演出服表演节目。而在操场正中央就座的许多"领导"却都穿着外套。有学生家长气愤表示，"现在都深秋了，穿着短袖表演节目肯定冷啊。"无独有偶，此前还有一篇文章说："400名小学生穿单衣风中苦等领导讲话结束。"5月9日，宁夏××市小学区首届中小学生运动会举行。开幕式上各级领导一个接一个的讲话内容冗长重复，此时气温仅为15℃，而台下参加开幕式表演的银川市回民三小400名女生不得不身着单薄的表演服在大风中苦苦等待近一个小时。孩子们个个冻得叫苦不迭，让家长和老师心疼不已。

这些劳民伤财、劳心累人的作秀活动还是少搞为妙！

资料来源：潇洒周郎. 校庆穿单衣，谁在摧残祖国的花朵[DB/OL］. http：//club. news. sohu. com/zz0209/thread/1xyms221ibf，2013-11-30.

学校文化是一所学校的灵魂所在，更是一种深入人心的价值导向，它通过各种各样的活动载体传递理念，传递教育意义，形成校园凝聚力、向心力、价值观。作为一名校长，执掌一所学校，在任期内能与教师们一起并肩奋斗，策划、设计组织各种有意义的校园文化活动和各种仪式典礼，为学生们留下学生时代的美好回忆，是一种理想的情怀、一份严肃的责任，更是一项神圣的使命。

第一节 校长做好校园文化活动应具备的专业能力

当前，社会对学校教育的关注和要求越来越高，对校长的专业能力要求也随之提升。校园文化活动既体现一所学校的文化底蕴，同时也展示着校长的教育理念。一位理想中的优秀校长应该努力走向思想求"道"和能力求"术"相结合的道路。"道"是指校长的教育思想、人生视野和博爱胸怀，而"术"则是指校长的专业能力和基本素养。

一、目标明确的价值领导能力

校长须有价值领导力。价值领导是所有有效领导的共同基础，价值领导力是新时期校长应该具备的核心能力之一。校长应通过阅读一些传统文化、价值哲学和教育哲学的书籍，掌握价值理论、教育价值理论和价值观教育理论的主要内容，系统并深刻地领会社会转型大背景下学校领导的价值内涵，意识到价值领导在学校领导方式中的核心地位，意识到价值建设与学校文化建设的内在关系[①]。校长要充分明确、了解、把握校园文化活动中蕴藏着的教育核心价值观。典礼和仪

---

① 石中英. 谈谈校长的价值领导力[J]. 中小学管理，2007(7)：4-6.

式是学校文化的载体,赋予学校的日常活动更深层次的意义和价值,是传递学校价值观、激励师生的重要方式。每所学校都有一定的正式典礼和常规仪式活动,比如开学典礼、艺术节、表彰典礼、毕业典礼、校庆等,许多校长都非常重视在这些活动中阐释学校的价值信念和精神追求,从而进一步提炼、深化学校的核心价值观[①]。

校长在设计活动时应从教育目的出发,体现深度的人文关怀、理性的科学管理思维和清晰的策划理念。在工作实践中通过观察、思考、批判及评价,把握时代发展特征,造就适应现代教育发展需要的能力,不断改进活动效果。根据学校现实情况设计活动,使之体现出校园活动的趣味性及高雅的立意。通过教师和学生对活动的策划及充分参与,促使校园节日真正成为师生自己的节日。总体来说,一位出色的校长要学会将学校的核心价值观和教育理念渗透和体现在各项活动中,争取达到理想的教育效果。

二、与时俱进的个人学习能力

世界发展日新月异,学习也永无止境。校长除了树立终身学习的态度和习惯之外,还应和我们的学生一样,保持着一颗对新鲜事物敏感而好奇的童心。既能站得高、望得远,又能俯下身、接地气。既要传承祖国传统优秀文化,汲取中华文化精粹,也要放眼全球,把握时代精神和世界潮流,努力培养高雅的情操志趣,积累丰厚的人义素养,坚守优秀传统,弘扬民族精神。校长平时要注意多博览群书,关注新闻动态,开展教育科学研究,不断提升自己的专业素养和社会视角,努

---

① 杨文娟主编.小学合作分享教育主题活动设计[M].北京:中国轻工业出版社,2012:74.

力成为研究能力、分析能力和判断能力突出的学者型校长。不断开阔教育视野，扩大知识面和活动经历，拓展校外资源，与优秀、有特色的兄弟学校建立良好互动关系，创造机会带领师生到其他学校参观走访，感受别样的校园文化，学习好的经验。一位优秀的校长要具有创新精神和实践能力，为校园文化准确定位，做好校园文化活动的顶层设计和引导，有能力为学校各类活动、仪式典礼出谋划策，敏锐发现问题，修改活动方案，不断丰富和完善校园文化活动的内涵和魅力。

三、优秀出色的表达能力

各种仪式典礼场合中，校长讲话这一环节通常必不可少。在公开场合展现校长的个人魅力也莫过于当众演讲了，演讲能充分体现出个人的学识修养和气质魅力。因此，良好的口头表达能力是校长组织校园文化活动时必须具备的专业能力之一。表达能力包括口头表达能力和书面表达能力。校长在全校性的当众演讲前要提前准备好演讲稿，对活动主题和演讲内容做出充分准备，做好适当的演练。演讲内容中需体现出教育智慧和活动目的，切忌长篇大论，宜简明概要，精炼生动。演讲时最好能脱稿，注意将逻辑性与艺术性相结合，目光坚定，感情充沛，声音响亮；再加以声音的变化，表情的演绎，手势的运用，与师生进行适当的互动交流，让演讲达到打动人心、鼓舞士气的效果。

案例分享

广州××中学校长在2010年开学典礼上的演讲

老师、同学们：

大家好。新的学期又开始了。今天是正月初九，按照中国的传统习俗,没过完元宵都还叫在过年。在这里,我向你们,以及通过你们向你们的家人拜个晚年,祝大家虎年生龙活虎,虎虎生威,快乐进步!祝你们的家人虎年合家幸福,吉祥如意!

今天,我想与老师和同学们分享学校里几个人的故事:

第一个故事是关于现在高一(12)班张轶群同学的。2009年7月31日,我在《羊城晚报》上读到了一篇题目为《"执信宝贝"圆梦中考》的文章,文章中写到她刚进入汇景实验学校时,心里有着深深的自卑感,仿佛农村娃进城般,生怕在那高手如云的学校里会跟不上。前两年的目标是进入年级前一百名,而中考的目标,也仅限于一所区重点中学而已。但是经过她的努力拼搏,成绩能稳坐班里前两名了。她说:"时间对于每一个人来说都是相同的,只在于你如何利用。玩耍的时间、睡觉的时间、吃饭的时间、洗澡的时间都要减少,以至于初三时在去饭堂的路上都脚底生风。"正是这样,她定下了报考××中学的目标,全家人一致支持她,执着的她说:"我无论如何都要坚持下去,因为只有这样,我才能在未来不因为放弃它而后悔。"

第二个故事是关于2009届高三(16)班向芯同学的。2006年以前不喜欢说话,尤其是不擅长跟陌生人打交道的内向、文静的向芯初中考入了××中学,在××中学她加入了"模拟联合国"社团,多次在全国性的模拟联合国大会上取得"最佳风度奖""最佳代表奖"等优异成绩,"模拟联合国"让向芯有了"走出去念书"的决心和野心,她放弃保送北大的机会,选择向耶鲁、普林斯顿、哈佛、斯坦福、哥伦比亚、杜克、北卡等10所美国高校递交了入学申请书,并在2009年4月被哈佛大学录取。高考结束后,向芯还参加了从杭州出发,扬州结束,南京返回,骑车里程500公里的自行车之旅——以一种轰轰烈烈的、不顾一切的方式，纪念她的 18 岁，纪念只属于 18 岁的疯狂。后来又发起和组织了为外来打工子弟学校的学生提供免费的假期夏令营活动——"执信康乐青草夏令营"。

第三个故事是关于 1997 届的钟锦汉同学的。"将来一定要有我自己的跨国公司"是他的梦想。1991 年他考入××中学，由于英语比较差，他便每天早上比别的同学早起半小时去操场上读书，寒来暑往，从不间断。在中学担任班干部，学习认真刻苦，各方面都能起模范带头作用，高中就加入了中国共产党。后来考入北京大学，毕业后去了一个跨国石油钻探公司工作，长期在南非钻探石油，目的是积累第一桶金，来开创自己的公司。

第四个故事是关于 1995 届的潘琦同学的。高三时潘琦已获得保送清华的资格，但由于她的梦想是读清华的生物化学，而保送的专业却不是。于是，她毅然放弃保送，更加刻苦努力地求学，最终以高分考上了清华大学的生化系，圆了她的梦想。大学时她依然没有松懈，不仅获得了瑞典皇家科学院的奖学金，还朝着新的梦想——哈佛大学进发，最终考取哈佛读博士，毕业后在哈佛任教。

第五个故事是关于语文科王丽丽老师的。2008 年新加坡在中国招募华文教师，王老师向学校提出申请去报考，在学校教师编制很紧的情况下，我本不同意她去，但是她当时说了一番话让我很认可，她说参加工作十年了，感觉好像被掏空了一样，需要走出去，去看一看，去充充电。我知道，在王老师工作的过程中，她一直没有放弃过英语的学习，还自己报名到灵格风学习。我欣赏一个老师有自己的人生规划，虽然物质上我们也许不是富有的，但我们却可以做精神上的贵族。所以，最后学校同意她报考，她也如愿考上。在新加坡的一年里，她观察新加坡的教育、社会、人生与自然，并透过新加坡去观察整个世界，在新加坡期间还写了两篇文章在国际研讨会上宣读并发表。跨文化的感受和交流以及这一段难忘的经历，一定会永久珍藏在她美好的记忆中。

这五个故事中的同学和老师都有一个共同特点——他们在××中学都有一个梦想，而且他们把生活与梦想紧紧相连！

梦想，是对未来的美好渴望，是对人生的期待，是对自己潜能的唤醒，是对自己人生价值的尊重，是对自己未来责任的明确。梦想的力量是不可估量的。美国总统威尔逊说过："人类因梦想而伟大。"莱特兄弟为了实现飞行的梦想，不但冒着生命危险试飞，还要忍受世人的讪笑，历经千辛万苦之后，在1903年才总算试飞成功。新东方创始人俞敏洪在北京大学读了五年书后才毕业，他在用普通话向同学做自我介绍时被同学嘲笑劝他不要讲日语，在这样的逆境中，他从未放弃。他在博客《无穷的梦想，无穷的路》中说："正是有了一批承载梦想的人，才有了新东方的'梦想之旅'。一路走来，'梦想之旅'走过了2005年、2006年和2007年，我们走过了数以百计的城市和大学。在未来的岁月里，我们还要继续走下去，只为了世界上最有魅力的两个字：梦想！"实现梦想的过程，看来虽然十分艰辛，但身处其中的人，总是能自得其乐。

有梦想，才有理想，才有思想，才有奋斗的行为。梦想，将人生平常的每一天变得崇高；梦想，将凡夫俗子变得伟大；梦想，将平常变成不平常，不可能变成可能。只要梦想还在，就还有希望，就一定有未来。所以，爱默生说："一个人如果在某一天内沉静地抱着伟大的目标工作着，这一天就是为纪念他而设的。"

梦想是重要而脆弱的，它需要我们去呵护与照料。我们要重视它，将它当作我们人生的追求与航标；我们要脚踏实地地去实现它，要记得，罗马不是一天建成的，再伟大的梦想也要一步一步地去实现；我们要对自己的梦想专注，认定了一个梦想，就不要放手。只要做到了这些，梦想就不会是镜花水月，而是指日可待的实实在在的将来了。

怀着对牛年的留恋，我们迈进虎年，我们置身在这个结束与开始交织的时候：一个学期结束了，新的一年又刚刚开始。我们要在总结中展望，在反思中设计：我们应该如何做到既脚踏实地，又心怀天空。美国诗人惠特曼在《草叶集》中写道："我不能，别的任何人也不能代替你走过那条路；你必须自己去走。"2010年，祝愿大家都能走出属于自己的精彩人生路！

对我们老师来说，课堂是我们梦想开始的地方。"让学生喜欢我的课"便是我们的梦想。我们的课堂，不仅仅是"告诉"，更重要的是"启发"，通过课堂启发学生的思维，培养学生研究的意识和能力。希望每一个老师都能形成自己的教学风格，创造出事业的幸福和美丽。

对我们学生来说，学习是我们梦想开始的地方。真正明白自己人生的价值和意义，明白为什么学习，怎样学习，如何通过学习体验到人生的快乐和幸福。

2010年的春天，请你说出自己的梦想，并请你拥抱梦想。我今天演讲的题目就是——《拥抱梦想，才能看见未来》。

谢谢大家！

资料来源：执信中学校长何勇在开学典礼上的演讲. 中考网[DB/OL]. http://gz.zhongkao.com/a/20100226/4b8743bacdec1.shtml，2010-2-26.

四、整合资源的协调能力

校长要具备出色的协调能力,这包含了敏锐的社会感知能力、积极的行动能力和优秀的外交能力。在平时的工作外交沟通中要有意识地积累自己的社会关系储备,将人格魅力和真诚治学风格融于与他人交往的过程中,争取让各类社会人士和组织群体了解学校办学情况,认同学校办学理念,从而愿意支持学校各种办学活动。校长还要善于运用学校周边的社会资源,充分调动家长、公益社团的力量,将活动视角和活动范围从校内延伸到校外,将优秀的社会资源引入学校,拓宽活动的广度和宽度。所谓君子有所为而有所不为,在争取社会各界支持的过程中,校长要坚守教育公益性原则,耐心做好沟通解释工作,注意淡化和避免商业化的功利色彩,校园文化活动中不宜过多出现商业的宣传广告,更加不能让学生参与商业行为等,避免出现喧宾夺主、因小失大的现象。

五、科学高效的组织沟通能力

校长要有出色的组织能力,能培养和带领一支富有活力和执行力的工作团队。从学校管理的角度出发,充分调动党支部、共青团、少先队、班主任队伍、思想品德学科、综合实践活动学科、总务后勤、教导处、家长委员会等相关职能部门的力量,发挥它们的作用,形成全方位的科学管理体系。事前要让大家理解活动意图,树立团队合作精神。制订好活动计划、经费预算和具体方案,做到分工明确,计划周详,责任到人。对可能发生的天气、场地、安全等不可控因素要做出风险评估,并做好应急预案。校长首先要对于整个活动流程须胸有成竹，心中有数，时刻把握活动进度，及时做好决策和调整，帮助组织团队解决各种困难和问题。

在活动过程中不能过于刻板执行原计划，要善于调动团队智慧和激发师生积极性和创造性，让校园活动成为大家的活动，而不是校长或主管行政几个人的活动。每次活动结束后，应该组织主要策划小组和执行团队及时进行总结反思，梳理工作经验；同时也要积极征求师生的活动反馈意见，利用一手数据和资料进行客观分析，得出科学性、合理性的建议，为下一次活动做出更好的决策建议。

第二节 校园文化活动设计的核心策略

校园文化活动的设计应根据儿童身心发展的特点，围绕自信、孝敬、诚信、尊重、负责、认真、真诚、感恩、分享、合作、节俭、整洁、勇敢、善良、爱国等核心目标，进行教育活动设计[1]。充分重视儿童道德形成的情感体验及情感发展，是学校开展校园文化活动时应充分考虑的内容。

一、创意新颖、德育为先

学校的各种仪式、文化活动都是围绕特定主题开展的具有规范化程序的教育活动。作为课堂道德教育的延伸和扩展，它包含独特的文化意蕴，具有丰富的教育意义，对学生的思想观念、价值追求、行为方式有启迪、引导和教育的作用，是学生品德培养和人格塑造的有效

---

[1] 丁锦宏主编．小学品格教育主题活动设计[M]．北京：中国轻工业出版社，2012：前言．

路径①。因此,优秀的校园文化活动策划要体现教育性、人文性、科学性、创新性、时代性、趣味性,传递时代精神,塑造公民品格。

营造育人文化,校长首先须了解的知识主要包括党和政府有关学校德育工作的方针政策、学生思想品德形成的特点和规律、人文社会科学知识、心理健康教育的一般原理和方法等。认真领会党和政府有关学校德育工作的方针政策和主要精神,如1994年公布的《中共中央关于进一步加强和改进学校德育工作的若干意见》,1998年正式颁布的《中小学德育工作规程》,2004年公布的《中共中央国务院关于进一步加强和改进未成年人思想道德建设的若干意见》(中发〔2004〕8号)、《国家中长期教育改革和发展规划纲要(2010—2020年)》都明确指出,校长需坚持德育为先,把德育渗透于教育教学的各个环节,贯穿于学校教育、家庭教育和社会教育的各个方面,建议大、中、小学建立有效衔接的德育体系,创新德育形式,丰富德育内容,不断提高德育工作的吸引力和感染力,增强德育工作的针对性和实效性②。

活动是学生实现自我教育的真正基础和途径,与任何灌输教育形式活动相比较,以学生的自发性、自觉主动情感为基础设计出的文化活动才最具有教育实效性。应避免出现校园文化活动"招之即来,来之即做,过后即忘"的无效现象,比如一年一度的"学雷锋行动日""植树活动"等传统文化活动,特别容易出现程序化、机械化的重复,学生往往按照教师的要求走过场,活动中既无智慧的生成,也没有发自内心的真情实感的投入,更不用谈德育教育效果的达成了。因此,校

---

① 孙国宽. 德育视野下学校仪式的实效性思考[J]. 教学与管理,2013(16):40-41.
② 新华社授权发布. 国家中长期教育改革和发展规划纲要(2010-2020年)[EB/OL]. http://news.xinhuanet.com/edu/2010-07/29/c_12389320_4.htm,2010-07-29.

长须了解德育养成知识,对各个年龄阶段的学生的培养教育目标要心中有数,对学生的心理特征、情感需要、兴趣喜好要有所了解,遵循教育规律。社会商业活动需要营销,校园文化活动同样也需要营销手段,注重活动创意。活动创意要体现主动性、实践性、内化性,避免灌输式、教条式等形式主义。活动主题可以轻松幽默,或品位高雅,或立意深远,尽可能在设计上贴近学生生活,激发学生兴趣,吸引学生参与。力求让校园文化活动具有基于道德的实践本质和道德教育的实践性特征[1]。比如将读书主题活动设计为"阅读森林探险计划",将校园值日团队设计为"校园小虎队",将小学毕业典礼的集体露营活动起名为"星光大露营"等,这样的改变能让学生对校园仪式、文化活动充满新鲜感和期待,积极主动地参与其中,真正感受快乐,真正乐意实践。在感受活动魅力、与同伴合作的过程中形成个人良好的行为习惯和个性品质,达到德育教育和思想教育的双重教育效果。

二、提炼特色,注重创新

学校之间的竞争,表面上看是质量的竞争,深究却是人才的竞争,而本质上则是文化的竞争[2]。一流的学校靠文化,每一所学校在长期的办学过程中,都形成了自己走过的历程足迹,积淀的人文精神,约定俗成的文化认同,独有的地域特色。在设计校园文化活动和仪式典礼时,这些都是一笔宝贵的财富。校长要立足于教育基本规律,探索学校特色,对学校的发展方向进行准确定位,打造学校精品

---

[1] 戚万学,唐汉卫. 后现代视野中的道德教育[J]. 教育研究,2004(7):38-42,48.
[2] 周建华. 校长领导力:内涵、结构和提升策略[J]. 教育研究与评论(中学教育教学),2009(10):7.

文化活动，做精做专，形成校园文化品牌。在继承传统的过程中不断追求创新，力求让学校的校园文化活动既有时代气息，又能体现学校发展历程，达到传播学校理念、扩大学校影响力的目的。

很多学校都会重视校园文化节日的开展，但除了传统的体育节、艺术节、读书节等活动形式以外，还可以再根据学校实际大胆地推陈出新，以适应学校教育发展需要，形成自身校本特色。比如广东省中山市某学校，根据学校教育教学和德育发展目标的需要，设有11个校本节日活动。它们分别是一月、八月的"快乐家访节"，二月的"亲子节"，三月的"服务节"，四月的"科技节"，五月的"英语节"，六月的"艺术节"，七月的"表扬节"，九月的"爱生节"，十月的"读书节"，十一月的"体育节"，十二月的"感恩节"。这十一个校本节日贯穿一年，引领各月教育活动主题。极具特色的"家访节"拉近了教师和学生、教师和家长、学校和家长之间的关系；"表扬节"让校园里每个人都有机会以各种创意形式向别人发出真诚的赞美和夸奖，比如贺卡、绘画、收集点赞、自制个性化奖状等形式，大家收获自信，传递友谊，肯定他人；"感恩节"促使学生在感恩书信、感恩悄悄话、感恩拥抱活动中，感恩大自然、父母、师长、社会、生活、同学朋友，珍惜一切，感恩所有。这样的校园节日活动经过长期的活动实践，每年都在主题形式上加以变化，受到了师生、家长的欢迎和肯定，从而形成了该校特有的"以和为美"的校园文化传统特色。

三、以生为本，全员参与

校园文化活动是一种体验式活动、体验式课程、体验式德育。校长要树立教育民主思想，营造一种和谐互动的师生关系，真诚地关爱每一位学生,把校园文化活动作为提高学生能力、健全学生个性的教育契机和转变学生的机会①。日本作家黑柳彻子笔下的巴学园校长小林先生总是对学生说这么一句话"你们大家都是一样的,无论做什么事情,大家都是一样的"②。校园文化活动不是高标准、高起点的现场直播的中央电视台春节联欢晚会,也不是领导轮流发言的演讲台,更不是少数精英学生展示特长的专场演出。着眼于全体学生全面、多元、终身发展,一切以学生为本,承认学生的个体差异性,允许个性化、差异性发展。不必追求活动的过分完美和标准一致,校园文化活动、仪式典礼需要形式,但并不能将其固化理解为形式主义,避免将校园文化活动理解成为一种纯粹的形式主义展示。

有些学校在筹备大型活动仪式之前,组织学生加班加点排练节目,把展示活动变成仅供嘉宾观赏的"汇报演出"。"体育节学生冒雨为领导演出韵律操""校庆日鼓号队学生烈日下长时间等候中暑"这样的新闻其实在各地并不鲜见。校长要清醒地认识到校园文化活动和典礼仪式不是体现行政意志,或展现学校实力、扩大影响力的"面子工程",学校的主人公是学生,校园的每一个时刻都应该发挥教育功能,真正为学生的成长服务。校长要坚定地秉持以生为本的教育理念,大胆放手让学生成为活动的主人,关心学生的真正需求,了解他们想要怎样的校园活动、仪式、典礼,了解他们在活动中的过程感受,关注他们在活动中的体验参与。

---

① 傅荣.中小学综合实践活动课程开发与教学实施之我见[J].教育导刊,2004(9):15.

② [日]黑柳彻子.窗边的小豆豆[M].赵玉皎,译.海口:南海出版公司,2003:288.

学校的舞台、班级活动、广播站、电视台、论坛等所有的校园文化活动载体都应发挥作用，为学生服务，从而使更多的学生能够走上校园文化活动的大舞台，得到充分展示自我的机会，在活动中经历锻炼、实践和成长。即使活动看起来稚嫩、朴素、有失误，那又有什么关系呢？那些都是学生宝贵的成长经历，是学校文化活动最珍贵的原生态现场和教育内涵。做真实的教育，信赖每一位学生，是所有教育的出发点和归宿[①]。这一观念应是每一位校长时常谨记心间的教育信条。

四、形式多元，注意细节

仪式典礼活动本身是一种文化活动，其所传承的精神和文化会直接传递给受教育者，使其在潜移默化中受到熏陶，提升素养。学校软环境是学校文化的核心和灵魂，仪式典礼活动是学校长期沉淀和凝结的文化精神和教育理念的再现，通过活动，使得学生在润物无声中受到引导和教育，提升道德境界[②]。校长在设计校园文化活动时，既要立意高雅有教育意义，又要生动活泼接地气，避免出现说教式、灌输式、样板式的活动形式。

当前是一个信息时代，随着以智能平板电脑、智能手机等为代表的电子产品的相继出现，2000年后出生的新一代被戏称为"苹果时代"，各种电子社交媒体更是迅猛发展，世界多元文化高度融合。开展校园文化活动时要注意与社会流行新生事物相互融合，比如在确定

---

① 佐藤学.教师的挑战宁静的课堂革命[M].上海：华东师范大学出版社，2012：87.
② 平章起，刘爱玲，王贵菊.学校仪典活动的德育功能研究[J].思想教育研究，2012(4)：22.

主题、选择音乐、文案等细节过程中，校长要有所选择，梳理出活泼有新意、有价值的主题内容，摒弃粗俗、格调低下、不适合未成年人的不良信息。比如某校开展体育节活动，其中一个活动环节使用了一首旋律节奏强劲、动感十足的英文流行歌。选歌的老师只从音乐角度出发，没有过多去了解当中的英文歌词含义。活动进行过程中，这首音乐开播后引起了同学们的小小骚动和哄笑。学校的行政和老师都不明所以然，后来深入了解，才知道原来英文歌词讲述的是不适合未成年人的内容，且中间还穿插了一段不雅的英文俚语。因此校长在组织校园文化活动时要注意各个环节和细节，不要低估现代学生的信息获取力和对于流行文化的理解能力，要提醒老师注意了解使用素材背后的意义，营造良好、健康的育人环境。

第三节　怎样做好校园文化活动

校园文化活动作为学生在学校中除了课程学习活动以外的主要活动，在学校中占主要地位，有重要影响。如何立足实际现实，在实际操作中把校园文化活动设计组织好，丰富师生的精神世界，拓展师生的活动领域，为学校带来活力、生气和欢乐，是每一位校长都需要认真思考的问题。

一、我的节日由我做主——校园节日文化活动

校园节日文化活动应注重与教育教学活动相结合，在广泛的学科课程中挖掘主题，让校园节日寓教于乐，玩中学，学中玩，充分调动学生和老师们参与策划的积极性，促使校园节日真正成为学生自己的节日。避免出现教条化形式主义，更要避免为了迎合上级部门检查需

要，出现让学生成为被动参与者角色的现象。

校园教育文化活动除了包括常规的艺术节、科技节、体育节、读书节、数学节、英语文化节等课程校园活动形式以外，校长还可以根据学校的人文氛围和学生特点，突出时代特点，从教育规律出发，设计一些让学生感兴趣、乐于参与的特别节日。比如突出学生性别特点，鼓励个性发展的"男生节""女生节"；融于感恩教育，激发师生、生生间互相鼓励，创设良好互动理解的"表扬节"；弘扬中华书法文化的"墨香盈袖节"；以环保置换行动为主题的"淘宝节"；以突出志愿者服务为主题的"牵手节"；突出学生年龄特征，以兴趣爱好为出发点的"游戏节"；弘扬祖国语言文字之美和地方特色方言文化的"母语节"等。

案例分享

科技节：探索 实践 创新
——广州越秀区××小学科技节暨2013世界环境日活动

为营造学校浓厚的科技教育氛围，不断丰富科技教育的内涵，提高科技教育的质量，激发学生学习科学的兴趣，让每一位同学在科技节中亲身体验，大胆创新，快乐成长。以"探索、实践、创新"为主题的××小学科技节暨2013世界环境日活动，在全体师生的共同努力和积极参与下，于5月31日下午顺利地落下了帷幕。周五下午，在欢快的音乐声中，各班同学在老师们的带领下开展了不同主题的科技体验活动。

一年级"纸飞机掷远比赛"。在赛前，学生们开动脑筋，根据自己对天气、风力等各种因素的判断，制作出了自己喜爱的飞机。赛场上，选手们依次上场，使出浑身解数，希望自己的飞机，能承载着自己的梦想飞得更远。

二年级"创意陀螺，旋转童年"。此次比赛的小选手们，一律按照比赛要求利用铅画纸制作陀螺主体，牙签制作陀螺中心轴，使用黏合剂等辅助材料完成陀螺的制作。比赛过程中，一个个凝结着智慧与创造力的纸陀螺尽现眼前。对陀螺的旋转计时，持续时间长者为胜。赛后，不少选手意犹未尽，仍然不懈地研究如何使自己的陀螺旋转得更久。

三四年级"科技环保剧场"。学生们利用塑料袋、报纸、纸片、废光盘等废旧材料，在老师的指导下，裁剪、缝制、粘贴，制作了各式各样、颜色鲜艳的环保时装。通过活动，学生们提升了环保意识，培养了低碳生活的良好习惯，激发了他们的创作灵感，也让更多同学体验到用自己的巧手变废为宝、装扮生活的快乐。

五年级同学巧用已学的科学知识，解决了生活中碰到的问题，如隔空取物、对抗重力、熄灭的蜡烛、我是光的主人等"科技对抗活动"，同学们群策群力，增强了班级凝聚力。

六年级的"鸡蛋撞地球"。同学们本着"节能、环保、科技"的宗旨，利用家里的废弃物自制了结构科学的鸡蛋保护器。确保鸡蛋从四楼扔到地面完整无缺，保护器设计轻巧者胜出。这次体验活动，提高了同学们的科学思维能力和动手水平。

××小学孩子们喜爱科学，痴迷科学，神秘莫测的科学在一次次体验活动中变得真切实际：科学就在孩子身边，就在孩子生活中。这一切都得益于学校科普教育的办学特色。科技教育活动在××小学已有多年历史，按照"特色促质量、质量促发展"的思路，××小学把全面提高学生素质作为坚定不移的奋斗目标。全校上下紧紧围绕这一目标，开展丰富多彩学生喜爱的科技体育活动，为青少年展示才华提供舞台，以启迪青少年智慧、发展青少年潜能、陶冶青少年情操、提高青少年科技素质，从而培养他们的创新精神和实践能力，使他们从小树立爱科学、学科学、用科学的意识，促进青少年全面发展。

资料来源：广州越秀区××小学科技节活动．广州市越秀区××小学官网[EB/OL]．http：//ps．k12china．com/material/commonJsp/plug_site/info/info．do？method＝infoLook&param＝，showcss＝info_show_ListTime_2，navigateId＝3561，productld＝21&infoId＝45630，2013-06-19．

案例分享

美术节：体验·创造·成长

——2012年××小学科技美术节暨六一庆祝活动报道

5月31日，阳光明媚，一年一度的科技美术节隆重开幕，校园里欢歌笑语、掌声雷动，丰富有趣的游园活动成为科技和美术教育的平台，学生们在活动体验中创造，在创造中成长。

镜头一：环保科技表演专场

5月31日早上，学校在东校区的操场举行大型的庆祝活动，当身着各种环保服的学生出场时，大家都兴奋不已。他们用易拉罐制成银光闪闪的武士盔甲装；用废旧挂历制成美丽的服装；用废旧的长筒丝袜、旧报纸、旧光盘制成前卫、时尚的服装。孩子们穿着设计新颖、创意奇特的服装，舞动着活泼可爱的身姿，充分展现了他们积极向上、健康快乐的精神风貌，更培养了少年儿童自觉保护环境的意识。最让人期待的是家长职业时装表演。来自各行各业的家长穿着漂亮的职业服装，踏着猫步款款而来。他们有由空姐、飞机师组成的飞行编队，有由点心师和大厨组成的厨师编队，有由消防员、警察、解放军组成的纪律部队编队……精彩表演展现了社会各行各业的职业形象，让全体师生了解了职业的性质，感受到了家长在工作中的魅力。

镜头二：科技创想画专场

在游园活动中，一二年级的学生参加了科技创想画创作比赛。孩子们的作品兼备艺术性和科学性，有大胆畅想未来的城市生活；有倡议环保生活为我们的生活添光彩；还有的想象自己到外星球去探索和旅游……看似天马行空的想象，却在孩子的心田种下了科学和环保的种子。

镜头三：科技创意专场

高年级的同学勇于挑战，他们组队参加环保科技堆砌比赛和美食创意比赛，同学们自备环保材料和食材，制作出各种造型独特的作品：有外形逼真的蘑菇云、利用磁力晃动的多拉动秋千、未来的飞船，还有的制作了外形逼真的外星人以及造型各异的美食拼盘，这可真让大家大开眼界呢！

镜头四：职业体验专场

为了让学生充分认识各种职业的性质，本次游园活动还专门设计了各种职业体验馆，有话剧专场、中星法庭、寿司店、面包店、西餐厅、银行等，孩子们扮演各行各业的人，在体验中收获、成长。

镜头五：数学游戏专场

丰富多彩的数学游戏区也吸引了许多同学的参与。数学活动形式多样,包括计算、动手操作、画图……同学们根据自己的爱好,拿着通关卡和活动项目介绍,分别奔向自己感兴趣的数学活动教室。每个同学都可以到不同的区域去挑战自己感兴趣的数学项目,挑战成功后,同学们可以根据奖券来换取不一样的小奖品。

一眨眼到了中午,"六一科技游园"活动结束了,可校园里依然回荡着孩子们快乐的笑声!开展寓教于乐的活动,让孩子们在开心之余,玩有所获一向是我们××人执着的追求!

资料来源:陈康英. 体验创造成长. 广州越秀教育网[EB/OL]. http://www.gzyxedu.net/article_show.jsp?id=37177&htmlfile=2012/6/1338948432960_2989.html,2012-06-06.

二、中国娃过好中国节——重大节庆传统节日

传统,在社会文化意义上是在以往的历史中形成的,传统铸造了过去,诞生了现在,孕育着未来的民族精神及其表现范畴,一个民族的传统无疑与其文化密不可分,离开了文化,无从寻觅和琢磨什么是传统,没有了传统,也不称其为民族的文化。传统文化,是对应于当代文化和外来文化而言,包括历代存在过的种种物质、制度和精神的文化实体和文化意识,如民族服饰、生活习俗、古典诗文、忠孝观念之类,也就是通常所说的文化遗产[①]。

重大节庆传统节日是老祖宗传给我们的珍贵文明财富,体现着千百年来中华民族文化精神的传承,校长要充分利用传统节日的宝贵教育资源,在创新的基础上弘扬中华文化、民族自豪感和爱国主义精

---

① 陈永明等. 中小学校长专业标准解读[M]. 北京:北京大学出版社,2011:30.

神。在我国众多的传统节日中，春节、元宵节、清明节、端午节、七夕节、中秋节、重阳节这中国七大传统节日最具有广泛性和代表性，从2009年开始，中央文明办七部委联合发文，以"我们的节日"为主题，倡导全社会积极参与，过好传统节日，从中体现了传统节日文化在社会精神文明建设中的重要作用和地位。

中国传统节日凝结着中华民族的民族精神和民族情感，承载着中华民族的文化血脉和思想精华，是维系国家统一、民族团结和社会和谐的重要精神纽带，是建设社会主义先进文化的宝贵资源。深入挖掘传统节日的文化内涵，要紧紧围绕传统节日主题，突出传统文化内涵[1]。

校长要充分发挥少先队、班会等活动载体，围绕传统节日所蕴含的民族优秀文化传统，带领学生接触社会，走进博物馆、村落、城市、乡村等，积极创新主题活动的形式和内容。比如，元宵节可以开展校园谜语创作竞猜大赛，包汤圆活动等；清明节可以开展缅怀先人诗歌传情创作比赛，追寻先烈的足迹，户外踏春、植树、扫墓等活动；中秋节可以开展经典诗文诵读会，赏月晚会、月饼文化综合实践活动、月饼盒环保制作比赛等活动；重阳节可以开展敬老献爱心活动，如"我的爷爷奶奶"祖辈故事会，尝试制作家族谱志、走访敬老院和街道老人活动中心等活动。要注重主题活动形式和载体的创新，真正使传统节日与现代生活方式相适应，通过节庆活动增进情感交流，丰富内心世界，满足精神需求，增强精神力量[2]。

---

[1] 中央文明办等七部委关于深化"我们的节日"主题活动的方案的通知（文明办〔2010〕8号）[EB/OL]．http：//www.wenming.cn/ziliao/wenjian/jigou/zhongxuanbu/201203/t20120307_543725.shtml，2012-03-07．

[2] 中国文明网临汾站．临汾市文明办关于广泛开展"我们的节日"主题活动的通知[EB/OL]．http：//sxlf.wenming.cn/wjzlk/201105/t20110527_44289.shtml，2011-05-27．

案例分享

文明低碳过节　共享绿色端午
——××小学开展"我们的节日·端午"主题活动

"五月五，是端阳。门插艾，香满堂。吃粽子，洒白糖。龙舟下水喜洋洋。"今年的端午节，××小学通过开展"文明低碳过节，共享绿色端午"的主题教育活动，并倡导家长与学生低碳出行，让节日多一丝绿色，多一路通畅，多一点文明，多一些健康。

同学们利用假期，在家长的陪伴下选择不同的方式深入地了解我国的传统文化习俗，有的从图书馆或网上找找关于端午节这一节气的相关知识和端午节的由来、屈原的故事、赛龙舟和包粽子的习俗等；有的在家人的陪伴下，观看赛龙舟，参加包粽子、采艾草等端午传统习俗活动，向亲朋好友学习包粽子的方法，并把包粽子和吃粽子的欢乐场面拍摄下来；还有的同学充分发挥废旧物品的作用，制作了龙舟、粽子等精美的手工品。

6月7日的晨会上，在班主任的带领下，同学们在班级里把自己在端午节的收获与同学共同交流分享，说起亲眼看见的龙舟竞渡和亲身经历的包粽子、吃粽子的传统习俗活动，孩子们神气十足、侃侃而谈。家长们纷纷表示：这次的活动特别有意义，丰富了家庭的生活，家人增长了见识，特别是孩子外出时经常会提醒大人，要讲文明、讲卫生，要自觉遵守交通规则，做一个文明的广州人。

文明低碳过节，共享绿色端午。××小学将中华民族的节气教育、节气文化和学校特色文化紧密结合在一起，加强了学生对端午节传统文化的了解和热爱，更增强了学生的民族自信心和自豪感。

资料来源：××小学. 文明低碳过节，共享绿色端午[EB/OL]. http://www.gzyxedu.net/article_show.jsp?id=34058&htmlfile=2011/6/1307458468719_841.html,2011-06-12.

三、瞬间精彩定格成长——学校仪式文化活动

仪式是一种文化，具有巨大的感召力和凝聚力。学校仪式文化活动是指凝聚了学校办学理念特色，在学校办学过程中长期积淀下来的、与众不同的、定期举行且多次反复、受到师生认同熟知的特有仪式语言、仪式行动、仪式活动程序。迪尔（T. Deal）和彼得森（K. Peterson）认为学校文化包含七类元素，其中就包括典礼和仪式[1]。有学者认为学校中的仪式活动包括仪式化、礼仪、典礼和庆典四类[2]。仪式化的活动包括升旗仪式、入队、入团、入党宣誓仪式等；礼仪活动不仅包括个人间的仪式化行为，还包括个人与群体、群体与群体间的仪式化行为；典礼通常指新生入学典礼、开学或毕业典礼等；学校中的庆典活动一般是指节日庆典和庆功庆典[3]。学校仪式不仅是校园文化的重要组成部分，而且是校园文化的有形载体，是传递校园文化的有效方式。同时，学校仪式独特的设计和流程也是学校文化特殊的"身份识别"[4]。

仪式一般是由议题、议程、礼仪三个共同要素组成相互联系、相

---

[1] Deal Terrence, Peterson Kent. Shaping School Culture: The Heart of Leadership[M]. San Francisco: JosseyBass Publishers, 1999: 15-18.

[2] 王海英. 构建象征的意义世界：学校仪式活动的社会学分析[J]. 当代教育科学, 2007(14): 15-19.

[3] 易丽. 文化生成：营造学校发展"新生态"[M]. 南京：江苏教育出版社, 2011: 163.

[4] 范楠楠. 中小学学校仪式的价值迷失与追寻[J]. 中小学校管理, 2013(5): 6.

互支撑的完整系统。其中,议题是核心要素,是回答"为什么要举行某种仪式"的问题;议程是为了实现议题而匹配的必备程序和步骤,是回答"怎样实现预定议题"的问题;礼仪是配合议题和议程实现的艺术化展示方式,是回答"实施议题和议程要有哪些文明语言和行为方式"的问题。在一个完整的仪式中,议题、议程和礼仪三个基本要素缺一不可。[①] 一般来说,学校仪式应该规范科学,在长期活动中形成约定俗成的文化认同、具有学校自身特色的文化传统。

(一)关于校庆

校庆是学校为庆祝周年纪念而举办的各种纪念性、仪式性和教育性活动,具有组织性和教育性的特征[②]。一般认为,校庆本质上是一种组织文化活动,应有助于促进其成员对于组织目标的认同,提升学校自身知名度、密切学校与社会的联系、发挥学校文化的引领作用。同时,校庆也是一种仪式性质的活动,对传承与发扬学校的历史传统、增强学校组织成员的凝聚力、促进学校与外界的信息交流具有积极意义[③]。

林崇德主编的《中国中学教学百科全书》对校庆的解释为[④]:"学校教育管理的一种特殊教育活动,是在指定时间组织师生、校友及有关人士参加的庆祝活动,常选择建校周年纪念日。通过庆祝纪念活动,巩固学校优良传统,发扬学校良好作风,宣传学校办学特色,组织经

---

① 程晗. 读懂仪式教育[J]. 中小学校管理,2013(5):3.
② 范楠楠. 中小学学校仪式的价值迷失与追寻[J]. 中小学校管理. 2013(5):6.
③ 范楠楠. 中小学学校仪式的价值迷失与追寻[J]. 中小学校管理. 2013(5):20.
④ 林崇德主编. 中国中学教学百科全书·教育卷[M]. 沈阳:沈阳出版社,1990:167.

验交流，总结办学成果，从而使师生受到教育、激励和鼓舞。其活动方式常是庆祝大会和展览、小型座谈相结合。"通过校庆，历届知名校友受邀返校，带来珍贵的校史资料，带来对母校和老师的崇敬与爱戴，也会带来学校在办学过程中社会效益的反馈信息，这一切都将使在校师生受到启迪，对学校的办学治校工作带来促进作用。校长组织校庆时要注意避免铺张浪费，好大喜功。一般校庆的活动内容可以组织校友座谈、校庆纪念典礼、凸显学校教育特色的专场文艺演出、学校办学思想研讨会、论坛、讲座以及其他一些丰富多彩的学生庆祝活动等。

如果说校友是学校借助校庆活动可以借助和争取到的社会资源，那校内的在读学生和在职教工都应该是校庆活动中的主人公，学校应该更加关注"主人公"的心理感受与参与程度。校庆，立足在当下，追溯的是过去，但指向的是未来[①]。因此，在校庆活动中，校长可以通过在策划前期与师生座谈、发放调查问卷等方式去了解师生需求、共同制订主题，努力让师生成为活动的主角、策划者、参与者和受益者。

---

① 刘海，李晓明．高校校庆活动的文化价值及其实现[J]．高校教育管理，2013(3)：42-45．

案例分享

我们在一起，中关村××小学 10 岁啦！

——北京中关村××小学十周年校庆活动方案

整个九月是我们的"校庆月"。

9月2日的开学典礼，将作为"校庆月"的揭幕！重头戏"××博物馆"开幕将在"开学礼"中进行，"校园节日"知多少、快乐周末课程的演变、数字××小学、××小学影音室——听校友讲故事，可爱的小导游、时尚的小讲解员将带领各位参与其中。9月18日和9月26日的 Party Time、Music Time，同样精彩无限，让我们一起沸腾起来！

更有意义的是，同学们借助《中关村××小学校庆通行证》对参与者进行自我评价和同伴评价。"校庆月"里，老师们会有两次充满思想碰撞的"聚会"——"带着我的故事来"（9月10日）和"国际会议研讨之奥隆尼小学的教育价值观"（9月17日）。故事中展开××小学的成长历程，对话里描绘××小学的美好未来。

这是一次"满十进一"的校庆。中关村××小学的孩子、老师、校友、家长，关心和支持××小学发展的政府及社会人士，我们在一起，共同见证成长的印迹！

资料来源：中关村××小学．我们在一起十年校庆日程[EB/OL]．http：//www.zgcsx.com/cms/zgcds/xinwendt/2025.jhtml，2013-10-2.

(二) 关于入学典礼

入学典礼是新生进入学校参与的第一个活动，通常人们认识、接触新事物时，第一印象至关重要。一个出色的入学典礼要达到让学生爱上新学校、了解新集体、投入新生活的目的。入学典礼体现了学校的办学理念和教育风格,面对的对象通常是一年级的新生和家长。因此,校长在设计活动时要注意遵循学生的年龄特征和教育规律,传递学校的教育价值追求,促使学生在入学之初就明确学习目标和志向。条件允许的情况下,邀请家长一起参与,让家长见证孩子的成长时刻,认识理解学校,产生对学校的认同感。这样的举动在维系父母和子女的亲子关系的同时,也奠定了学校与家庭的合作关系。

案例分享

难忘的××小学"第一礼""第一课""第一营"

广州市越秀区××小学入学典礼

阳光明媚的八月,××校园迎来了200多位活泼可爱的新学子。本着"一切为了孩子的未来"的宗旨,让孩子尽快熟悉和适应学校的学习生活,形成良好的学习生活习惯,8月25日、26日两天,××小学举办了"我是小学生了——新生亲子营"活动,孩子和家长一起走进校园、参观番禺学宫、万木草堂等,参与和见证了终生难忘的××小学"第一礼""第一课"和"第一营"。

××小学第一礼——开笔礼。孩子们在老师的带领和家长的见证下,到农讲所番禺学宫进行了传统的"开笔仪式"。稚嫩的身影在弟子规的古乐声中步入明伦堂,聆听开笔的意义;在市教育局关工委老同志的引领下"拜孔子""点朱砂"。孩子们在"名师开笔""击鼓奋进""放飞梦想"的环节中,懂得了要尊师重教、孝敬父母、好好学习、天天向上。

××小学第一课——善正课。开笔礼结束后,孩子和家长一起来到了万木草堂,聆听"善正第一课"。孩子们在老师的引领下用稚嫩的童声诵读《弟子规》:"事虽小,勿擅为,苟擅为,亲心伤。物虽小,勿私藏,苟私藏,子道亏……",学习向家长、老师行礼问好,明白了人生要走"正道"、存"善心"、知"礼节",激发孩子要做善正之人,树报国之志。

××小学第一营——亲子营。26日,××校园里一片欢声笑语,孩子们在老师的带领下,在与父母的同乐中,自信地介绍自己,开心地认识新朋友,在玩乐中熟悉了新环境,并确立了新目标,消除了入学的紧张情绪,为更快、更好地适应新的学习生活打下了良好的基础。孩子们在常规训练课上,从打招呼的礼仪学起,学着摆放书包文具,学着举手发言,学着列队站立,学着互相鼓励、互相帮助,逐渐形成良好的行为习惯。危校长在与家长沟通课上介绍了学校的办学理念和办学概况;在专家的讲座中知道了如何做好幼小过渡,如何培养孩子良好的习惯;在班级家长会中,了解教师的教学理念、学习生活的要求,为实现家校合力、共同管理的教育目标打下了基础。

两天的亲子营活动结束了,孩子们意犹未尽,他们开始爱上了学习、爱上了老师、爱上了××校园,迈开了成长的第一步。

资料来源:××小学. 难忘的文德"第一礼""第一课""第一营"[EB/OL]. http://www.gzyxedu.net/article_show.jsp?id=37621&htmlfile=2012/9/1346911931248_1652.html,2012-09-12.

(三)关于毕业典礼

学校是培养人才、传授知识的场所,更是每个人人生中美好、明亮、青春的回忆所在。因此,毕业典礼仪式应充满深层次的精神与文化意蕴,它能使普通的经历变得更丰富[①]。曾任北京大学经济研究中心主任的林毅夫教授指出[②]:"不要小看毕业典礼这个仪式,它虽然每年都在举办,表面上看是一种形式,可是对学生不一样,那是唯一的!从我手中接过去的不仅仅是毕业证书,更是认可、激励和希望,它会永远定格在学子们的生命烙印中!"

毕业典礼仪式不仅是对学生学业阶段的一次总结与回顾,也是对教师教学工作辛勤付出、家长一路相伴成长的肯定。参加人员除了学校毕业年级的师生以外,还可根据实际情况邀请全校师生、家长、社区人士、相关人士到场观礼,见证这一具有重要纪念意义的时刻。毕业典礼的形式多样,内容丰富,一般来说由回顾成长、发表感言、校长寄语、向毕业生颁发证书、毕业生向母校赠送纪念品、感恩师长等基本环节构成,庄重热烈,激励人心。学校的办学特色和风格可以适当体现在每个环节的细节中,比如毕业生特定的服装穿着、学校的吉祥物运用、校歌等背景音乐的选取、校徽校训的体现等,要让参与者对母校、对此情此景留下深刻难忘的印象。又比如在颁发证书环节中,校长亲自颁发后,加以拥抱、击掌、握手等个性化动作,给毕业生一个温暖的鼓励;在象征走向未来、告别过去的环节中,可以采取集体欢呼口号、抛帽、放飞纸飞机、寄存母校的心愿寄语等别出心裁的仪式,展现毕业生的青春与朝气。在毕业典礼仪式中要注意把握现场气氛,比如一些感恩环节、回顾环节进行时宜感动但不要过分感伤,毕业之际更应给予毕业生走向未来的勇气与鼓舞。同时,除了正

[①] 卢新伟,蔡国春.解读大学校庆的价值:组织文化和仪式的视角[J].煤炭高等教育,2009(9):15-18.

[②] 许建国.中小学校庆为何[J].中小学学校管理,2013(5):13.

式的毕业典礼之外，围绕毕业主题，可以开展各种各样的系列活动。比如各班师生分享会、邀请优秀毕业生回母校举行讲座、举行毕业生优秀作品（作业）展、让即将毕业的同学与低年级同学开展对话交流活动等，形成独特的校园毕业文化。

案例分享

深圳××小学2013届毕业典礼

7月9日上午九点，天高气爽，六年级全体学生、家长以及任课教师齐聚一堂，举行了"深圳××小学2013届毕业典礼"。

典礼以影片《我们毕业了》拉开序幕，在《放心去飞》的音乐声中，在场的观众通过相片集回忆了小学生活的点点滴滴，会场气氛温馨中带点淡淡的离愁。

典礼正式开始了，第一幕《快乐的深圳××校园》以陈芳老师携家长表演《我交给你一个孩子》开篇，表达了老师与家长对同学们成长的深深感慨。深圳××小学好声音组合、六（3）班的师生歌舞表演精彩绝伦，让人拍手叫好。

在动情的音乐声中，进入第二幕《绿叶对根的情意》。六（1）班、六（2）班、六（4）班的同学们声情并茂地朗诵了《难忘师恩》。"师恩如山，师恩如海""天涯海角有尽处，只有师恩无穷期！"带着对老师们深深的谢意，同学们给任课教师献上了鲜花和纪念品。同学们的成长离不开家长的共同配合，"我们都是好孩子，异想天开的孩子，相信爱，可以永远啊……"在动人的音乐中，同学们还向父母敬礼、致谢。只有家校携手努力，才能有最适合孩子的教育。同学们还向学校赠送了毕业纪念品，以感谢母校的培育之恩，并祝福学校桃李满天下，明天更美好。

第三幕《放飞美好希望》中,王校长致辞,鼓励同学们"做一个追风的少年"表达了对毕业班同学们美好的祝愿。六(6)班、六(7)班的配乐诗朗诵《少年中国说》气势慷慨激昂,表现了少年的朝气蓬勃,爱国之情荡漾其中。接着,王校长给六年级三百多名毕业生逐一发放了毕业纪念册。

六(5)班陈白同学洋溢着浓浓的温馨留恋之情的歌声,拉开第四幕《祝你一路顺风》,学生、家长和老师在内操场自由合影留念。

这次毕业典礼为六年级同学的学习生涯画上了一个阶段性的句号,让他们带着学校给予的真挚的关心和殷切的希望奔赴中学,开创新的未来。家长们表示,这是一场有深刻意义的典礼,他们十分感动,孩子们一定会牢记学校的恩情和嘱托,不辜负学校的期望,刻苦努力,创造出属于自己的美好未来!

资料来源:陈书舫. 深圳××小学 2013 毕业典礼[EB/OL]. http://szps.sz.edu.cn/xyxw/627.jhtml,2013-07-10.

案例分享

中学毕业典礼:仪式,独特的文化形式

在湛蓝的天空下,翠绿的香樟树旁,阳光洒在××中学学子们年轻的脸庞上面,在××中学的操场上围成一个同心圆,默默地低着头,闭着眼,把手放在胸前合十,许下了人生中,最庄重的承诺,现场听不见任何人声的喧哗,只有音乐在默默地流淌,然后,孩子们放飞了象征梦想的气球,跟随着音乐大声地歌唱,五彩缤纷的气球纷纷飞向了蓝天,那一片斑斓的色彩点亮了孩子们清澈的眼神。

这是一场情动师生的毕业典礼，是一场庄重的成人仪式，在这个圣洁的时刻，孩子们用这种方式向过去告别，在这个庄严肃穆的时刻，他们将开始承担起作为成年人全部的责任和义务，他们用放飞气球、许愿的方式，播种下一个个美丽的梦想，这将成为他们人生中最难忘的时刻，被放飞的梦想将伴随他们的一生，温暖他们的一生。

这样的仪式每年都会在××中学的校园里举行，××中学还有很多能代表自己独特文化底蕴的仪式，比如，每个学年的钱学森奖章颁奖典礼、毕业典礼仪式。每天早上同学们跑操并喊出各种励志的口号，也是我们的一种仪式，我们通过这些大大小小的仪式来强调，展现我们特有的舜耕文化，凝聚人心，升华、净化师生的心灵，每次看到这样的场面，内心都会涌起一种感动。

××中学为什么会如此重视仪式？仪式是一种茶文化，具有直抵人心的共振作用，当仪式举行的时候，它表明师生都怀有共同的信仰和愿望，在做着相同的动作，想着同样的话语，唱着同样的歌，通过这些共振作用形成了一个共同的"场"，就像磁场那样吸引着人们，使大家变得更加团结、更加亲密。

资料来源：黄飞．耕学载道：校长能力的五项修炼[M]．北京：清华大学出版社，2013：80．

第九章　铺路、搭桥、导航
——建设绿色健康校园信息网络

专业标准

"营造育人文化"第十九条标准：建设绿色健康的校园信息网络，向师生推荐优秀的精神文化作品和先进模范人物，努力防范不良的流行文化、网络文化和学校周边环境对学生的负面影响。

标准解读

教育者已生存在互联网的时代。一个人，一台电脑，一个网络就可成就现在和将来的教育传奇。作为校长，要有敏锐的触角，将这个时代信息网络看成一个难得的契机，乘此东风将学校的校园信息网络整合成为教育教学的一个重要资源，使学校走在信息时代的浪尖风口中，随着时代发展不断进步。

建设绿色健康的校园信息网络是作为校长追求办学特色和水平的主要途径和任务之一，也是网络教育教学研究的工作重点。校园信息网络的建设和有效使用，其价值在于创造网络文化育人氛围，增强教育的开放性、针对性、实效性、灵活性、普遍性和共享性，从而促进对学生教育的终身化、民主化、平等化和个性化。我们在教学过程中有效运用校园信息网络，不但可以更新教学模式、合理和有效使用各种教学策略和教学手段，而且能促使教师的教育理念和教育思想的改变，开阔师生的视野，提升学生获取、分析和处理各种信息的能力，进而全面提高学校的教学质量和科研水平，同时为家校、师生、生生等各方的信息沟通和交换提供便利条件，达到教育合力的要求。另一方面，在德育工作的运用上，能有效提高学校德育工作的针对性、实效性，也能使德育活动充满活力、趣味，方式上更加快捷而灵活，凸显其特殊的育人功能。校园信息网络的有效使用，为培养面向世界、面向未来的高素质人才提供有力的保障。

有利就有弊。网络也不例外。部分校长对于发展中小学校园网的重要性和紧迫性认识还不够到位。另外，不良信息的传播和计算机病毒的肆虐，以及人为的恶意攻击，对学校造成了极其不良影响。加之网络安全意识不到位、管理制度的不完善和管理硬软件的"短板"，导致不能规范约束学生、教师的上网行为，致使网络文化的育人功能不能有效发挥。

正是两害相权取其轻，两利相权取其重。与其将网络看成洪水猛兽，千方百计避之则吉，不如主动与其"交锋"，与其整合，用其益处，避其害处。校园信息网络是弘扬优秀文化和正确思想价值观的"主战场"，是学校德育工作的重要平台。因此，校长在校园信息网络建设中应该主动占据，合理利用，注重指导，严格管理，及时引导，加强教育。学校要积极创建健康向上的"绿色网上家园"，在建设绿色健康的校园信息网络的工作中，可以通过"铺路、搭桥、导航"三大工程进行。

相关阅读

计算机校园网在教育教学中的应用现状及存在的问题

信息时代，网络社会，校园网络的建设提到了重要的议事日程。从当今世界发达国家教育信息化发展的经验来看，从单机发展到网络，是教学信息化、德育网络化发展的必然趋势。因此，在当前我国发达地区的基础教育信息化发展过程中，以校园网络的建设为核心与基础，以营造网络育人文化氛围为途径，加快教育现代化的进程，实现我国基础教育改革发展中的跳跃式发展，这是全面贯彻素质教育的关键性步骤。

计算机校园网组建在教育教学中应用的现状

随着Internet在我国的迅速发展，计算机校园网如雨后春笋般地涌现出来。现在很多教师和学生已开始上网，据估计，目前全国已有近千所中小学组建了校园网，有上万所学校组建了网络化电子教室。

计算机校园网是一个由若干个多功能教室、若干个计算机网络教室、一个虚拟图书馆、一个办公网、一个信息中心和一些其他应用构成的局域网络系统，并通过一个边界路由器与因特网相连。它的具体应用主要表现在以下几个方面：虚拟图书馆、电子备课室、学校办公网、校园卡系统等。

计算机校园网组建应用存在的问题

上面我们了解了校园网的主要功能，可如何在中小学教学中真正发挥出它的作用，是对现行中小学教育的严峻考验。尽管不少学校已投入大量的资金,购买了相关设备,可建设出来的校园网在一定程度上很难满足当前教育的需要,更不用说促进学校教育的现代化发展。因此,有必要分析校园网的现状,找出问题所在,将有利于校园网的发展。目前,校园网的建设存在以下三个误区。

1. 缺乏学习功能

通过访问众多校园网站,不难发现目前很多学校校园网提供的内容主要有教育新闻、学校信息和政策法规等内容,注重的是对外交流功能、行政管理功能、教务管理功能以及教师备课功能的开发,明显缺乏对学生学习功能的开发。对于中小学生,这些网站目前并不能提供较为实用的信息和服务,更谈不上让学生利用这些网站进行学习和做研究性学习。据一份调查表明,大多数校园网站学习资源缺乏,目前全国面向中小学的网校有100多所,但"教案+题库"是网校的教学模式。网校教育只是名牌中小学的课堂教育在网上的简单延伸。从初一到高三的主要内容都是名校课堂的同步辅导,实际上就是把这些中小学的教师教案、备课笔记、教学重点、难点、例题分析、试题、疑难介绍等内容搬上网站。学生主要就是做题和看题,没有交互式的教学,多媒体技术也没有被广泛使用。学生看到的只是纯文本的东西,难怪有的学生说,在网上看题、做题,还不如买本习题集来做。另外,网站内容多而杂,针对性不强,并且很多内容重复设置,浪费资源,更甚至有的内容陈旧,更新周期过长。这些使校园网在教学活动中非但没起到积极作用,还相对增加了学生的学习负担和教师的工作强度,造成学校的资源浪费。

2. 缺教育技术人员

要知道中小学教育网站的开发,只有网络技术人员是远远不够的，要使教育网站对学生的学习辅导有所帮助，必须有该年级第一线的学科教师的参与，并且每年级的学科教师不是一个或两个就够的，而是由年级学科教师组成的一个学科资料研究开发小组，同时还需要教育技术研究人士的整体设计。同样，教育网站对学生学习研究资料的开发也是如此，除了有该方面的专业研究小组成员外，还需要该领域的教育专家的参与，只有这样，教育网站才能有针对性的适合学生的学习和研究需要。

3. 缺乏网络育人理念支撑

校园网建设的终极目标是为管理育人、文化育人和为学生的健康成长服务。不少学校却在校园网组建和应用时，缺乏指导思想，没有网络教育体系，盲目建设，以致网络教育、网络德育流于形式，不能充分利用其工具作用、育人作用和文化作用。要使校园网真正起到育人的作用，校长在建设和应用时，就必须与学校办学理念结合，与学校的德育工作结合，与学校的教育教学实际情况结合，与学生的年龄特征相结合，只有这样才能建设好一个健康绿色的校园网络，才能使校园网在学校中起网上校园的作用，才能缔造学校的网络教育文化，才能使网下校园和网上校园紧密结合，相互作用、相互合力和相得益彰，达到育人一体化的要求。

校园网为研究性学习、网络育人提供了开放的、交互的、资源共享的学习环境，营造了良好的育人氛围，培养了学生的创造性思维、抽象思维，提高了思维品质，引导学生树立正确的思想观、人生观，让学生在育人网络下健康快乐成长，为素质教育的实施带来勃勃生机。一个成功的校园网络系统，除应当包括快速实用的物理网络和功能强大的系统应用软件外，关键还要能够发挥它在教学和育人中的积极作用，不仅能够转变教学形式和德育模式，促进课程改革，注入新的德育内涵，产生新的学习模式，而且能够最终提高学校的教与学的质量，提高教学和育人效果，铸造校园网络教育文化。

资料来源：李海斌.计算机校园网在教育教学中的应用现状及存在的问题[J].黑龙江科技信息，2010：140.

第一节 为校园信息网络铺路

鲁迅先生说过："希望是本无所谓有，无所谓无的。这正如地上的路；其实地上本没有路，走的人多了，也便成了路。"校园信息网络发展之路也是如此。记得有位教师说过的故事，他从毕业到现在已经从事了十年的信息教学，他目睹了信息化在教育教学与工作上翻天覆地的变化。从学校仅有一台单机拨号上网，逐渐建成一个配置低的微机室，一个多媒体教室，一个打印室，一个信息技术备课室（课件制作室）。一路发展，一路走来，到了现在，他所在学校几乎每个课室都拥有了多媒体教学平台，几乎每个教师都有一台办公的计算机，学校也建成了校园信息网络，网络文化在其校已形成浓厚的氛围。技术在发展，人也在进步，其学校从当时只有一小部分老师熟练计算机的基本操作到现在每个老师都能熟练使用计算机办公，都会将校园信息网络运用到学校的教育教学中来。

校园信息网络发展的故事还在继续。随着社会信息技术突飞猛进地发展，校园信息网络不断革新着教学的方式、策略和观念，使其在学校工作中的作用越来越重要，于是，校园信息网络建设必将成为学校自身建设与谋求发展的"重头戏"。建好校园信息网络，营造绿色健康的校园教育氛围，唱响健康良好的网络思想文化的主旋律，俨然成了学校日常教育工作的重要部分，对于形成现代教育办学体系起着推波助澜的作用。时至今日，信息全球化、网络智能化，教育理念与思想呈现出前所未有的大变革时代，教育犹如驶上高速铁路，在学校德育工作中，以传播速度快、覆盖面广的德育手段和思想已渗透到学校的德育工作中去，网络德育活动、德育资源共享等已成了德育工作新时代特征。如何抓好校园网的建设，充分发挥校园网在育人工作中的作用，是学校现代化德育工作中的一个重要课题。然而，由于一些主客观因素，目前中小学校园信息网络的具体实践中，存在着很多不足，效果不尽如人意。只有具备现代教育理念，不断摸索、探究，推陈出新，才能找到一条符合我国国情的中小学校园信息网络德育新"绿道"。这是实现校长办学思想、全面贯彻素质教育的关键性一步。校长要根据上级教育部门的总体部署以及结合学校的实际情况，并根据校长自我的办学思想，研究制订校园信息网络建设方案，包括认真创建学校中小学现代教育技术中心，设计好学校计算机网络管理中心和学校德育活动课件制作中心，并建立专门负责校园信息网络的规划管理相关方案和制度等。校长需以"统筹规划，全校联动，以点带面，分步实施"[1]的工作原则推动校园信息网络建设工作的全面开展，以充分发挥校园信息网络的育人功能。

一、设计网络绿道六原则

变！变！变！网络每时每刻都在"七十二变"！但无论怎么变化，

---

[1] 魏大可.建网、建库、建队伍——中小学校园网络建设探索[EB/OL].http://www.pep.com.cn/xxjs/jszj/xywjs/201008/t20100827_785413.htm，2012-11-15/2014-04-03.

也会有其建设的原则。信息产业的发展速度日新月异，其更新的速度会导致价格的下降和设备的贬值。因此，作为校长，在建设校园信息网络、提高学校的育人水平以及着力提升网络文化育人的针对性时，必须考虑教育技术设备的使用效益，尤其是校园信息网络建设这样耗资巨大的项目建设。"校园信息网络的建设既要经济实用，满足学校教育教学等多方的要求，又不能造成资源闲置、资金浪费，也要考虑到网络今后的发展，在铺设网络时要考虑到以后的扩容"[①]。因此，在建设校园信息网络时，校长要坚持六项基本原则。一是先进性。当前计算机网络技术发展很快，设备更新淘汰也很快。校园网建设应该采用当前成熟先进的设计思想、网络结构、开发工具以及市场覆盖率高、标准化和技术成熟的技术和设备，这样才能适应未来的发展。二是实用性。网络建设的关键是为教师、学生提供一个良好的学习、使用环境，设计网络的目的主要是能充分地应用网络资源，应用软件应具有良好的用户界面及德育功能，符合学校的具体情况，应具有实用价值。三是灵活性。一般来说，学校资金并不很充足，不可能一步到位。另一方面，部分学校使用基础比较差，老师有可能意识不到计算机网络的用处，应用水平较低，即使安装了某些系统也不会运用。所以，校长在校园信息网络建设时应分步实施，采用积木式模块组合和结构化设计，灵活地配置系统，以满足学校逐步到位的建网原则。为今后发展的需要，校长应为校园信息网络预留足够的可发展空间。四是可靠性。网络运行稳定可靠，具有容错设计。支持故障检测和恢

---

① 魏大可.建网、建库、建队伍——中小学校园网络建设探索[EB/OL]. http：//www.pep.com.cn/xxjs/jszj/xywjs/201008/t20100827_785413.htm, 2012-11-15/2014-04-03.

复，可管理和维护性强。五是经济性。在网络的设计与建设中，应始终在达到建网目的这一要求下，以最经济的特点进行设计、规划，从而使校园信息网络具有良好的性能价格比。六是安全性。安全措施有效可信，能够在多层次上实现安全控制。包括用户权限、防火墙以及网络病毒等安全防范工作方面都能实现可控性。

二、铺设网络绿道四步曲

绿色文化从建网开始，绿色网络从四步铺道起步。校长在校园信息网络建设中应从学校教育信息化发展和学校德育工作的实际出发，放在学校整体全面发展规划中进行设计，并围绕学校育人的本质属性进行，其旨在提高校园信息网络文化育人的能力，最后以育人内涵及功能作为选择技术和硬件设备的标准。校长要"以教育教学的需要决定网络的层次、规模和功能，合理布局，明确各阶段的需求，分期建设"[1]。校长在铺设校园网络"绿道"中可按铺设网络"绿道"四步曲进行。第一步，主要完成办公楼网络"绿道"的建设，建成学校各办公室间的网络"绿道"，先实现教育、教学资源共享与教师办公的互动，以提高育人功能的便捷性。第二步，完成学校网络中心、课件制作中心、多媒体网络教室、多功能视听教室及网络主干"绿道"的建设，以提高网络文化育人的实效性。第三步，在教室中安装多媒体计算机，实现各教学楼子网"绿道"建设；并将各教学楼、宿舍楼和综合楼等子网及办公楼子网体系连接起来，组成一个整体的校园多媒体"绿色"网

---

[1] 魏大可.建网、建库、建队伍——中小学校园网络建设探索[EB/OL]. http://www.pep.com.cn/xxjs/jszj/xywjs/201008/t20100827 _ 785413.htm，2012-11-15/2014-04-03.

络体系，使师生能运用多媒体计算机进行各种信息的交流、教学互动和德育输送，以提高网络文化育人的针对性。第四步，最后建立电子阅览室及学校图书馆多媒体网络"绿道"。为教师、学生提供一个能够电子阅读的良好的多媒体环境，一个良好的育人氛围。

三、铺好网络绿道四点绿

要构建校园"绿"之网，解决校园信息网络各项技术性问题，提高校园网络文化育人的能力和水平。为此我们要充分发挥网络文化如同清泉在浸润心灵、如同音乐在陶冶情操的重要力量，让校园信息网络健康而茁壮成长为网络"绿"道。校长在建设校园信息网络时，需根据实际情况选用恰当的交换设备作为中心交换机，通过合适的连接服务器，利用交换机三层交换的高性能，满足大容量、高速率的数据传输，并通过光纤线路，实现与互联网的连接。在接入层，需配置合适智能网管型堆叠交换机。

校长在建设校园信息网络时，要铺好网络"绿道"四点"绿"。一是植入"绿色"核心设备，以确保校园信息网络绿色高效。校园信息网络的核心层是交换机，其构成网络的重点，需承担着数据快速率、大容量交换、大吞吐量等重要任务。作为校长，在校园信息网络建设中选用的核心、接入层交换机等核心设备时应该采用当今较先进的技术，能够保持该设备在相当长的一段时间内不会因为技术落后而被淘汰。另外，在学校信息网络规模进一步扩展时，其设备不能承担繁重的负荷时也能够做到降级使用。这样的设备可做到对密集数据流、音频、视频等，进行高速无阻塞的数据交换，以提高学校网络的数据处理效率，从而可以实现网络应用功能。这样确保校园信息网络实现高效的网络教育教学以及办公功能，可实现从网上备课到远程教育教学等一系列的功能，从而创造一个全新良好的工作、生活、学习的平台，营造一个良好的育人环境。

二是纳入"绿色"兼容，确保经济实用①。当今社会，信息技术发展都非常迅猛，为了避免重复投资而造成不必要的资金浪费，校长应选择具有一定扩展能力的设备，能够确保在网络规模逐渐扩展时，不用增加设备，只需增加一定数量的模块就能做到，以实现用最少的资金达到网络育人的功效。

三是提高"绿色"性能，保证安全可靠。校长在选用整个校园网络系统的硬件设备时，应选用具备安全性、稳定性和可靠性的特点的网络设备。这样可维持网络系统稳定运行。

四是选用"绿色"网管，实现轻松维护。在校园信息网络中，先进的设备还需要配备先进的管理和维护的方法，才能够将校园信息网络效能发挥最大化。因此，校长在校园信息网络建设中"选择设备时还需选择支持现有的、常用的网络管理协议和多种网络管理软件，以便于管理人员对校园信息网络的维护"②。通过注入四点"绿"，为校园网络充分发挥文化育人功能打下坚实基础。

四、铺好网络绿道三建设

绿色文化源于优秀网络，优秀网络源于用心建设！校长在建设校园信息网络过程中，应根据学校的办学理念和德育思想，"从学校教

---

① 锐捷."绿色"理念运筹"校校通"[J].中小学信息技术教育，2004(5)：59.
② 重庆科技学院.无线局域网技术大作业[EB/OL].http：//www.doc88.com/p-8468051718867.html，2014-04-09/2014-04-12.

育教学的实际出发,建好、管好、用好校园网信息网络,充分发挥校园网络在学校教育、教学和管理中的育人功能,提高学校德育工作的教育质量和办学效益"[①]。在这过程中,校长要充分发挥校园信息网络在德育工作的网络文化育人作用,在铺好、管好、用好校园信息网络时,需要做好三个建设:建库、建队和建制。

(一)建库——发挥网络资源库在德育管理中的优势

为了使校园信息网络满足学校德育与管理应用的需要,努力传播先进文化、弘扬社会正气,学校需要在校园信息网络上建立德育资源库。在德育资源库的建设中,要加强网络德育资源库的管理水平,并不断开发网络的德育功能。在校园信息网络资源库中,学校要采用多种方式,多渠道挖掘资源库的潜力,开发和完善校园信息网络的德育功能。建立德育资源库包括:一是德育课件库(包括CAI、WWW、PPT课件等)。二是德育课件制作素材库(包括大量文本、图元、声音、视频素材等)。三是德育仿真实验演示库,在网上形成德育教学、学习、讨论、查询、答疑、测试、阅卷系统。在建设德育资源库过程中,校长要发动教师为校园信息网络提供德育工作的相关资料,也要有选择性地利用现有素材和通用平台。另一方面,校长要组织力量,自行开发基于校园信息网络的一些实用性强的德育软件系统。在德育资源库中还需增加图书、音像等资料,以提高德育资源库的实用性、有效性和多元性。通过德育资源库的建设,提高校园信息网络的文化品位和思想教育价值。与此同时,学校要利用传统的网站、论坛、电

---

① 教育部.教育部关于印发"义务教育学校校长专业标准"的通知[EB/OL].
http://www.moe.edu.cn/publicfiles/business/htmlfiles/moe/s7148/201302/xxgk_147899.
html,2013-02-16.

子邮件,以及二维码、微信等多种方式为优良信息做好推广和传送服务。

(二)建队——打造强力的校园网络文化队伍

在铺好网络"绿道"后,在德育工作中,老师们面对的不仅是传统的德育环境,而且是一个由多媒体电教室、多媒体网络教室、多媒体音像阅览室、多媒体电子备课系统等全新的德育网络环境。校长要使校园信息网络能更好地应用,充分发挥其德育教学效益,就要"建设一支政治思想水平高、网络业务强、熟悉学生上网特点的网络管理工作队伍,增强对学生网上生活和网络道德发展的指导、示范和监督作用。要建设一支高素质的思想政治教育和网络宣传专职队伍,培养一批既具有较高政治理论水平、掌握思想政治工作规律,又能较熟练地运用网络技术的骨干力量"[1]。因此,要加强教师的培训,使每一位教师都能熟练应用校园信息网络来进行德育工作。其中包括制订适合本校实际的培训机制,发展师徒结对一帮一等帮扶制度,让熟练教师带动不熟练教师,并且最终走向共同熟练掌握和运用电教方法,以此提升他们的教育理念与教育素养。校长要打造一支兼具思想教育能力和现代化信息素养的优秀德育教师队伍,其人员必须掌握德育工作方法、网络管理、软件技术开发、音视频多媒体制作、资料素材收集、师生培训和维修保养等各项技能。只有这样,校园信息网络才能更好地为德育保驾护航。打造强力的校园网络文化队伍,也包括学生德育网络队伍的建设,要充分调动学生积极性,打造一支德育工作"绿色小网管"。这样形成的浓厚绿色网络文化氛围,有利于学生在网络环

---

[1] 张志宏.温州市高校网络文化建设和管理调研报告[J].浙江工贸职业技术学院学报,2011(12):5.

境下的发展与成长,最终成就一张学生津津乐道、符合学校校情、品位高雅的网络文化"名片"。

(三)建章——使网络德育管理走向制度化

校园信息网络的打造,使学校的德育工作搭上了"快班车",充分把握"快班车"的方向盘,并保持动力强劲推动学校的德育工作不断前进。学校德育工作不断发展与进步是好事,但是千万别忽视了管理。校长要制订一系列的管理措施和制度,"坚持依法管理、科学管理、有效管理,综合运用法律、校纪、技术、思想教育、学生自律等手段,将管理和教育、自律和他律有机结合起来,形成依法监管、学生自律、规范有序的信息传播秩序"[1],以打造健康向上的网络育人文化。

第二节 为校园信息网络搭桥

当代是沟通从"网络"开始的时代,校园信息网络已成为当今中小学生获取知识、了解世界、自我教育的重要渠道。作为校长要"优化校园信息网络环境,创建校园网络教育文化品牌,充分发挥网络文化的育人功能"[2]。校长要充分认识校园信息网络是在新形势下加强中小学生思想道德文化教育的全新领域。校园信息网络作为育人桥梁的作用有以下几点。

一是校园信息网络是师生交流的新平台。平时面对面的教育教学活动和家访是教师了解学生传统方式,而现在通过QQ、电邮、微

---

[1] 檀江林,刘瑞平.探索信息网络时代大学生素质教育的可行路径——以大学生主题素质教育网站为视角[J].合肥工业大学学报(社会科学版),2011(2):8.

[2] 庆承松.充分发挥校园网络文化的育人功能[N].光明日报,2008-09-25:10.

信、博客、微博互动等方式更为便捷，只要老师肯用心，必然创造更多师生交流的机会和平台。

二是校园信息网络是德育教育的新途径。教育之道，德育为首。在学生成长过程中，难免会经历一些故事、挫折、心坎，也可能会出现有一些偏激思想、恶劣行为等成长障碍。当传统的教育方式不起作用时，借助校园信息网络的沟通、交流和引导的方式的教育，能使学生更容易打开心扉，更充分认识自己。这样，作为校长要用到校园信息网络德育新概念。

三是校园信息网络是师生教学平等互动的平台。在校园信息网络里，教师与学生可相互对对方的文章进行评论、相互留言。这样，通过平等的学识上的互动，不但使学生学到了深层次的知识，也体现了师生和谐的相处之道，会达到"学生是我师，我是学生友"的教育新境界。

四是校园信息网络为教师与学生、学生与学生、教师与家长和学校与其他人搭建了跨越时间、空间的网络互动桥梁。校长要重视信息网络的建设，其不但具有强大的育人功能，而且是宣传校园文化的网络窗口，有利于对外输出学校的教育特色与先进的办学理念。

由此可见，建设好校园信息网络，渗透其独到的育人理念，提高校园信息网络文化的育人能力和水平，对学校来说有着巨大的育人桥梁作用。所以，校长要在建设校园信息网络时，要为师生搭好五座"育人之桥"。

一、建立学校信息网站，为营造绿色网络文明学校搭桥

校园信息网站不仅是"人机交互"的工具，更是强大的育人平台。

校园网站是我们正义文化的阵地，宣传健康学校文化的窗口，沟通人心的桥梁。当今时代，通过学校信息网站建设打造健康的校园网络文化已经成为学校德育信息化建设的重要方面。从某种角度上说，校园网络文化的健康发展，占据着弘扬校园主流文化和社会主义先进文化的主阵地和制高点。作为校长，要调动全校师生共同参与的积极性，同心协力建好学校信息网站，为营造绿色网络文明学校"搭桥"。

第一，校长要打造有着自己学校特色的校园信息网站，在网站内凸显学校的办学特色和学校德育工作的个性，让学校信息网站成为学校品牌的"商标"。建立起有自己德育特色的学校网站是营造绿色网络文明学校的桥梁，是对学校正面主流文化和学校品牌的宣传手段。由于其没有时间与区域限制，可加强社会各界对我们学校的了解，使之成为教育百花园中鲜艳而特别的一景。

第二，校长要在学校信息网站中提供德育互动的栏目，让学校信息网站成为师师、师生、生生之间交流合作的全新方式，让校园网络文化达到育人的作用，从而有效地加强和改进中小学生的思想政治道德状况。使教师、学生、家长和社会人士能在网络中共同讨论，共同分享，共同成长。通过互动平台的建设，让学校信息网站成为营造绿色网络文明学校的桥梁，也让其成为没有围墙的学校。

第三，校长要在学校信息网站提供个性化、因材施教的学习平台，让不同的学生因需、因材点击学习资源，各取所需，从而使每个学生获得最佳的教育机会，充分发掘自己的内在潜力，培植独特的个性和人格。

第四，校长要在学校信息网站中建设班级分站，使每个班的孩子都有一个网上之家。在这个"家"里，每个学生都能有一个属于自己的私人地盘(账号、密码)，除了可以发表作文、评论及基本信息外，还有自己的相册，自己的朋友圈，自己的个人网页。通过这样方式，增加学生自我教育的机会，引导学生正确使用网络，学会在网络中与人交流，从而形成正确的人生观、学习观和网络观。

二、网罗优秀阅读资源，为向师生传递精神食粮搭桥

有人说："一个人的精神发育史就是他的阅读史，阅读对于个人的人性养育具有极其重要的意义。"[1]学校是文化育人的园地，文化园地始终离不开读书。引导师生读书、写书是学校德育工作的重要使命，也是形成良好的育人网络文化氛围的重要途径。读书，可以帮助师生续接文化血脉，走进美丽的精神家园，提高文化格调，强健文化人格；可以帮助学校提升品位，创新学校德育工作新思路。

数字技术飞速发展，给传统阅读带来了新的机遇，信息技术革命推动了传统阅读向计算机化、网络化、数字化发展。数字化、电子化和网络化阅读逐渐成为阅读的一种方式。这种阅读方式作为数字化网络化带来的一种全新的无纸化的绿色阅读形式，已成为阅读发展的一大趋势，并且正在改变着人们的阅读习惯。由于数字化阅读可以便捷地提供海量资源，因而尤其吸引充满好奇心、渴求知识的少年儿童。这场阅读革命已经来势汹汹，而且不可逆转。然而，数字化阅读作为适应网络时代需要而出现的产物，必然存在两面性。为保证其向着健康方向进行，作为校长，需要在校园信息网络建设中进行示范和引导，将校园信息网络建成少年儿童阅读推广服务的开放平台，建成一

---

[1] 蔷薇.畅销书《猫武士》走进校园 与学生分享阅读[EB/OL]. http://book.sohu.com/20111027/n323644766.shtml, 2011-10-27/2014-04-03.

个安全、可靠、开放、共享的少儿网络阅读社区和精神家园。在阅读的信息技术革命中，一定要把握好时代脉搏，抓住契机，充分利用好校园信息网络，创设良好的阅读网络环境氛围。在学校信息网络中，要大量网罗优秀的阅读资源，开展一系列的网络读书活动，将优秀的精神文化作品和先进模范人物故事推荐给全校师生，以提高师生读书兴趣和积极性，为师生的思想道德建设提升一个层次，在校园信息网络中为师生建一个网络中的精神家园，不但形成传统意义的书香校园，也形成网络意义上的书香校园。其中包括在学校信息网站上构建"读书活动"的网页。师生不但在这个平台上可以上传自己的读书笔记，交流读书心得和体会，还可以相互推荐优秀的文化、文学作品给对方。在这种师生互动阅读交流中，让师生在网络的平台上，畅享读书的乐趣，追求积极充实的读书人生，构建积极正确的人生观。另外，校长在校园信息网络建设中，需充实电子阅览室、电子书库资源，以营造良好的校园读书氛围与和谐的育人环境，提升校园文化建设的水平和层次，提高师生的思想道德素质和人文、科学素养，从而形成独特的办学特色。再者，校长在校园信息网络建设中，向师生推荐优秀的网络阅读资源（包括优秀的阅读网站），学校再利用校园信息网络整合优秀教育资源，建设一个公益、开放、共享、健康的安全导航平台和网络空间，使学校师生阅读形式、阅读空间和阅读数量向广阔无垠的互联世界中扩展，从而大大提升师生的阅读面和阅读量，以达到网络文化育人的目标。

三、着力家校协同渠道，为构建网络文明大环境搭桥

校园网络，沟通你我！在当前多元的现代教育体系中，作为校

长，不能单纯地把教育理解为单一的学校教育，而应该把教育作为一个整体，教育就是学校教育、家庭教育和社会教育整体相互依存、相互作用的结果。少年儿童的健康成长，需要学校与家庭相互配合、协同教育。家长在家庭教育的环境、认识和方法的偏差和失误，就会影响和削弱学校德育工作苦心积累的效果。随着校园信息网络走进我们的校园，互联网也走进了千家万户和社会的角角落落，上网成为越来越多孩子的主要娱乐方式。校长一定要认识到"为孩子营造一个健康、安全的网络世界还需要社会、家庭的共同努力"①。校长除了指导师生利用校园信息网络进行网上学习、德育活动和交流外，还要加强对学生家长的沟通与专题培训，并要求家长在家庭中做好学生的上网指导及教育工作，达到家校同步教育的目的，共同营造有利于学生健康成长的环境。

其中可以做好以下几方面的工作：一是建立班级论坛，以构建高效动态的家校沟通途径。将德育工作思想渗透到班级论坛中，使传统的德育方式转向网络沟通、互动交流。同时网罗家长资源，诚邀家长参与论坛。这样不但使教师与家长相互间达到良好的沟通，形成一定的家校互动，而且在论坛中达到德育管理、学生思想交流和资源并享的效果，从而促进家、校、生的共同发展。二是建立班级QQ群，以构建多角度、全方位的交流方式。建立班级QQ群后，教师能及时传递学生在学校的思想学习动态，在与家长沟通中达成教育共识，形成有效的德育合力。另外，家长间可互相交流互相学习，也促进家长家

---

① 嘉兴市实验小学．为雏鹰打造一个纯净的网络世界：嘉兴市实验小学"营造绿色网络文明学校"工作掠影［EB/OL］．http：//www.jxedu.net.cn/news/html/?25444.html，2003-03-27/2014-04-03．

庭教育水平的提升。三是在学校信息网络开辟家校互动栏目，在栏目中学校与家庭取得相互沟通，达到德育共识的效果，还可以在栏目中指导家庭如何开展家庭教育，如何在家庭中引导孩子开展健康、有益的网络活动等。另外，学校还可向家长提供思路，可在家中开展哪些有意义的德育活动，开展哪些健康的网络活动等。

四、建设校园网络论坛，为师生形成正确合理舆论导向搭桥

紧扣时代脉搏，让正义始终站在思想的中心。校长在校园信息网络建设和打造先进的校园网络育人文化时，要坚持教育、服务与管理相结合。学校要始终强调，创建网络德育系统必须坚持调动学生、依靠学生和指导学生用好校园信息网络的原则。为了规范管理，除了要制订实施多项网络规章制度外，学校还要主动探索网络条件下德育实施的学生主体性模式，营造一个积极向上的网络育人环境。在条件成熟的学校要指导和组织"学生制定网上道德自律规范、网络文明公约，引导学生在网络这个开放的虚拟世界中筑牢自律防线"[1]。

针对学生在网上喜欢表达、青睐倾诉和喜爱"吐槽"的特点，学校可主动组织和指导学生创建校园论坛，在论坛中让学生参与网上讨论，并积极做好引导和解答，学校要善于捕捉、反馈网上信息，积极以学生的视角观察和思考问题，定期总结校园网络论坛上的主要观点，精心开展"答同学们问"等解答活动，不但为师生形成正确合理舆论导向"搭桥"，而且为学校德育管理决策和思想政治教育提供重要参考依据。

另外，在校园网络论坛中，学校在开展有效服务的同时，突出抓

---

[1] 湖南省网络德育研究基地. 建设积极健康的"绿色网上校园"[EB/OL]. http：//news.sina.com.cn/o/2007-11-23/141212958067s.shtml，2007-11-23/2014-04-03.

好防范管理，针对来自社会不正确的舆论信息渗透和破坏性的黑客攻击，采取调整防火墙、加强信息检测等网络措施，确保网络德育系统的安全运行；采取校外用户登录校园网络论坛应先审后发、校内用户注册实名制等措施，审核议论信息，删除黄色的或不良的信息，对一些消极言论进行及时反驳，教育和引导学生树立科学的世界观、人生观和价值观，以确保校园网络论坛的干净、绿色和健康，以利于学生的健康成长。在校园网络论坛，学校要坚持舆论导向与思想引导相结合。树立学习榜样的同时，营造良好的舆论氛围，同时在校园网络论坛上开展学习宣传活动，并号召师生们写上学习笔记和各种评论，并展开评奖活动，为师生形成正确合理舆论导向"搭桥"。

五、组建校园绿色网室，为净化学生上网空间搭桥

网络，要说爱你不容易。家长的呼声，家长的迷惘，家长的无奈。网络，真是令人欢喜令人忧！虽然政府会定期整顿校园周边网吧。然而，越是禁止，网吧对学生而言就越有吸引力，青少年沉溺网吧总是屡禁不止。当青少年迷恋于虚拟世界，自我封闭，与现实产生隔阂，不愿与人进行面对面交往，久而久之，必然会影响青少年正常的认知、情感和心理定位，甚至可能导致人格异化，不利于青少年健康人格和正确人生观的塑造。患者一旦停止上网便会产生上网的强烈渴望，难以控制对上网的需要或冲动，这种冲动会使其学习注意力不集中、不持久，记忆力减退；由于长期使用视觉形象思维，会导致逻辑思维活动迟钝，对日常工作、学习和生活兴趣减少，与现实疏远，为人意气消沉冷漠，缺乏时间感。因不能面对现实，会产生情绪低落、遇事悲观、态度消极等现象，会导致精神障碍、心理异常等问题

和疾病。这样，不但不利于学生的健康成长，也会对学校的德育工作造成沉重的打击。有堵就要有疏，疏堵结合才是学校网络德育工作的王道。校长应该为学生提供健康有益的绿色上网空间，让他们学会利用网络汲取知识营养的同时，建构起正确的人生观和网络观。根据疏堵结合的德育原理，校长在校园信息网络建设中，可组建校园"绿色网室"。建设校园"绿色网室"，能为学生提供健康有益的网上空间，也能改善和净化学生的成长环境。校长在校园信息网络建设中，开设"绿色网室"有以下的作用：

通过疏堵结合，促进学生健康上网。"与其让学生花钱到社会网吧上网，还不如想办法吸引学生利用学校已有的电脑，在校内上网"[1]。基于"堵疏并举"的原则，学校可在"绿色网室"中网罗各种优质教育资源；制定科学规范的绿色网室开放时间表和合理的开放时间，满足学生的课余上网需求；建立全程监管的防范体系，过滤或屏蔽广告等不良信息，让学生享受"绿色网室"提供的丰富教育资源，打造绿色上网空间。学校还要引导学生形成正确的网络观、人生观。"绿色网室"在学校网络德育体系中正为学生培养学习方法、提升整体能力、形成理想抱负搭建一座共同的桥梁。当学生透过"绿色网室"的网络站得更高、看得更远时，他的学习目标和人生理想都会有所改变，这样就有效杜绝了学生沉迷于网络游戏。设立"绿色网室"，学校能有组织地引导学生在规定时间和专门区域内上网学习，培养他们树立良好的网络道德，自觉远离不良网站和不良网吧，丰富他们的精神文化生活。另外，设立"绿色网室"能有效地抑制学校周边网吧的开放，净化

---

[1] 陈旻，李沁芬."绿色网室"：校园内的纯净上网空间[N].福建日报，2010-10-15(9).

校园周边的环境，这样能有效防范不良的流行文化、网络文化和学校周边环境对学生的负面影响。

第三节　为校园信息网络导航

有人说"教育是迷恋别人成长的学问"，既然成长就有方向。网络文化育人就是校园信息网络的方向。一间乡镇小学，学校虽然不大，资金更是有限，但为了孩子的成长与发展，却痛下决心创建校园信息网络，并努力在校园网络中渗透德育特色与校园文化。经过几年的细心、用心"经营"，学校终成了信息技术特色学校，教育教学质量也上升了一个台阶。

有位名家说过："方向比努力重要。"教育也同样如是。校长要坚持以人为本，在校园信息网络建设中，通过想方设法满足中小学生的发展愿望和多样化的需求，从而提高学校德育的吸引力，增强其思想道德感染力。校园信息网络是学校德育工作发展新的渠道，校长在构建网络文化德育体系时，需坚持以引导广大学生成人成才、服务广大学生全面发展为宗旨，以紧密联系学生学习与发展的实际为德育内容形式，并结合学生的兴趣和特点，通过喜闻乐见的形式、丰富多彩的德育内容吸引学生积极参与。另外，在校园信息网络的定位与文化内涵建设上，要以培养学生人文素养和科学精神为核心，注重把校园网络文化建设与学生德育教育相结合，与学生文化素质教育相结合，与学校人才培养目标相结合，着力提升网络德育的"导航"作用。与传统德育教育方式相比，校园信息网络的育人作用有着显著特点和独特优势。学校的德育工作大多采用显性教育方式，即教育工作者直接向学生"表明教育目的、任务和内容，通过灌输说教等方式组织实施德育教育活动。这种'注入式'的教育方法，灌输有余，启发不足，德育内容难以入脑入心，会降低德育工作的实效性"[1]。

而网络德育体系却不同，一是通过渗透、感染、熏陶等间接内隐的方式作用于广大学生，使学校的德育工作达到"润物细无声"的潜移默化效果。二是更具渗透力和影响力。根据互联信息网络无处不在的特点，学校德育工作可以做到几乎不受时间、空间限制，广大师生可以随时随地收听收看、阅读浏览校园信息网络的德育内容。同时，由于网络德育内容传播的广泛性，学校能够在最短的时间内集中起最广泛的注意力，从而产生强烈的影响，这对提高德育工作的渗透力和影响力起着很大的作用。校园信息网络为学校德育教育工作提供了新载体、丰富了新内容、开拓了新形式。因此，校长需要充分发挥校园信息网络的育人作用，根据学校的实际情况，结合学校的德育工作、校长的办学思想和学校文化建设的特点，在校园信息网络上处处渗透学校的德育思想，为构建网络文化育人氛围"导航"。

一、明确校园网络文化的定位，为健康积极向上的校园文化导航

优秀的网络要有"三气"：积聚人气，弘扬正气，助人志气。这与其他的社会网络和商业网站会有强烈的建构思想差别。校园网络文化育人的特色，是在校园信息网络表现出来的"有别于其他网络的办网风格，它有独到的育人理念和人才培养方式、校园文化建设等方面的特色"[2]。因此，校长在校园信息网络建设中，要确立校园网络文化的

---

[1] 公务员之家. 大学新闻媒体育人作用[EB/OL]. http://www.gwyoo.com/lunwen/jylw/jygllw/201206/528994.html, 2014-04-03.

[2] 庆承松. 充分发挥校园网络文化的育人功能[N]. 光明日报, 2008-09-25: 10.

定位，要突出特色、强化内涵，提升网络文化育人的思想性。校长要为校园网络文化定位，为健康积极向上的校园文化"导航"，在校园信息网络构建时要做到以下两点定位：一是校园网络文化内涵构建要始终围绕学校育人的本质属性而进行定位。其目的在于提高校园网络文化育人的能力与水平。内涵构建是特色形成的基础，而特色是内涵建设的结果与体现。校园网络文化的内涵建设要以培养全面素质人才为目标，以加强思想政治素养、人文素养、科学素养和艺术素养为主题进行校园信息网络建设。在校园信息网络上，能体现时代精神、品位高雅的学校网络育人文化特点，充分发挥网络育人文化在滋润心灵、陶冶情操、愉悦身心方面的重要作用，从而提升校园网络的文化品位和思想教育价值。二是结合学校德育工作进行校园信息网络建设定位，以增强网络文化育人的实效性。校长在校园信息网络建设中，要以学校的德育思想为核心，密切联系学校实际开展德育教育，这样不仅能够提高学校德育教育的针对性、实效性，而且也容易增强学校网络德育教育的吸引力、感染力。学校可以结合实际，根据校园信息网络具有生动性、趣味性、灵活性和快捷性，而凸显特殊的育人效能的特点，有效利用校园信息网络，打破时空限制，开展丰富多彩、意义深远的德育活动。

二、注重网络传递先进模范人物，为学生的德育成长导航

正义需回归，传统要回来。"在经济社会全面发展的网络时代，人们的思想和各种社会思潮也随着经济水平的提高而活跃起来，一些好的传统、好的思想、好的做法正逐渐在一些人身上流失，社会公德、职业道德、家庭美德、个人品德受到了前所未有的冲击和挤兑。

个别人心理变态扭曲，这些现象虽然只是个别的，却在无形中影响着一些学生的人生观和价值观。其根源就在于一些人的道德缺失、信念丧失、原则丢失，从而分不清是非、辨不明真假、看不透对错"[①]。因此，学校在网络时代更需要注重利用校园信息网络大力挖掘和广泛宣传道德模范，以发挥榜样力量，积极传递正能量，从而影响和带动师生共同营造真善美的校园氛围。一个先进典型总能不知不觉地带动周围形成一个"典型群"。学校要大力发挥身边典型示范作用，促进学生道德水平的进一步提高。另外，学校也要在校园信息网络中集中展现本校出现的先进典范，大力宣传优秀事迹，发挥先进榜样的模范带头作用，传播社会正能量，激励和教育广大师生。例如，学校可以在校园信息网络中开办"感动你我他""我身边的'雷锋'"等栏目，不断更新学校的好人好事、先进师生，倡议全校师生向他们学习，在此基础上形成"你争我赶做好事，齐头并进夺先进"的统一步调。由此一点一滴的文明成就全校的大家庭文明。再者，校长可以利用学校信息网络号召全校师生参与"全国道德模范评选表彰""感动中国十大人物""中国好人榜""最美乡村教师评选""最美乡村医生评选"等活动。有了浓厚的氛围，在广泛的宣传和发动下，全校师生会不断自觉地参与到学习先进、关爱他人、争做好人中来。在此基础上学校也可推行多种举措，如举办校园网络道德模范评选、"我心中的好人"网络寄语活动等，通过利用校园信息网络深入开展各种德育活动，弘扬道德模范和身边好人的善行义举和高尚情操，唱响网上思想文化的主旋律，努力传播先进文化，播撒中华民族传统美德，促进学校良好道德风尚的形

---

① 杨维兵．网络时代更需榜样力量[EB/OL]．http：//news.dayoo.com，2011-04-18/2014-04-3．

成，推动学校德育工作的进步。

三、结合学生兴趣组建校园信息网络，为学生健康全面发展导航

"我的地盘，我做主"。校园信息网络是孩子们的网络，是他们学习、沟通、成长的园地。学校要将网络回归到孩子们身上，为他们的成长保驾护航。校园信息网络建设得好不好，其标准之一是人气旺不旺。人气旺不仅仅取决于校园信息网络的设计和管理，更重要的是师生参与建设和应用的热情度。正所谓兴趣是最好的老师，爱好是学习最好的动力。每个人的兴趣点都不同，每个人的爱好都会有所偏差。所谓"大锅饭众口难调"，怎么样才能适应不同兴趣爱好的需求呢？校园信息网络的建设，必须采取花式多姿多彩，版式不断推陈出新，并且设立留言板，多倾听师生的呼声，满足师生真正的需求，及时修正不合时宜的版块，只有这样才能吸引不同爱好的学生积极参与。

其中，"要把音乐作为校园信息网络文化的连接线，主流的、经典的、新潮的和前卫的都应在校园信息网络中有自己的位置；要把绘画作为校园信息网络文化的蓝天，让学生把自己美好的记忆和内心的希望留在天空中；要把学生所有感兴趣的东西用生动活泼的形式表现在校园信息网络中，让所有的学生都有自己爱好的园地。实践证明，校园信息网络不仅培养了学生高雅的兴趣爱好，同时也让学生在平等、开放、互动、轻松的环境中提高了素质"[1]。因此，作为校长，应

---

[1] 百度百科. 网络对校园文化建设的影响[EB/OL]. http：//wenku.baidu.com/link?url=hql1eark7Xe5dmvdG5R-7MbPumDCpusgMf8Fh7p6JekXQOXCldRfY veLzPfbi-WBaBXI3_UErCXIXLyAjGpwsWXWRWuT0-j9DYPT7XB8nrM3，2011-03-08/2014-04-03.

该想方设法地提高校园信息网络的服务水平和质量，充分调动学生、教师、校友的参与热情，这样的校园信息网络站才会有长久的生命力，才能够最大限度地发挥校园信息网络的育人作用。校长在校园信息网络建设中，要切实结合学生的兴趣爱好，根据学生的身心特点，以及网络德育工作理念进行构建。其一是围绕学生兴趣点举办专题德育教育活动和收集优质德育教育资源，将其作为网络文化的重要源泉进行特色网站建设，提高网络文化服务水平，以调动学生参与的积极性和持久性，从而教育和引导学生树立正确的世界观、人生观和价值观，促进学生的全面发展，彰显校园信息网络文化特有的思想价值。其二是针对学校学生中关注的热点、难点问题，开展一系列的网上交流活动，并邀请相关专家、学者参与回答和释疑，从而调动学生参与的积极性，并紧紧掌控网上舆论主导权，引导积极向上的主流舆论，有效形成网上教育与网下教育的合力。其三是通过在校园信息网络中开辟学生喜闻乐见的读书、艺术、体育广角、兴趣小组、研讨、微课堂、自制电影等栏目，从而调动全体师生参与学校德育工作的积极性，提高学校文化育人的效果，营造高品位和高格调的校园信息网络文化氛围。

案例分享

《网络专题讲座》开设的思考与实践

随着信息技术的飞速发展，校本课程改革的不断深入，作为全国现代教育技术实验校，多年来，我们致力于将校本课程的建设建筑在信息技术这样一个平台上，旨在充分发挥计算机及其网络的技术优势，实现学生学习资源优化、德育资源网络化，培育学生现代的学习方式，营造网络育人的文化氛围。经过多年的研究与实践，我们发现开设"网络专题讲座"是一条实施校本课程的可行途径。

兴趣是最好的老师。我们根据不同学生的兴趣、特长和思想特征，确定不同的知识文化和德育活动主题，充分利用网络资源，开设各类专题讲座。多媒体呈现的专题内容，能强烈地刺激学生的各种感官，唤起学生记忆、知识的沉淀和思想道德的升华。讲座过程中，师生平等自由地讨论、争辩等学习形式，形成群体的"头脑风暴"，使学生在知识、兴趣增长和思想进步的同时，不断萌生出新的问题。最后，教师因势利导，引导学生将问题转化成小课题，进行自主学习和自主德育研究。这就是我们所说的网络专题讲座，一种可行的校本课程开发的模式。

目前，我们已开发了四种形式的网络专题讲座。

其一，"欣赏＋研究"型讲座，此类讲座借助于精美的媒介信息环境，给学生以强烈的视觉刺激，让学生在审美中形成积极的情感和道德追求，并引导他们自觉地进入学习研究和德育探索的过程。

其二，"浏览＋研究"型讲座，此类讲座借助于丰富的学科和德育资源性输入，让学生在视觉、听觉等多种感官的大信息量的刺激下，自觉针对具体主题，进行微型研究和自我教育。

其三，"动手＋研究"型讲座，此类讲座以中低年级学生为主要对象，通过丰富的图片材料，为学生提供身临其境的信息环境，教师适度动手，生动呈现成果的产生过程，引发学生动手试一试的冲动，让学生充满好奇地进入想要探究其中规律和追求人生真理的学习中。

其四，"思辨＋研究"型讲座，此类讲座以高年级学生为主要对象，通过向学生呈现大量司空见惯的但却有同一内在规律的现象，使学生的思维发生碰撞，然后在教师的帮助和引导下，让学生经历运用哲学的思辨方法思维并感悟人生哲理的过程。

"网络专题讲座"的课程方式具有易于开发又贴近学生实际的特点，使学生成为信息的分享者和创造者，不仅丰富了学校的教学和德育资源，更是提高了学生搜集、运用信息的能力，进而提升自我学习、自我研究和自我教育的能力。在讲座设计的过程中提高了教师的创新意识和多方面的能力，最终将这种课程方式上升至学校文化建设的亮点。

两年来，我校80%的教师参与了为学生整合各类资源、创设信息环境的研究与实践，目前已形成了动物、宇宙、艺术、民俗、节日、体育与健身、人与环境、生活小常识等8大类64个讲座的教学资源库。可以说，教学形式的改革，给教师的发展带来了崭新的变化；学习方式的转变，德育途径的更新，极大提高了学生的信息素养、思想品位和文化内涵；"网络专题讲座"的开设，构建了自主、平等、合作的学校"文化生态"。

资料来源：上海师范大学跨学科研究中心组织编写．信息网络与文化教育[M]．上海：上海三联书店，2006：341-349．

四、紧密结合学校德育活动，为德育氛围的形成导航

校园信息网络要营造浓厚的育人氛围，营造校园的"万紫千红总是春"。校长在校园信息网络建设和应用上，要时刻紧密围绕学校德育工作的中心任务，结合学校的德育教育活动，以此提高广大师生的参与热情，营造网外网内良好的德育氛围，从而提高学校网络德育的实效性。

校长在紧密结合学校德育活动，为德育氛围形成"导航"的校园信息网络建设过程中可有以下做法：

一是及时报道学校活动。校长要充分发挥校园信息网络传播快捷的特点，及时报道学校各种丰富多彩的活动，并配以这些活动中的精美图片，使这些活动的德育效果通过校园信息网络使其影响力能够得到继续。

二是精彩经典文章的育人效果。学校可以在校园信息网络上放一些思想教育性强、文风优美的文章或摘录，通过制作媒体特效，配以适当的背景音乐。通过特效和音乐在校园信息网络发表，以提高文章意境，渲染阅读气氛。这样大大提高师生阅读和发表文章的积极性，提高师生的文化技能，也给师生带来心灵的震撼，营造了文化育人的氛围。

三是利用校园信息网络组织各种活动。德育工作最好的理念之一，就是在学生愉悦的活动中，提高自己的道德认识水平。因此，学校要利用校园信息网络举办丰富多彩的活动，如网上书画展、网上辩论赛、微电影比赛、动画制作比赛等。通过这些活动，充分调动学生的积极性，以达到活动育人的效果。

四是及时渲染德育氛围。为了配合学校不同时期德育活动和节日的需要，学校可在校园信息网络不同时期贴出不同的标语，以调动学生参与的积极性，营造浓厚的活动和德育氛围，提高网络文化育人的实效性。

第四节　努力防范不良流行文化、网络文化及学校周边环境对学生的负面影响

家喻户晓的"孟母三迁"的故事给我们教育工作者不少启示。一是环境对孩子的影响非常重要。俗话说："近朱者赤，近墨者黑。"孟母为了孩子的成长，几次搬家，尽可能提供一个良好的环境给孩子。因为孟母知道环境对孩子的影响是潜移默化的。好的环境可以让孩子更加健康地成长，不良的环境不利于孩子健康地成长，甚至会造成负面、消极的影响。二是家长对孩子的影响非常重要。孟子是不幸的，三岁时失去了父亲，在单亲家庭中长大；孟子又是幸运的，有一位善良勤劳、以身作则、会引导孩子成长的母亲。有怎么样的家长就有怎么样的孩子，家长对孩子的影响是最大的。孩子就是家长的一面镜子。因此，防范不良的流行文化、网络文化和学校周边环境对学生的负面影响，不能忽视环境的作用，不能忽视家庭的作用，不能忽视家长的作用。

怎么防范不良的流行文化、网络文化和学校周边环境对学生的负面影响呢？

学校和家长要富养孩子。这里所说的"富养"，不是指物质上、金钱上的丰富给予，而是指丰富孩子的活动内容和精神生活，用优秀的文化引领孩子的成长，培养孩子健康、积极的价值观。

校长不是圣人，谁也不能担保孩子们可以百分之百健康地成长，但是校长们可以在自己工作的职责范围内尽可能为孩子创设一个良好的成长生态环境——用优秀文化引领孩子成长的学校内部和学校外部的环境（学校外部的环境主要指家庭和学校周边的环境）。

一、走近流行文化和网络文化，引起学生共鸣

德国哲学家、心理学家和教育家雅斯贝尔斯曾经说过："教育意味着一棵树摇动另一棵树，一朵云推动另一朵云，一个灵魂唤醒另一个灵魂。"从这个角度说，教育意味着文化引领文化，学校用优秀的文化引领学生的文化，用优秀的文化预防不良的流行文化、网络文化给孩子带来的负面、病态、消极、恶劣的影响，让孩子接受正面、健康、积极、优秀的文化熏陶，提高人文素质。

校长要带头了解流行文化、网络文化，知道现在流行文化和网络文化的特点、热点。合格的校长是走近流行文化和网络文化，知其然；优秀的校长则是走进流行文化和网络文化，知其然并知其所以然。校长还要了解本区域、本校师生对流行文化、网络文化的态度和看法、意见。这样才能贴近学生的生活，走近学生的生活，和学生们交谈时才能拉近距离，打开心扉，找到共同的话题，引起学生的共鸣，产生情感上的接纳。从这点上来说，校长要与时俱进，不一定同意或者赞成某种流行文化、网络文化，但是一定要了解流行文化和网络文化对孩子们的影响。因为文化是一种软实力，无时不在，无处不在。

案例分享

周杰伦歌曲《蜗牛》"爬"进语文教材

近日，《天路》《蜗牛》等歌曲进入新版小学语文教材的消息在网络上引发了网友的广泛热议。

据了解，由语文出版社最新修订的小学语文教材中，二年级上学期的第二课中，歌曲《天路》以诗歌的形式出现，而三年级的延伸阅读

中，居然收录了歌手周杰伦的歌曲《蜗牛》。对此，网友们有褒有贬，观点不一。

持反对观点的网友认为，教育是一件严肃的事情，不应该为了讨好社会大众而娱乐化。还有的网友将周杰伦歌曲入选教材和此前鲁迅文章退出教材联系起来，将之理解为"用周杰伦替换周树人"。

不过，不少持肯定观点的网友认为，周杰伦歌曲进教材未必就是坏事。网友"刘海明8888"撰写文章表示："流行歌曲进了教材，让孩子们在课堂上了解"周杰伦们"的故事和作品，只要小学生们喜闻乐见，就足够了。至于思想性如何，这不该是小学语文课本该承担的历史使命。时代在变化，教材的内容也要与时俱进。"相对中立的网友"诚言率语"则认为，语文教材一定要具有语言示范特点的，如果周杰伦歌词值得进，那也未尝不可。

对于网友们的争论，教育部前发言人、语文出版社社长王旭明在个人实名微博上回应称："周杰伦其人其事其词完全应该进入教材，且可讲深讲透。但是，语文版教材毕竟不是一个人的教材，这套教材还要受许多因素制约。选周杰伦《蜗牛》作为链接延伸阅读主要因为该单元有一篇同题课文，作为对该课文的辅助而选用，还未最后确定。"

资料来源：戎飞腾. 周杰伦歌曲《蜗牛》"爬"进语文教材[N]. 南方日报，2014-06-17：A16.

相关阅读

周杰伦《蜗牛》歌词

寻找到底哪里有蓝天

随着轻轻的风轻轻地飘

历经的伤都不感觉疼

我要一步一步往上爬

等待阳光静静看着它的脸

小小的天有大大的梦想

重重的壳挂着轻轻地仰望

我要一步一步往上爬

在最高点乘着叶片往前飞

让风吹干流过的泪和汗

总有一天我有属于我的天

该不该搁下重重的壳

寻找到底哪里有蓝天

随着轻轻的风轻轻地飘

历经的伤都不感觉疼

我要一步一步往上爬

等待阳光静静看着它的脸

小小的天有大大的梦想

重重的壳挂着轻轻地仰望

我要一步一步往上爬

在最高点乘着叶片往前飞

让风吹干流过的泪和汗

总有一天我有属于我的天

资料来源：周杰伦《蜗牛》歌词．新华网［EB/OL］．http：//news.xinhuanet.com/ent/2005-03/16/content_2702745.htm，2005-03-16．

二、丰富活动内容，传播正能量

学校对流行文化和网络文化不能高压堵塞，也不能放任自流。校长要运用哲学的观点辩证看待流行文化和网络文化给孩子的成长带来的利与弊，善于顺势而为，因势而为，因时而为，主动介入，提前介入，正面宣传，剖析典型，深入挖掘并充分发挥流行文化和网络文化的健康积极作用，为我所用，为生所用，为校所用，为发展所用。

预防胜于治疗。学校要防患于未然，根据义务教育阶段孩子的身心特点，积极主动采取学生喜闻乐见的形式，丰富孩子的活动内容，充实孩子的活动空间和时间，通过讲故事——明道理——重感悟——养习惯——促发展的行动策略，正面宣传引导孩子接受优秀文化的熏陶，预防不良文化的影响。

学校要善于运用反面的典型案例加强对孩子的引导。对媒体报道的一些因为过分追求庸俗、不健康的流行文化或者沉迷网络游戏染上网瘾不能自拔甚至造成家毁人亡等的典型案例不能讳疾忌医，尤其是牵涉到青少年的反面案例，其实是很好的教材。学校可以通过案例分析——研讨辩论——体验感悟——促进发展的行动策略对孩子进行宣传教育，尤其是对刚受到不良文化影响的孩子，一定要循循善诱，晓之以理、动之以情，让孩子换位思考：如果我是案例中的孩子，如果我是案例中的孩子的父母，如果我是案例中的孩子的老师，如果我是案例中孩子的好朋友，我会怎么做……如果我们拉一把这些孩子，他们就可以走上健康的轨道；如果我们放弃了，这些孩子很可能就会走上一条不归路。我们绝不能放弃每一位孩子！在反面典型案例的教育中，要注意保护未成年人的隐私，对事不对人。这些反面典型案例剖析不宜多，但是一旦引用进行教育，一定要深入到位，触动学生心灵深处，引发学生深思。

案例分享

7700学子起立高喊"根叔"

昨日，在华中科技大学2010届本科生毕业典礼上，校长李培根院士16分钟的演讲，被掌声打断30次。全场7700余名学子起立高喊："根叔！根叔！"

- **李培根讲话曾为众多师生当天网络签名**

在2000余字的演讲稿中，李培根把4年来的国家大事、学校大事、身边人物、网络热词等融合在一起。"俯卧撑""躲猫猫""打酱油""妈妈喊你回家吃饭""蜗居""蚁族""被就业""被坚强"……都是李培根昨日演讲中出现的词汇。

该校能源学院鲍永杰说："没想到校长会这么亲切。"

"什么是母校？就是那个你一天骂他八遍却不许别人骂的地方。"这句引用的话经李培根在毕业典礼上说出后，昨日成为该校众多师生的网络签名。

- **5月底从国外回来的飞机上写出初稿**

"校长要用心讲话。"李培根告诉记者，"如果演讲稿由其他人代劳，文采可能会比我好，但不能代表我与学生的讲话。"

此次演讲稿系李培根本人撰写，"在5月底从国外回来的飞机上，已写出初稿。"

邵宇平1个月前因踢"毕业杯"足球赛造成右腿骨折。昨日，他拄着拐杖参加了毕业典礼。他说："'根叔'讲得很贴近我们，没有官腔，很多都是我们经历过的事情。"

北京理工大学78岁退休教授杨宗基,昨日专程到武汉参加了孙子杨奕的毕业典礼。他认为,李培根校长的演讲很实在,讲到了学生们的心里。

·"根叔"称谓最初可能出现在论坛上

华中科大校长李培根院士现在被该校学生习惯性地称为"根叔"。

昨日,在该校本科生毕业典礼上,7000余名学子多次现场高呼"根叔""根叔"。

在副校长张晋的印象中,"根叔"的称谓最初可能出现在该校白云黄鹤论坛上。"听起来很亲切,是学生对校长的一种'尊称'"。

李培根表示,"根叔"的称谓到底从何而来,他也没什么印象,但出现应该有好几年了。现在,不论是学生在公开还是在私下场合这样相称,李培根都会欣然应答。

·3小时里与1200名应届毕业生一一握手

昨日,华中科大6个院系的1200余名应届毕业生,在毕业前与"根叔"来了一次亲密接触。

在约3个小时内,身着导师服的李培根与他们一一握手、合影,其中的百名学生还与他相拥。

外语学院应届毕业生刘艳丽是昨日与"根叔"拥抱者之一。"大学4年一定要抱一下'根叔'",刘艳丽如愿以偿。当她走下舞台时,班上另几名女生纷纷过来与她拥抱,希望借此拥抱"根叔"。

资料来源:朱建华,王潇潇,朱芮.7700学子起立高喊"根叔"——华中科大本科生毕业典礼上动人一幕[N].长江日报,2010-06-24:(12).

第九章 铺路、搭桥、导航

相关阅读

《记忆》(李培根昨日演讲稿摘录)

——华中科技大学校长李培根在2010届毕业典礼上的致辞

• 曾经是姐的娱乐,还是哥的寂寞?

我知道,你们还有一些特别的记忆。你们一定记住了"俯卧撑""躲猫猫""喝开水",从热闹和愚蠢中,你们记忆了正义;你们记住了"打酱油"和"妈妈喊你回家吃饭",从麻木和好笑中,你们记忆了责任和良知;你们一定记住了姐的狂放、哥的犀利。未来有一天,或许当年的记忆会让你们问自己,曾经是姐的娱乐,还是哥的寂寞?

你也许记得青年园中令你陶醉的发香和桂香,眼睛湖畔令你流连忘返的圣洁或妖娆;你或许记得"向喜欢的女孩表白被拒时内心的煎熬",也一定记得那初吻时的如醉如痴。

• 我也得时时拷问自己的良心,到底为你们做了什么?

我记得你们的自行车和热水瓶常常被偷,记得你们为抢占座位而付出的艰辛;记得你们在寒冷的冬天手脚冰凉,记得你们在炎热的夏季彻夜难眠;记得食堂常常让你们生气。我当然更记得自己说过的话:"我们绝不赚学生一分钱。"也记得你们对此言并不满意。但愿华中科大尤其要有关于校园丑陋的记忆。只要我们共同记忆那些丑陋,总有一天,我们能将丑陋转化成美丽。

我记得你们刚刚对我的呼喊:"根叔,你为我们做成了什么?"——是啊,我也得时时拷问自己的良心,到底为你们做了什么?还能为华中科大学子做什么?

• 什么是母校?就是那个你一天骂他八遍却不许别人骂的地方

请记住，未来你们大概不再有批评上级的随意，同事之间大概也不会有如同学之间简单的关系；请记住，别太多地抱怨，成功永远不属于整天抱怨的人，抱怨也无济于事；请记住，别沉迷于世界的虚拟，还得回到社会的现实；请记住，"敢于竞争，善于转化"，这是华中科大的精神风貌，也许是你们未来成功的真谛；请记住，华中科大，你的母校。"什么是母校？就是那个你一天骂他八遍却不许别人骂的地方"。多么朴实精辟！

• 你们的未来"被"华中科大记忆

亲爱的同学们，如果问你们关于一个字的记忆，那一定是"被"。我知道，你们不喜欢"被就业""被坚强"，那就挺直你们的脊梁，挺起你们的胸膛，自己去就业，坚强而勇敢地到社会中去闯荡。

亲爱的同学们，尽管你们不喜欢"被"，"根叔"还是想强加给你们一个"被"：你们的未来"被"华中科大记忆！

资料来源：朱建华，陈乃正. 记忆——李培根昨日演讲稿摘录[N]. 长江日报，2010-06-24：12.

三、维护学校周边秩序，优化学校周边环境

校长要充分发挥环境对青少年的教化功能，营造有利于学生成长的良好氛围，构建人才成长的和谐环境。

校长的视野要开阔，要高瞻远瞩，不仅仅是盯着学校里面，搞好学校内部环境建设，还要关注学校周边的环境。校长要熟悉学校周边环境，进行SWOT分析，建立社会资源图，清楚知道学校周边的地形、建筑、公共场所等位置。加强和所在街道、社区、公安局、派出所、工商、城管执法、文化广电新闻出版局等单位部门的沟通，取得

他们对教育的支持，对学校工作的支持。发现学校周边环境有不利于学生成长的影响，学校不能单独解决的，要及时和相关职能部门联系。

校长要了解一些对未成年人的社会保护的法规政策，灵活运用政策法规文件精神维持好学校周边秩序，改善周边环境。如2011年12月5日国家工商总局下发的《关于认真学习贯彻党的十七届六中全会精神 积极促进社会主义文化大发展大繁荣的意见》（工商办字〔2011〕240号）第三十二条提到：深入开展校园及周边治安综合治理。禁止在中小学校200米内开办网吧，禁止在学校周围设立电子游艺室、歌舞厅等娱乐场所，以及会同有关部门深入开展校园周边经营秩序治理，整治低俗玩具，坚决查处取缔黑网吧等。

阅读分享

校园周边200米内清查餐饮食杂店

开学在即，市食药监局从即日起开展对儿童食品和校园及周边的食品安全专项整治，重点为校内学生食堂、食品经营单位、向学校供餐的集体用餐配送单位以及校园周边200米以内餐饮服务单位、食品集中交易市场内儿童食品经营者等。

市食药监局表示，将以学校及周边超市、食杂店为重点区域，全面清查并依法查处销售假冒伪劣食品、有毒有害食品、过期变质食品、标签标识不符合规定的食品，以及不按法定要求储存、销售食品的违法经营行为。膨化食品、休闲食品、方便食品、乳制品、肉制品、饮料、雪糕、糕点等这些受儿童欢迎的食品被列为抽检重点品种。

资料来源：杨滨. 校园周边200米内清查餐饮食杂店[N]. 北京晚报，2014-08-26：5.

第十章　凝心聚力营造"家"文化

——校长应为学生团队活动的开展提供必要保障

专业标准

"营造育人文化"的第二十条标准为：凝聚学校文化建设力量，发挥教师、学生及社团的主体作用，为共青团、少先队、学生社团、班集体活动开展提供必要条件，保证活动时间。

标准解读

学校发展深处是文化，学校文化建设是学校生命的血液，是师生成长的生命源泉，多方力量的汇聚才能有效保障学校文化的建设。但学校文化建设的核心力量还是学校的教师、学生，教师和学生是学校最丰富、最有潜力、最有生命力的主力军，他们共同营造着学校文化。学校文化建设就是要通过校长的引领，发挥学校师生的主体作用，构筑全员共建的学校文化。

那么校长如何凝心聚力，发挥师生的主体作用呢？笔者认为可以以共青团、少先队、学生社团、班集体等团队活动的开展为载体,营造家的文化,让学生在活动中快乐成长。一所学校学生总人数少则几百人,多则几千人,学校可以说是一个大家庭,在这个家里师生度过每天最重要的三分之一的时间,所以学校应致力于给师生营造一个"家"的感觉,学校是我家,建设靠大家。俗话说"家和万事兴",以共青团、少先队、学生社团、班集体活动等为载体打造家园文化,对于师生而言,有了"家"的感觉,在内心深处才会感到家的温暖。师生有了家的归属感,有了凝聚力,才能拥有工作和学习的主动性与积极性。

相关阅读

谨防中小学社团活动成"花瓶"

为了响应素质教育的号召,某县省级重点中学一时间成立了许多学生社团,诸如文学社、英语交际社、书画社、合唱团、羽毛球协会、跆拳道协会、街舞社等。有了自己感兴趣的集体活动,学生们报名和参与非常踊跃。可是,在一场气氛热烈、规模宏大的社团集中开幕式以及各社团一两次较为热闹的活动之后,学生们发现,活动进行不下去了:羽毛球协会、跆拳道协会所必需的体育场馆被学校以"创收"为名对外出租了;街舞社成立之初所聘的校外专业老师,也因学校不支付报酬而拒绝来指导;当初学校花了不少资金购买的成套乐器,也以"节约利用"为名被锁进了学校的器材室。这些社团更面临着一个共同的难题,那就是根本没有活动的时间——课外活动时间都被语、数、外等所谓中考、高考"主课"的"月月考""周周练"所占用!当有同学吵嚷着要开展社团活动时,从学校领导到任课教师,几乎都异口同声地反问他们,"究竟是'玩'重要,还是升学成绩重要?"最终,除了文学社、英语交际社等这些对学科成绩有直接提升功能的社团还能够坚持活动下去外,其余社团都无一例外地、虎头蛇尾地停止了。

记者分析道,这种现象并非个案,不少中小学的学生社团活动刚开始办得有声有色甚至轰轰烈烈,但当一些检查、展示、评比活动结束后,社团活动就慢慢偃旗息鼓、名存实亡了。在这些学校看来,丰富的学生社团活动并不是为学生的个性发展和兴趣培养考虑,而仅仅将其视为装点门面的"花瓶"而已。很显然,由于一些地方过分地强调考试分数和升学率,部分家长和社会人士对教育取向、人才的衡量标准存在一定的误区,以致相当一部分人、相当一部分教育人士,对学校开展社团活动仍缺乏真情实意。这实质上是急功近利的教育的体现。

加强中小学生社团建设,不仅是培育和传承校园文化的客观要求,也是深化校本课程体系,推进特色学校建设的需要。与此同时,社团作为学生活动的主要阵地,也是实施素质教育的良好途径。它能够极大满足学生的个性发展,有利于学生展现自我、增强自信、开阔视野、提高实践能力,帮助学生学会合作、探究、创新等,为学生综合素质的提高和多样化发展提供广阔的舞台。

因此,广大中小学校应打破"一切以成绩论英雄"的畸形教育理念,在思想上高度重视学生社团建设,在行动上积极引导和管理好学生社团活动。一方面,学校有责任做好学生社团活动的思想指引工作,以营造良好的社团文化氛围。社团文化所倡导的社团精神,包括竞争精神、创新精神、科学精神、团队精神、民主精神、服务精神等,不仅丰富了中小学生思想品德教育工作的内涵和外延,而且也给思想品德教育工作增添了新的活力，有助于社团成员更好地进行"自我教育、自我完善、自我发展"。另一方面，学校对学生社团建设要加大必要的投入和扶持力度：多渠道筹措社团活动的专项经费；在专业指导教师的聘任和安排、场地的使用、活动设施的配备等硬件方面提供有力的保障；大力加强社团干部队伍建设，放手让学生按照自己的意愿主持、开展社团活动；加强学生社团的管理制度建设，引导学生正确处理社团活动与日常学习的关系。

资料来源：刘锋，高鹏. 谨防中小学社团活动成"花瓶"[EB/OL]. http://www.ywbw.net/teacher/bjy/201105/3243.html，2011-05-31.

学校社团活动之所以虎头蛇尾，归根结底其实是对学校的团队活动的重要性认识程度不够。学生以学业为主，社团活动以及少先队、共青团及各类班集体活动都只是学习之余的一种调剂或装饰，这是很多学校老师、家长根深蒂固的想法。正是这种价值取向，让很多学校的各种团队活动成为"花瓶"和"摆设"，被认为是可有可无。所以要想根本上改变这种现象，校长首先要提高价值领导力，引领学校团队文化建设。

第一节 提升校长的价值领导力，引领学校团队文化建设

人们常说：一个好校长就是一所好学校。校长作为学校的核心人物，必须不断提升自身的价值领导力，具有独特的个人魅力，凝聚全体师生的力量和智慧，让每一个人发现自己、挖掘自己的潜能，不仅在专业上引领教师成长，指导教师学习，营造出学习型的校园，更要不断引领教师把学生的幸福成长作为最大幸福，为学生的幸福成长奠基，学校教育不仅仅是知识的传授，更要关注生命的成长。如果把学

校比作一艘轮船，校长就好像是船长，教师如同水手，而学生就是乘客，船长一定要有非凡的智慧和价值领导力，才可以带领乘客在知识的海洋中寻找正确的航向并在知识的海洋里尽情享受知识的乐趣。

一、价值引领航向

思想是行动的先导，价值观念是学校文化的灵魂，是学校的发展之本，学校作为教育的具体实践者，必然要有其办学思想，也就是学校的核心价值观，归根到底来说就是要办怎样的学校，培养怎样的人，以人为本。有了正确的学校价值观领航，才能引领一所学校沿着正确的方向发展进步。有了共同核心价值观，在此基础上明确学校的核心工作，即以学生的发展为本，为学生的成长奠基，使学生在学校宽松、快乐的氛围中健康成长，让师生在学校自主、和谐的氛围中幸福成长[1]。

学校是师生的第二个"家"，是他们心灵的栖息地，如果师生在学校里感到快乐和幸福，他们的人生就会变得灿烂多彩，尤其对学生来说，青少年时代是人生的花季，是人生最值得珍惜的时光，他们在校的时间贯穿于他们整个童年、少年、青年，在学校学习生活的时间远远多于在家里的时间，营造一个幸福的家园对他们来讲更是极其重要。孩子们有了在校如家的感觉，才拥有诗意的童年，才能生动、主动、活泼地全面发展。通过校长的价值引导，使全校达成共识：建设多姿多彩的团队活动，为学生的幸福成长服务，让学生在共青团、少先队、学生社团、班集体等团队活动唤起学生的学习热情，在团队活

---

[1] 梁鹏莉.以社团建设促进小学生生命成长的价值研究——以JM小学社团建设为例[D].广州：华南师范大学，2008：11.

动中产生心灵的归属感,让欢乐、生机、活力充满校园,这也是学校教育的使命所在。

案例分享

十大"好玩课程"

我始终认为,如果孩子们不喜欢校园,不喜欢校园里的人和事,那么我们的教育还没有开始,其实就已经结束了。如果是一个与监狱并没有本质区别的学校(同样都是冷冰冰的),我们不敢想象孩子们在里面如何熬过人生中最烂漫、最纯真、最美好的童年!

让孩子们喜欢校园,就需要创造那些足以引起和激发孩子们兴致的活动课程。当然,幸福的课堂需要营造,在应试教育如火如荼的今天,谁也无法绕过它。所以这个学期,我们为孩子们开出十大"好玩课程"。

今天上午,学校在分校操场举行了本学期的开学典礼。其中,我向孩子们宣布了本学期的十大"好玩课程"。

(1)春季远足课程,让同学们走向春天。

(2)观看话剧课程,让同学们流一次感动的泪水。

(3)下午的"大课间玩耍课程",下午不做课间操了,改成玩耍的项目。

(4)名家进校园课程,让同学们近距离接触名家、大家。

(5)经贸节课程,增加同学们的理财智慧。

(6)陶艺手工制作课程,每位同学制作一件陶艺作品,在校园陈列、展示。

(7)端午面食节课程,每位同学制作一个面食作品,拿到学校展评，然后大家一起分享。

（8）级部才艺特色课程，每一个级部，要有自己的特色才艺，让每一个同学在不同的学年拥有一项不同的才艺。

（9）趣味竞技运动会课程，让同学们在趣味竞技中成长。

（10）"六一"儿童节狂欢课程，让同学们自己设计出喜欢的表演形式，全校师生、家长来一次大狂欢。

本来我设想每宣布一个课程，就放一个气球，象征着孩子们放飞心愿，遗憾的是时间紧迫，没有准备好，只放了礼花炮。随着十个礼花的绽放，从孩子们中间传来阵阵欢呼声。虽然天气寒冷，但这阻挡不了孩子们对新的校园生活的向往。

资料来源：高峰．重新发现学校[M]．北京：教育科学出版社，2012：104-105．

二、学生站在中央

从学生们进入校园开始，就进入了人生的一个重要阶段，校长要引领教师建立正确的学生观，让每一个学生都能在校园里幸福成长，收获自己丰盈的人生。各类形式多样、内容丰富、组织新颖的共青团、少先队、学生社团、班集体活动等团队活动是享受快乐，体验成功、成就自主发展的良好载体，是使学生形成积极的生活态度，进而欣赏和热爱生活，并走进孩子心灵世界的最好活动方式。作为校长，引领学校团队文化建设，践行育人本位，发展学生的多元智能，给他们创造快乐、自由的个性生长环境，从而使每个学生得到德、智、体、美、劳等全面提高的广阔平台，使每个学生都能在学校有归属感，有适应和发展的空间。

团队活动让学生站在正中央，当学生离开校园，当他们还能回想起在学校的经典团队活动时，一定会觉得幸福无比。校长要通过各种各样的方式让教师领会学校开展学生团队的精神实质，通过各类宣传让学生了解团队活动的意义，使学生产生兴趣，踊跃报名，乐于参加。在广泛宣传发动的基础上，使师生真正认识到学生团队活动的重要意义和价值，把这种价值观变成师生的共同理念，并通过一系列的教育教学活动转变为教师的实践，使之从内心深处认可。

案例分享

空间有多大，孩子的发展就有多大

"每个人都是重要的""每个人都能发挥作用""每个人都能带来改变"，这些话不仅张贴在中关村××小学的教学楼过道里，而且还要深入每个人的心中，成为师生的行为准则。因此，我们着力培育一种包容的、接纳的、支持性的学生自主成长文化，逐渐将学生置于学校的核心地位。"让学生站在正中央"逐渐成为××小学老师们的共识。渐渐地，老师们给学生创造的选择空间越来越大，学校散发出一种可贵的儿童成长气息。

1. 会说话的墙壁。××小学的教室里、楼道的墙壁上都是孩子们的作品。××小学的老师们认为，展示的意义不在于作品有多么精致，而在于教育的创意，在于给孩子们搭建展示自我、促进交流的平台。很多孩子都有自己"领养"的"地盘"——"我的地盘我做主""心情树""感恩树""问题墙""班级公约""希望墙"，等等，有教育价值的创意，传达着生动而又深刻的信息，让孩子们学会表达情绪、感恩他人、欣赏同伴、沟通交友。

2. 多彩小社团。××小学有丰富多彩的小社团组织。如"与您有约"社团，它的成员包括小记者、小主持人、速记员、摄影师、美编等。"幕后英雄""魅力教师""食堂阿姨和叔叔们辛苦的一天"都是他们曾经采访的主题。还有"小小导游"和"礼仪小使者"社团，为了能够向来宾介绍清楚"我们的学校"，学生平时就要积累与学校生活相关的素材。

3. 班级事务委员会。班级的学习、纪律、卫生等一切事务，由学生自主申报、竞选成立的班级事务委员会管理。全班每个孩子都有自己负责的事情，人人既是"管理者"又是"被管理者"，学生在管理与被管理的角色互换中学会体谅、学会与他人相处，以培养服务意识和同理心。班级事务委员会成员一学期改选一次，每次更换三分之二的人员，以便为更多的学生提供锻炼的机会。

4. 圆桌会议。针对班级存在的具体问题，各班每月召开一次圆桌会议，孩子们共同寻找解决问题的办法。比如，同学之间发生争执该怎么解决？孩子们经过讨论，最后概括出具体的解决办法：方案一：各自退让一步，达成谅解；方案二：换位思考，"假如我是他"；方案三：同学之间调解；方案四：寻求老师或家长的帮助。这些解决问题的办法可以做成海报，张贴在教室的显眼处，供孩子们进行自我提醒。

5. 开心聊吧。开心聊吧是孩子们倾诉心声的小屋，来自北京师范大学、首都师范大学心理系的研究生志愿者，被孩子们亲切地称为"哥哥姐姐老师"。他们协助班主任对学生进行具体指导——分享孩子们的快乐，化解孩子们的烦恼，提供成长的方法。

6. 图书馆讲堂。学校专门为孩子们设立了小讲堂，学生可以根据自己的兴趣选择主讲专题，由学生负责策划、宣传和组织。这是给孩子们发表"研究成果"的地方。学生自主报名，每周两次，按时举行。学生要想办讲座并不容易，开学第一周就得预约报名，动作稍慢就抢不到机会了。从门票的设计到发放，从话题的选择到制作海报进行宣传，从研究团队的组织到PPT讲稿的设计，包括现场的互动，全是由学生合作完成的。

7. 我的成绩我做主。将评价融于学生自主发展的活动之中，通过过程性评价，激发学生努力学习的意识和自主学习的能力。多样化的评价方式，可以帮助学生更好地改进学业，发展学生的自我评价能力，也可以培养学生负责任的态度和判断能力。

8. 干部"派对"。意在给小干部们"支招"，疏导小干部们的心理问题。工作中有成效的小干部们还会收到"神秘人物"的赞许信件，充当神秘人物的有校长、主任、学生喜欢的某个老师或者家长。这些特殊的嘉奖是小干部们获得肯定、激发自信的重要源泉。

9. 特色中队。意在把学生的个人成长融入班级文化建设之中，"数库精灵""粉丝大巴""七彩光巧手迷你社"等特色中队建设让学生"懂规矩、有灵性"。

10. 午间金话筒。这是学生练习口才、展示个人风采的空间。每天中午，各班都有几个学生站在讲台前介绍自己的所见所闻，这已成为我校学生的经典活动。

写到这里，我不由得想起了一句话：如果一个孩子在学校里总是当"观众"的话，是很难真正长大的。因此，学校要为学生，为每一个学生创造尽可能多的成长平台。对学生而言，这些构成了他们成长中的"关键事件"。

资料来源于：刘可钦．教育其实很美[M]．北京：教育科学出版社，2011：12．

校长为教师的发展提供平台，教师服务于学生的成长，学校发展的核心最终还是学生，让学生永远站在正中央。这样的价值理念让每个学生在丰富多彩的团队活动中都能找到自身的价值，人人皆有所长，开心地发展自己的爱好，展示自己的才华。

第二节　建立团队活动制度公约，让团队活动走向课程化

一、团队活动制度保障

制度也是学校文化的重要组成部分，是学校各项工作的最有效的保证。虽然团队活动的主要参与人员是学生，但由于学生的知识、能力、视野等方面毕竟有限，缺乏老师的整体规划、协调与指导，往往是力不从心，效果也是事倍功半，所以要想让团队活动有效且持久地建设与发展，有效的规章制度是必不可少的。无规矩不成方圆，健全的规章制度，科学有效的运行机制是共青团、少先队、学生社团、班集体活动等团队活动有效开展的最根本保障。团队活动首先应该建立在制度管理和科学管理的基础上，为提高学生的主动参与意识与责任意识创设保障条件，当然制度还要在落实和不断调整中才会发挥其作用。

魏书生说过，制度，本身就是一种形象，是一种示范和引领，而不是冷冰冰的条条款款，它有生动的内在思想。有张有弛才是文武之道，学校一方面通过制度形成共同的行为规则，狠抓执行力，使制度成为师生高度认可并自觉遵守的公约，但制度的制订和执行又总是服务于学校

发展的，站在学生的角度来看，保障学生团队活动的制度应该是以激励性的制度为主，让学生享受成功的喜悦，从而更好地激发学生参与的积极性和主动性，所以激励制度同时也应浸润情感的关怀。

团队活动制度的制订可以先让学生明确自己活动的目标，有了目标，就有了共同努力的方向。制度可以自下而上地由学生讨论产生，让他们感到这是他们自己的事，他们是制订者，也是执行者、实现者，从而促使学生进行自主管理。教师指导学生在制订制度中融入人文关怀，并以激励为主，让学生自己激励自己，进行良性竞争，这样学生就去除了排斥的情绪，互相督促，相互提高，并从中享受制度文化的陶冶。通过多次社团活动中的成员互动，成员之间相互影响的典型化将使某种行为规则制度化，从而自发地形成该社团的"游戏规则"，同时，每一位社团成员也会在其中找到自己所扮演的角色，通过同伴之间不断进行的"身份协商"从而形成自己的"身份认同"。显然，在使每一位学生都找到展示自己、获得成就感的平台的同时，"学生社团"有助于学生自发地形成规则意识，学会遵守"游戏规则"[1]。

二、团队活动纳入课程

团队活动最为显著的特点是内容丰富，不只是局限于德育，还包括科学、艺术、文学、体育等多个领域。随着课程的深入，国家、地方、校本三级课程体系实践不断完善，学校其实可以尝试着在完成国家、地方课程的基础上，根据各个学校的实际情况把少先队、社团活动等的团队活动与学科及校本课程有机整合，发挥学校的资源优势，

---

[1] 宕子.论中小学"学生社团"运作的动力机制——以深圳市南油小学为例[EB/OL]. http://blog.sina.com.cn/s/blog_555961150100iwqv.html, 2010-05-09.

凸显校本特色,这样团队活动也就有了丰厚的根基,内容也更加精彩纷呈。

团队活动走向课程化,对学生的主体发展、教师的专业发展、学校的品牌提升都具有重要的意义和深远的影响。团队活动课程化可以实现学生参与的全员普及,实现由业余管理者到专业指导者的转变。用课程化的方式来管理团队活动,是团队活动有效开展的根本保证。团队活动纳入学校课程,同时也就有了时间和空间保障,因为如果没有统一的固定时间、固定场地等,团队活动的效果必将大打折扣,社团活动很难有效、持续开展下去,因此,用课程化的方式来管理社团,是活动得以有效开展的根本保证[①]。把团队活动与校本课程等课程整合起来,除了为团队活动确定相对固定的时间和场地外,还可以提供必要的器材、设备等,更重要的是提供了充足的师资保障,从某种程度上讲,团队的师资力量决定了团队活动的整体质量。团队指导师资除了大部分由教师来承担外,专业性较强的导师可由部分有专业水平的家长或社会专业人士担任,还可以组织教师和家长做团队活动的志愿者,参与团队活动的组织与管理,为团队提供多方面的引导和培训。

案例分享

做学习的主人(有删减)

为了让学生成为学习的主人,我们创造一切条件开发了"做学习的主人"系列成长课程,使孩子能够尽享"成长之美"。

---

① 朱家良,凌新. 中职学校社团文化建设的实践探索[J]. 中小学德育,2012(4):62-63.

1."认知体验"课程

入学之初,认知是重要的成长体验。针对低年级学生特点,学校为一、二年级学生分别开设了"星期五小镇"和"绘本坊"体验课程,使孩子们从情景体验和书籍中获得对社会的感知,增加对各种角色的认识。

低年级学生的课程还特别设计了家长的参与。以四年级(3)班农(家)委会曾精心设计的"责任"课程为例,他们用活动来诠释抽象的"责任",以孩子的名义资助了几个山区学生,并引导孩子们用卖报纸的钱给山区小朋友买学习用品。隆冬的清晨,孩子们离开暖和的被窝去批发、售卖报纸,这对蜜罐里长大的孩子来说是个极大的挑战。但在卖报筹款的过程中,孩子们对责任和爱产生了特别理解。

2."选修规划"课程

成长需要激发、引导,学校因此开发了"童乐汇"成长设计课程。我们首先引导学生确定目标,指导学生制订年度成长目标,协助学生探索成长路径,并在学校"最童年"舞台上展示。也许他们的表现不够精彩,但我们看重的是孩子们收获了什么。从准备到展示,在鼓励和掌声中,他们收获了自信、合作、友爱,还有新的成长和永久的美好回忆。

课程没有量的丰富,就很难激发学生的多元成长。我们把几十门科目整合为紫藤艺术团、红帆船俱乐部、文学社、阳光体育俱乐部等8个课程团队。教师、家长、社区人员参与课程开发,从学生成长需求出发,基于学生的兴趣,为学生终身发展服务。

为了保证课程实施,每学期由各课程团队团长组成的课程指导小组会进行一次课程实施调研周活动,就课程实施过程中存在的问题与经验成果进行调研、梳理、提炼,并在教师中交流分享,指导修改并不断完善。

团队建设促进课程实施质量,多元评价促进课程、教师、学生的发展。学校每学年评选"金牌课程",以此巩固优秀课程,每学期还进行"金星""银星"团队的评比。学生评价除了"以展代评"外,还以"学分银行"的方式指导学生将课程体验中的点点滴滴积累、储存、筛选、反思。

3."小鬼当家"课程

苏霍姆林斯基说,"真正的教育是自我教育"。学生在校的社会生活,决定了他们将具有怎样的社会观念,将成为怎样的社会之人。因此,改变大多数学生在班级中的从属地位,发展学生的自我意识与成长需要,增强他们内在力量的班级自治课程在我校开始启动。

各班通过岗位设置—自主命名—自主申报—竞争上岗—评价表彰,让学生在"自主"选择中,增强学生的竞争与合作意识,又让学生在担当中感悟成长。"不差钱财务部""大力士搬搬搬"等一个个极富创意的岗位为学生智慧成长提供了个性舞台。

资料来源:烟文英. 做学习的主人[J]. 人民教育,2013(24):15-17.

第三节 通过各种有效策略途径,保障学生团队活动实效

共青团、少先队、学生社团、班集体活动是校园文化的最有效的载体,是学生素质拓展的重要舞台,是学校精神文明建设的重要组成部分。相对于课堂生活而言,学生在各具特色的团队活动中体验生活,提升素养,拓展心灵,在与同伴和睦相处中,展示自己的某项才

能，更能让他们产生"家"的归属感，进而获得进步的动力。为此学校应创造各种平台，让学生在团队活动中充分享受生命成长的芬芳。下面以学生社团和班集体活动开展为例来说明。

一、自主选择，体现学生参与的主体性

学生社团是中小学生以相同或相近的特长、爱好、兴趣、信念、观点或自身需要为基础，自愿自觉组成的团体，具有参与广泛、内容丰富、形式多样、机动灵活等特点。对学生扩大求知领域、完善知识结构、丰富内心世界、培养兴趣爱好及丰富校园文化生活、推进素质教育具有重要作用。学生自主选择加入某一类社团，在发展自身爱好的同时，不断使自己某一方面的技能得到锤炼，并在不断向社会和他人展示的同时，获得较强的自我认同感，增强自信心，为培养健全的人格打下基础。在社团的动作过程中，教师应有意识地放手让学生自主管理，给予学生充分的自主管理权，引导学生选择伙伴，形成团队，通过社团活动课的开展，使每位学生有机会在社团中锻炼自己，找到适合自身发展的位置[1]。

兴趣是最好的老师，所以，学生社团一定要让学生根据自己的兴趣、爱好、特长或自己的需要自主选择参与，同时还要组织各个小社团自己设计社团名字、社团徽标、社团口号等，并且自己推选出小团长、小秘书长等。对学生来讲，自己钟爱的社团活动可以激发他们的无限的活力，陶冶身心，扩大求知领域，丰富内心世界，完善知识结构。如茶艺社团的同学可以鉴定茶叶、表演茶艺；插花社团的同学可

---

[1] 沈鹿韵.社团建设：为学校公民道德教育搭建平台[J].中小学德育，2012(5)：50-51.

以在室内美化方面大显身手，对提高生活品位和生活质量有很大帮助；文学社让学生找到读书与写作的快乐，提高写作水平；表演社团在说学唱演中积极体验角色情感，提高表演水平，积累表演经验，体验成功的喜悦。学生们自主选择，充分体验，充分培养自己的兴趣爱好和想象创造力，从而全面提升自己的综合素质。学生在多姿多彩的社团活动中形成一道靓丽而独特的风景线。

案例分享

××小学红领巾社团活动如火如荼

3月20日下午一放学，××小学的校园立刻沸腾起来，28个红领巾社团的第一次活动正式开始了！

××小学红领巾社团是一个由学生自主策划、自主组织，把活动的舞台真正交还给学生的活动组织。从去年12月，问卷调查确定出人气最旺的社团项目、海选出社长、社长进行培训，到开展社团活动招募开放日，让社长自主招募社员，策划活动。在各个社长的精心准备之下，社团活动终于正式开展。

科学探究社的社员们围坐在综合实践室内，摆弄着新奇的实验仪器，在知识的海洋里遨游；舞飞扬舞蹈社的社长从舞蹈的基本动作教起，低年级的小朋友学得可起劲了；武术社在体育馆里训练，做得还有模有样，个个像小武打明星；趣味英语社社长别出心裁，在English Corner里选起了社团的English小干部；茶艺社的社员都是温文儒雅的同学，社长正在和社员讲起中国的茶道艺术；智慧象棋社场面火爆，象棋大擂台上同学们比赛可认真了；好声音歌唱社的社长就是校园十大歌手的冠军，有他的带领，××学校定会有越来越多的"好声音";梦想彩绘社正如社长所定的社团名字一样,用手中的画笔描绘出心中斑斓的梦想;这边××学校青青义工社为下一次的外出清洁活动出谋划策,那边的电子琴社已尽情弹唱;还有篮球社、趣味数学社、七巧板社、电脑社、健美操社……

28个社团活动各个都开展得别具特色,如火如荼!以后每单周的周三下午,只要你漫步在××学校中,一定会看到丰富多彩、秩序井然的学生自主活动的热闹场面,是的!这就是我们的社团活动,是我们学生自己做主的社团!

资料来源:刘雪莹.××小学红领巾社团活动如火如荼.深圳市罗湖区电子政务网[EB/OL].http：//www.szlh.gov.cn/service/a/2013/c22/a230772_814321.shtml,2013-3-21.

二、百花齐放,呈现活动开展的多样性

课堂打基础,活动出人才。学生社团是校园文化的重要组成部分,通过开展自主小社团可以使学生在很多方面的能力得到拓展和提高。学校可以以体艺、科技等特色教育为基础,在各种社团活动中,把素质教育的基本思想始终贯穿于学校教育的实施过程中,以丰富多彩的社团活动为学生搭建展示自我的平台。时刻注意发现和培养学生的个性、爱好和特长,多方位调动学生的主动性积极性,让学生的创造性得到充分的发挥。学生在各具特色的社团活动中体验生活,可以提升素养,拓展心灵,丰富学生的业余生活,调节其身心健康的发展,还可以消除学生的厌学情绪,培养学生的积极性、主动性、创造性,使他们在轻松、愉快的气氛中接受教育,发展特长。

生活即教育,社会亦课堂。结合学校实际情况,利用校内特色资

源、校外资源，整合家庭、社区资源开展多种特色班集体活动，更有利于发挥学生的主体作用。学校社团的种类可以结合学校的实际情况设立。如艺术方面可以设合唱、舞蹈、管乐、书画、动漫、手工制作等；科技方面可以设观鸟兴趣组、天文兴趣班、种植等；体育方面可以是武术、乒乓球、棒球、垒球、篮球、足球、田径等；文学方面可开设小记者、写作、名著欣赏等；还有学科方面的英语口语、数学口算、语言艺术等，由学生根据兴趣自选参与，在活动中发展个性特长，结识同窗新友。学生开展社团活动主要由学生自己策划、自己组织、自己活动，教师是参与者、引领者，恰当时候给予适当指导，亦师亦友，让学生在和谐融洽的氛围中既可以习得技能，拓展眼界，增长见识，寓教育于活动之中，又可以培养学生自主管理能力并且凝聚团队精神。

案例分享

玩转社团的花样童年

自20世纪60年代合肥××小学第一个乒乓社团成立以来，随着学校规模的壮大和整建制搬迁，学生社团的数量和质量呈现出百花齐放的繁荣局面，具体表现为：第一，社团数量逐年上升；第二，社团种类逐步完善；第三，活动丰富，影响面广。社团丰富多彩的活动给校园文化建设带来了生机和活力，对全面营造良好的校园氛围起到了润物无声的作用。

1. 传统社团培养学生兴趣特长

在众多社团当中，乒乓、陶艺、经典诵读、书法、阅览、摄影可谓是学校的传统社团。××小学是全国群众体育先进单位、全国体育传统项目学校先进单位,学校乒乓球队四十多年来长盛不衰,为国家输送了一批又一批优秀人才。学校在长期开展乒乓球课余训练的同时,还把乒乓球列为学校素质教育争创"三百"特色学校主要内容之一,并制订了乒乓球社团管理及考核目标,以确保社团活动有效开展。

作为合肥市最早开设陶艺特色课程的学校,该校的陶艺课开展得有声有色。从陶艺兴趣小组的开设到陶艺校本教材的编写,再到陶艺社团的建立,陶艺特色课程进入了正常发展的道路。

2. 精品社团开发学生的内在潜能

在规范传统社团管理,谋求学生社团百花齐放的同时,××小学还着力打造了合唱、舞蹈、民乐、管乐、黄梅戏等精品社团,并且申报为包河区"体艺2+1"提高类项目。

有了制度的保障和专项资金的支持,社团积极探索学生多元化评价体系,追求活动的实效性,不仅适时定人员、定地点、定项目、定辅导教师、定辅导计划,每周至少开课一次,而且在服装、道具等硬件上也加大了力度。每周三,都能听到从合唱教室传来的动听童声;民乐、管乐教室里,外聘教师亲身示范吹拉弹唱的要领;舞蹈教室里,学生在镜子前尽情展示着优美的舞姿;周五,黄梅戏社团的学生跟着剧团的专业老师学身段,学唱腔。作为校园社团文化建设的代表和方向,这些精品社团对于其他社团的发展发挥着良好的示范和引领作用。

3. 新型社团提升学生创新能力

除此以外,近年来心理、剪纸、双排键、机器人、计算机编程等新型社团的出现,也开阔了学生的眼界,为校园文化注入了一股新的活力。

2011年12月3日，合肥××小学心理社团正式成立。学校从报名参加的三年级学生中挑选出20名作为第一期社团成员，利用每周五下午，以小团体辅导活动为载体，运用丰富多彩的游戏活动，开展心理健康教育。"知心小屋"长期坚持开放，每天定时由经过专业培训的"知心姐姐"负责接待，对同学们在学习、生活和交往中出现的问题给予直接指导，帮助他们排解心理困扰。

2012年成立的剪纸社团也是颇受学生喜爱的社团之一。剪纸教室里贴满了游动的鱼、飞翔的鸟、表情生动的人物，这些质朴的剪纸作品充满了童真、童趣。学校邀请合肥剪纸非遗传人朱山中为校外剪纸艺术辅导员，在传统剪纸的基础上，拓展表现内容，创新表现手段，赋予剪纸作品新的生机。在第25届校长联谊会上，一盏盏暖黄色灯笼上覆盖的剪纸作品，一面面窗户上张贴的生动图案，体现了孩子们非凡的想象力和动手能力。

资料来源：张红. 启迪心灵，明亮人生——"启明教育"的理念与实践[M]. 合肥：安徽文艺出版社，2013：205-209.

三、校外延伸，连接团队活动的延续性

同一所学校的学生来自不同的家庭，如何让每个家庭也成为学校文化建设的助手？文化是一种氛围，也是一种积淀。家校文化就像空气一样，弥漫于家庭和学校之间，影响、规范甚至左右着师生、家长的思想和行为。家校工作素来是一项系统工程，是学校教育的重要力量和重要保证。学校可以通过多种形式让家校携手对接，同心协力，携手共建，如创建书香校园、书香家庭，以绿色校园、绿色家庭，营

造家校之间和乐文化氛围，使师生、家长之间亲融眷爱，和谐快乐。

建立家校联盟委员会，成立家长义工队，健全学校教育、社会教育和家庭教育三级网络机制，充分发挥社区、家长的作用，让家长和学校肩并肩携手协作，有利于融入孩子的生活世界，倾听孩子的心灵之声，了解孩子的真正需要。学校还可以把家长请进课堂听课，甚至上课，同时全面参加学校各项活动，多角度、全方位熟悉孩子学习的环境和氛围，真正走进学校的大家庭，让家长像在家里眷顾家庭一样，眷顾孩子和孩子所在的班级、伙伴，以他们的知识和人生经历、特长培育学生，从而家校形成合力，达到事半功倍的效果。

学校还可以用家校报刊的形式定期出版，随着时段特点或社会热点选取家教知识的内容，开设家教知识、校园动态、师生获奖、温馨提示等栏目，指导家长掌握家庭教育的知识，开阔家长的视野，提高家长的指导能力。除此之外，创新举措家校共育，利用亲子阅读、亲子升旗、亲子运动等常规活动等全方位携手构建。当然，在充分认识家长学校的重要意义和继承学校的优良传统的基础上，结合时代的要求，还必须要走创新之路，不断探索，寻求具有时代特色的家长学校新轨迹。如请家长当客座教师、布置家长假期作业、成立家谊会、组建义工家庭等特色做法，并将其常规化、规范化，孩子们在集体活动中成长的同时，也提升了家长对学校及教师的满意度，为家校和谐推波助澜，营造出合作共赢的氛围。

另外，除了家校联系之外，广泛挖掘校外各类资源，在确保学生安全的情况下，鼓励教师、家长带领学生走出校园，让学生在广阔的社会大课堂里放飞梦想，开拓创新。如走进基地农场让孩子们亲手种植和养殖，让孩子们与大自然进行亲密接触；还可以走进军营，进行短期的军训,磨炼学生的意志,培养吃苦耐劳的品质,提高团队之间相互协作的精神;还可以组织学生走进历史博物馆、电影院、艺术馆,看一看,听一听,感受多元文化,了解古今,追溯历史;另外回归家庭,感恩父母,为父母做些力所能及的事,让学生感受家长持家辛苦,感悟亲情,知恩、感恩、报恩,常怀寸草心,报得三春晖;走进社区、服务社区,用相机记录家乡变化、文明劝酒驾、做社区文明小业主、做文明小记者、参加社区各种义捐义卖活动等创新实践活动;假期中还可在老师、家长的带领下到社区、福利院、老人院、干休所等慰问孤儿、孤寡老人,探访老革命,和他们聊天,为他们服务,听他们讲革命历史故事;到垃圾处理厂、污水处理厂做调查研究……学生在人际交往中触摸社会,回报社会,爱心献他人,自己也快乐,从小事做起,从小处为之,终身受益,在各种各样的集体活动中全面发展,不断进步成长。

案例分享

特色活动　　多彩校园

北京市海淀区××小学至今有近百年历史,学生百分之九十为打工子弟子女。学校以"团结、勤奋、创新"的校风,以为每一个孩子创造其有利于健康成长的环境为办学宗旨,教育广大教师树立质量意识、服务意识和危机意识,确立学区不落伍、全区不落后、可持续发展的发展目标。学校注重德育工作的实效性,多渠道、多形式对学生进行思想品德教育。通过活动,创造实践的机会,提供锻炼的机会。寓教育于活动之中,寓教育于娱乐之中。

为建设独具特色而又丰富多彩的校园文化环境,真正做到多彩校园，××小学积极开展了以下活动：

学校结合教育主题，开展"养成道德好习惯，争做合格小公民"和争当"四讲小标兵"活动；学校将"十个文明形象"的要求宣传落实到每一个学生，并围绕这一重点召开主题班会。通过班会活动，激发了学生参与的热情，在参与中学生有所收获。学校利用升旗号召同学们：要做文明学生、共建文明校园，让文明礼仪成为我们的快乐行动！

开展"文明礼仪，节水行动"。××小学开展了红领巾节水节电活动。通过此项活动，同学们认识到了节水的重要性。学校六年级（1）班和六年级（2）班开展了相应的主题教育活动，参加了北京市少工委、北京市节水管理中心、北京学生活动管理中心主办的节水中队的评选，分别被评为北京市青少年"文明礼仪节水行动"优秀中队。

开展"迎奥运，福娃进校园"活动。××小学抓住奥运契机，开展了争做安全小福娃、环保小福娃、艺术小福娃活动。根据活动情况和日常检查情况，学校进行文明礼仪福娃班级、环保卫生福娃班级和快乐福娃班级的评选。另外，学校以"福娃六一快乐行动"为主题，进行了福娃进校园活动。在活动中，五福娃（学生佩戴头饰）来到现场，参与学校活动。校长为活动揭幕后，在"五星红旗我为你自豪"的歌声中，同学们点燃了奥运火炬，进行了火炬传递。全校各中队进行了特色中队接力传递比赛，整个会场热闹非凡，激情回荡。最后，福娃颁奖，活动进入高潮，全校师生在校长的带领下，在奥运横幅上签上了祝福奥运的话语，签上了自己的名字。这签字横幅带着全校师生的祝愿飞向2008年。

拓展校外教育，学生快乐成长。参与御稻乡风，进行快乐体验。秋日的一天，海淀公园里热闹非凡。在公园专门为市民辟出的稻田里，沉甸甸的稻穗呈现出一片金黄，丰收的景象吸引了不少市民聚拢在稻田边，"御稻乡风"收割节在这里开幕。××小学四、五年级的同学在校长、教学主任、德育主任、辅导员的带领下，早早来到了海淀公园，来参加"御稻乡风"收割节活动。通过参与收割节活动，同学们感受到了丰收的乐趣和农民伯伯的辛苦，想到了粮食的来之不易，同学们决心在今后更加珍惜劳动成果。

组织学生参与社会实践活动，进行快乐体验。每学期，××小学都要组织学生到海淀劳动技术中心进行一日的劳动实践活动。通过参加活动，同学们获得了课本之外的尝试，在尝试参与中，学生的动手实践能力提高了，更主要的是学生在参与中收获了很多，同学们的参与热情很高。

××小学有着完善的管理模式，有着一支年轻的、非常爱岗敬业的教师队伍。××小学还有着优美的教育教学环境、浓厚的文化氛围及和谐融洽、团结进取的人文环境。全校教职员工们坚持不懈地创造着有利于每一个孩子健康成长的环境，让校园真正成为"学生成长的乐园，教师发展的田园，绿色环保的花园，和谐生活的家园"。学校先后被评为平安校园先进单位、绿化环保先进单位、节约用水先进单位、国防教育先进单位、海淀区先进教工之家等。

案例来源：刘勇．文化·校园：北京市中小学校园文化特色研究（上）[M]．北京：文化艺术出版社，2011：148-150.

四、享受过程，实现团队发展的价值性

无论是比赛还是汇报展示，都是给孩子建立更多的小舞台，让孩子们站到舞台上，能得到多方面的锻炼，促进学生学习的积极性，在

比赛中享受过程，收获自信，实现自我的价值。其实这些小展示、小竞赛可以容许由学生自己发起，由老师引导，学生自愿参与，这样不但可以培养学生的竞争意识，而且还能通过比赛或展示找到差距，让学生的特长得到充分的肯定和激励，建立"天生我才必有用"的自信，让更多的学生拥有表现自己的机会，促进每个学生个体的不断学习进步与成长，从而演绎他们本来就有的精彩。同时为学生团队定期举行成果展示和参加各类竞赛活动，还能进一步加强团队之间的交流与合作，为每个团队提供一个实现自我价值、绽放艺术光芒的舞台，对团队的建设及发展也能够产生积极的推动和促进作用。

学校可以结合科技节、书香节、体艺节等特色开展各种节会，让学生们都有机会大显身手，如艺术节让学生社团进行各种才艺展示，举办文娱演出，开展小歌手、小乐手、小画家等评比活动，让学生亮歌喉、展才艺，学会过健康的生活。科技节可以开展小创作、小发明、小论文展示评比等活动，培养提高学生的科学素质、创新精神和实践能力。体育节可以组织各项体育项目的比赛，让学生享受成功的喜悦，确保每个学生都能参与其中，帮助学生在快乐活动中全面发展，张扬个性，在集体项目的比赛中培养班集体的团结协作的精神。还有读书节可以通过"书香班级""阅读之星"的评比让学生读经典、美言行。如利用知识竞赛、趣味问答、诗词朗诵、千人诵读诗文、读书讨论会、读书征文、演讲、手抄报、剪贴报、捐书等众多的活动，激发学生对读书的兴趣。学校还可创办校报、校刊、班刊，为学生施展才华提供平台，或建立"读书之星""书香少年""故事大王"等评比激励机制，利用一些通关、考级等评价制度，激发学生的写作兴趣，让书香熏陶，养成读书习惯。"文化植根，教育培心"，要培养学生高尚的品格，就要从学生的心灵出发。启迪心灵，凝聚书香之气，塑造高尚品格。

案例分享

××小学"书香大集"活动

4月30日下午，××小学"书香大集"开市，我有幸赶了一次别开生面、热闹非凡的大集。烈日下，各个班级围操场一圈摆出自己的书摊，小"营业员"热情地招呼、热心地推荐，孩子们则兴奋地拉着父母的手，像"寻宝"一样挨个摊位找自个儿喜爱的图书。挤在熙熙攘攘的人群中，我感触很多。

首先，这次盛会，既是一次愉快的体验，又将是孩子们小学生活的美好回忆。在刻板的"课堂——家庭"两点一线的日常学习生活中，安排这样一次活动，对孩子们来说，无疑是过年。女儿李朵接到这个特殊的作业后，回家把她所有的书都翻出来，精心挑选自己读过的并想与其他小朋友分享的书，叽叽喳喳地说个不停。她的快乐劲儿也感染了我们俩，一家三口一起挑选，一起讨论合理的售价，又一起重温了书中的故事……盼到书市那一天，尽管天气很热，家长和孩子们都是擦不完的汗，但这丝毫没有影响大家的热情，走这摊逛那摊，乐此不疲。我想，那"热气腾腾"的场面将永远留在孩子们的记忆中。

其次，在买书卖书的过程中，培养了孩子们的独立性和交往、变通等能力。孩子们的角色原来是很单调的，在家是孩子，在校是学生，活动的空间也有限，而书市为孩子们营造了一方崭新的天地，他们成了卖者或者买者，为自己的新角色而欢喜无限。卖书者一开始大多拘谨、木讷，只知在别人询问时告知书价。在送走两三拨人后，他们很快便学会了招揽顾客，调低书价，嘴越来越甜，兴致也越来越高。买书者拿着父母给的有限的几元钱，学会了精打细算，学会了讨价还价，学会了在几本自己都很喜欢的书中间做痛苦的抉择……这种亲身体验对孩子们产生的深远影响，是单纯的课堂教学所无法给予的。

此外，这次活动使孩子们初步有了交换合作、互惠互利的意识。书市结束后，李朵读着买来的书，忽然说："妈妈，如果大家把书都放在一起，那我们可读的书就多了。"这让我想起了一句话："你给我一个苹果，我给你一个苹果，我们手中分别还是一个苹果；你给我一个思想，我给你一个思想，那我们头脑中就分别有两个思想了。"书也是如此，你给我一本书，我给你一本书，我们两人都将同时拥有两本书的知识。孩子们在图书的交换中，头脑里已不知不觉地形成了简单的合作互助意识。

这次书市活动对孩子们或显或隐的好处很多。作为家长，我们希望学校能多举办类似的活动，丰富孩子们的生活，开启孩子们的心灵。

资料来源：韩珍德.教育是实践的艺术[M].北京：教育科学出版社，2011：66-67.

五、多元评价，保障团队活动顺利开展

每个学生都有其自身的特点和特长，既然社会需要各种不同类型的人才，那么学校也就更不应该只在一个方面衡量学生优秀与否。社团的评价更是应该丰富多元，不重分数重参与，不重结果重过程，让学生大胆尝试，充分体验，积极探究，愉快合作。做好活动评价是共

青团、少先队、学生社团、班集体等各种团队活动的重要环节，科学的评价不但能保障团队活动顺利开展，还能为团队活动增色添彩，有利于每个孩子的发展与成长。评价的目的并不是给学生贴上一个"好"或"坏"的标签，而应该顺应孩子的天性。

过程性评价突出鼓励功能。过程评价可分散于团队活动的各个环节。评价不仅要关注成果，更要关注活动的过程。要注重分析学生在活动过程中的不同体验和活动后的感悟以及对活动新的认识。活动过程中要小心呵护孩子们每一个创意或迸发的智慧的火花。如可以为学生写激励性评语，以阶段性或全学期参与的团队活动的动态观察为主线，用交流的口吻，将关爱之心渗透到评语的字里行间，让学生从评语中找到在团队活动中的成长、进步以及今后发展的方向。还可以建立人人有成长、人人都成功的评优制度，因人设奖，因活动设奖，突出激励功能，让每个学生享受成功的快乐，让团队活动成为学生展现才能、体现价值的成长平台。评价也可以让家长参与，根据孩子的活动参与情况进行推荐和评议，教师结合家长对孩子的评价和学生小组评价及自我评价，再进行总结性评价，总体来说以鼓励性为主。

很多团队活动完全是开放的，并没有统一的评价标准，我们可以关注学生们的综合表现。社团成员在各种团队参与、体验中积累了很多作品成果，一定要及时抓住活动过程中的优秀典型，注意平时的积累，把活动中涌现出来的成果、作品、照片、图片、视频等在一定阶段通过各种方式展示出来。通过主题展评展示，激发学生参与活动积极性，并且及时相互交流成功的经验，分享成功的喜悦。搭建学生实践和展示的舞台，艺术展演、绘画比赛、器乐舞蹈比赛等团队活动的成果并不是一朝一夕的事，应该贯穿每一次活动之中，聚沙成塔，集腋成裘。学生们的智慧日渐结晶，心灵日渐丰盈，为学生多元发展，释放潜能和展现特长开拓通道。

团队活动小平台，学生成长大世界。学校是学生的第二个"家"，是他们心灵的栖息地。如果在学校里感到家的快乐与幸福，他们的整个学生时代就会变得灿烂、多彩[①]。当他有了家的归属感之后，每个学生的潜能将会被最大限度激发。

回归校长作为学校的管理者的本色，校长应该是校园文化的引领者，是师生成长路上的服务者，是学生潜能的开发者，把促进学生幸福成长作为学校文化建设的出发点和落脚点，把共青团、少先队、学生社团、班集体等团队活动作为引火索，点燃学生心中快乐的火种，真正激发学生生命的潜能，为学生的个性发展提供广阔的天地，给师生营造一个家的感觉，有效提升学生综合素质、全面改观学生的精神面貌，使学生在各具特色的团队活动中体验生活，提升素养，涵养心灵，让学生在各种特色团队活动中放飞梦想，体验成功，享受快乐，让孩子们拥有一个幸福的童年。

---

① 陶继新. 名校解密——陶继新对话名校长 2[M]. 上海：华东师范大学出版社，2010：66-67.

后　记

终于到了写后记的时刻，回首往事，时间如行云穿过天空、如流水穿过山谷……

这是一本写给正在当校长、将要当校长、想要当校长的人翻看的书。怎样让他们愿意看、喜欢看、乐意看，是我们写作的出发点和归宿点。为了实现这个愿望，这本书稿在筹划伊始，我们十个人就达成了一致的看法：书稿要囊括相关的专业理论和方法，但更要蕴含"爱的教育"的境界和精神。如果没有真情实感，没有"爱的教育"的创作心路，没有正确的教育价值观来统领，写太多的理论、技术和策略方法也不见得有多大意义和价值。我们努力这么做，但难免达不到预期的效果。希望阅读此书的同仁和学校管理者多提宝贵意见和建议。

感谢北师大培训学院关老师在2013年给我安排指导广州市第三期卓越校长培训班一组九位校长的工作任务，使我得以认识了九位出色的一线学校领导管理者，才有了共同写书的缘分。

感谢北师大教育学部教育管理学院楚江亭教授，给我提供主持写作此书的机会。感谢北师大教育学部教育管理学院所有同仁老师，一起开会、一起读书，正式的非正式的讨论，把有效的互动信息、经验、心得体会和创意呈现给了我。

感谢九位在一线奔忙的校长和副校长的大力支持，无数次的改稿，无数次的QQ群对话，还有多次的电话联络，这本书稿给他们繁忙工作之余又增添了很多麻烦和辛苦。

同时感谢教育学部的硕士研究生刘汉超、肖盼的大力帮助，她们在资料的收集、格式的修改、文献的查证上做了很多工作，非常感谢！

感谢其他虽然没有参与写作，但是却成为我的"知识社群"的其他地区的多位校长和教师：山西的李瑞芳老师、湖北的李后兵校长、辽宁的范勇校长、广州的黄瑞萍校长和吴喻卿副校长等！一线的校长和教师是我们教学创新和科研创新的第一伙伴。有了他们的帮助，我们才有了从理论到实践、又从实践到理论提升的平台和空间；有了他们的支持，我们才可能拥有基于现实的专业学习视野，才可能拥有更为开放、宽阔的客观研究态度。

感谢参与我的课堂的本科生们！学生是我们教学创新和科研创新的第二伙伴。有了他们的知识需求，他们的声音和故事，他们的发问和质疑，他们的分享和表达，那一次次的课堂教与学才能转化为我真正意义上的"学习共同体"。师生之间因为共同探索和钻研专业学术领域而成为拥有合作默契和专业信念精神的合作团队，师生之间情感及内心世界的联系最终成为我奔向充溢教学相长状态的最佳桥梁。

本书筛选引用了很多期刊、报纸、新闻、学术著作的论点，观点和事件，它们为我们尝试融入育人文化领域的相关议题、拓展重新思考的视角和角度、增加文本的生动性有趣性，提供了有创意的内容和丰富多元的素材。感谢它们的作者们！

楚红丽

2014 年 8 月 26 日